浙江省哲学社会科学规划"高校思想政治工作"专项课题
"高校辅导员思想理论教育和价值引领能力的提升机制研究"（18GXSZ030YB）
浙江省高校思想政治理论课名师工作室培育项目

Approaches and Methods
of Professionalisation and
Occupationalisation of

COUNSELOR

辅导员专业化职业化的路径与方法

施 佳 郑园园 陈海峰 叶 青 程松泉 / 编著

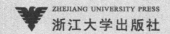

ZHEJIANG UNIVERSITY PRESS
浙江大学出版社

图书在版编目(CIP)数据

辅导员专业化职业化的路径与方法/施佳等编著.
—杭州:浙江大学出版社,2020.4(2020.8 重印)
ISBN 978-7-308-20037-0

Ⅰ.①辅… Ⅱ.①施… Ⅲ.①高等学校－辅导员－师
资队伍建设－研究－中国 Ⅳ.①G645.1

中国版本图书馆 CIP 数据核字(2020)第 031435 号

辅导员专业化职业化的路径与方法

施 佳 郑园园 陈海峰 叶 青 程松泉 编著

责任编辑	朱 辉
责任校对	高士吟
封面设计	春天书装
出版发行	浙江大学出版社
	(杭州市天目山路 148 号 邮政编码 310007)
	(网址:http://www.zjupress.com)
排 版	浙江时代出版服务有限公司
印 刷	浙江新华数码印务有限公司
开 本	787mm×1092mm 1/16
印 张	14.5
字 数	370 千
版 印 次	2020 年 4 月第 1 版 2020 年 8 月第 3 次印刷
书 号	ISBN 978-7-308-20037-0
定 价	45.00 元

序

习近平总书记在全国高校思想政治工作会议上强调，要坚持把立德树人作为中心环节，把思想政治工作贯穿教育教学全过程，实现全程育人、全方位育人。辅导员是开展大学生思想政治教育工作的骨干力量，辅导员队伍在落实立德树人根本任务、推动高等教育健康发展中责任重大、使命光荣。教育部陆续修订、出台《普通高等学校辅导员队伍建设规定》《高等学校辅导员职业能力标准（暂行）》等规章制度，使辅导员的职业定位、职业能力标准、基本工作职责日趋科学和规范。

浙江是中国革命红船的起航地、改革开放的先行地、习近平新时代中国特色社会主义思想的重要萌发地，省委省政府、省教育厅高度重视高校的思想政治工作，浙江也是全国首批"三全育人"综合改革试点单位。作为浙江首批省重点建设高校，浙江师范大学坚持立德树人根本任务，秉持发展性学生工作理念，推出辅导员队伍建设"六个一"计划、辅导员实务工作论坛、辅导员工作室等强化队伍建设的举措，成效显著，涌现了"全国优秀教师""全国高校优秀辅导员""浙江省优秀教师""浙江省高校优秀辅导员"等一批先进代表，取得了"全国高校网络宣传思想教育优秀作品一等奖""全国高校辅导员素质能力大赛一等奖"等不俗的成绩。"浙群辅导员"工作室团队就是其中的一个缩影。他们以高校辅导员素质能力大赛为依托，以团队协作的方式，充分发挥各自的优势和专长，系统梳理和总结了辅导员开展日常思想政治工作的载体、形式和方法。他们编著的这本《辅导员专业化职业化的路径与方法》，是我校辅导员队伍建设的重要成果之一，对于指导辅导员开展日常思想政治工作具有较强的针对性和实效性。

高校辅导员，一个光荣而神圣的职业，需要一批又一批充满朝气和活力的年轻辅导员不断进行探索和实践，在维护高校稳定、满足学生需求、实现自身价值的过程中，持续推进专业化职业化的发展。同时，更需要一批又一批年轻的后来者投身辅导员事业，乘势而起、因势而为、顺势而进，坚定政治信念、创新方式方法、提升育人实效，为培养担当民族复兴大任的时代新人、培养德智体美劳全面发展的社会主义建设者和接班人贡献力量。

浙江师范大学党委副书记　朱坚

2019 年 11 月

目　录

绪论　高校辅导员职业能力概述

第一节　高校辅导员职业能力标准的提出及其意义

　　1953 年,清华大学率先向高教部、人事部请示设立学生政治辅导员。此后,全国高校开始设立学生政治辅导员,主要任务是辅导学生的政治学习和社会活动。1980 年 4 月,教育部、共青团中央联合下发的《关于加强高等学校学生思想政治工作的意见》提出:"高等学校的学生政治工作干部,既是党的政治工作队伍的一部分,又是师资队伍的一部分,担负着全面培养学生的重要任务。他们和教学人员一样,都是办好高等学校不可缺少的重要力量。"该意见首次明确指出辅导员也是教师,承担着"全面培养学生"的任务,而不仅仅是培养学生的政治素质。当然,培养学生的政治素质是学校教育的首要任务,亦是高校辅导员工作的核心任务。1984 年 11 月,《关于加强高等学校思想政治工作队伍建设的意见》颁布,强调高等学校的思想政治工作队伍必须实行专职和兼职相结合的制度,第一次提出了包括辅导员在内的思想政治工作队伍专业化的思想。1987 年,中共中央《关于改进和加强高等学校思想政治工作的决定》指出:"从事学生思想政治教育的专职人员,是教师队伍的组成部分,应列入教师编制,实行教师职务聘任制。"文件第一次将辅导员正式确立为高校教师的组成部分。2005 年 1 月,教育部下发的《关于加强高等学校辅导员班主任队伍建设的意见》指出:"辅导员、班主任是高等学校教师队伍的重要组成部分,是高等学校从事德育工作,开展大学生思想政治教育的骨干力量,是大学生健康成长的指导者和引路人。"2006 年 7 月,教育部颁布的《普通高等学校辅导员队伍建设规定》进一步强调:"辅导员是高等学校教师队伍和管理队伍的重要组成部分,具有教师和干部的双重身份。辅导员是开展大学生思想政治教育的骨干力量,是高校学生日常思想政治教育和管理工作的组织者、实施者和指导者。辅导员应当努力成为学生的人生导师和健康成长的知心朋友。"

　　60 多年来,随着我国高等教育事业的蓬勃发展,高校辅导员的身份和角色在不断演变与发展,身份从"政治工作干部"向"既是教育者又是管理者"转变,角色从"思想政治教育"向"思想政治教育、管理和服务"转变。2014 年 3 月,教育部颁布《高等学校辅导员职业能力标准(暂行)》,指出高校辅导员是履行高等学校学生工作职责的专业人员,要经过系统的培养与培训,具有良好的职业道德,掌握系统的专业知识和专业技能。高校辅导员要求政治强、业务精、纪律严、作风正;具备思想政治教育工作相关学科的宽口径知识储备;具备较强的组织管理能力和语言、文字表达能力,及教育引导能力、调查研究能力;等等。《高等学校辅导员职业能力标准(暂行)》的颁布,对辅导员职业的发展具有里程碑式的意义。一是建立了辅导员职业相对独立的知识和理论体系,确立了辅导员职业的概念,提升了辅导员的职业地位和职业公信力,有利于增强广大师生和全社会对辅导员工作的职业认同。二是为各级部门推进辅导员队伍建设提供了基本依据,有利于推动各级部门进一步制定完善辅导员队伍准入、考核、培养、发展、退出机制。三是进一步充实丰富了辅导员工作的专业内涵,为辅导员主动提升专业素养和职业能力指出路径和方向,有利于引导辅导员系统学习职业相关理论知识、法律法规、政策制度等。四是进一步规范了辅导员的工作范畴,逐步明晰辅导员的岗位职责和工作边界,有利于增强辅导员的职业自信心和职业归属感。

2016年12月,全国高校思想政治工作会议在北京召开,习近平总书记出席会议并发表重要讲话。为深入贯彻落实全国高校思想政治工作会议精神和中共中央、国务院印发的《关于加强和改进新形势下高校思想政治工作的意见》,2017年9月,教育部颁布修订后的《普通高等学校辅导员队伍建设规定》(以下简称《规定》)。根据教育部有关负责人的介绍,这次修订着眼于回应广大高校辅导员的实际关切,着力解决高校辅导员队伍建设存在的重点难点问题,主要有六个特点。一是进一步体现了全国高校思想政治工作会议精神。修订后的《规定》充分体现了习近平总书记重要讲话精神,特别是总书记关于坚持正确政治方向、提高学生思想政治素质、提升工作能力和水平、坚持党的领导等方面的重要论述,体现了中共中央、国务院《关于加强和改进新形势下高校思想政治工作的意见》对加强高校思想政治工作队伍建设新作出的具体安排,是新时期推动高校辅导员队伍建设的重要法规。二是进一步明确了高校辅导员队伍的工作职责。《规定》丰富和发展了高校辅导员的工作职责,形成了思想理论教育和价值引领、党团和班级建设、学风建设、学生日常事务管理、心理健康教育与咨询工作、网络思想政治教育、校园危机事件应对、职业规划与就业创业指导、理论和实践研究等九个方面的工作内容体系,特别强调高校辅导员要在思想理论教育和价值引领方面发挥重要作用。三是进一步明确了高校专职辅导员的身份。《规定》指出,高校专职辅导员是指在院(系)专职从事大学生日常思想政治教育工作的人员,包括院(系)党委(党总支)副书记、学工组长、团委(团总支)书记等专职工作人员,具有教师和管理人员双重身份。四是进一步强调了高校辅导员配备选聘的相关要求。《规定》强调,高等学校应按总体上师生比不低于1:200的比例设置专职辅导员岗位,按照专兼结合、以专为主的原则,足额配备到位。同时规定了兼职辅导员工作量按专职辅导员工作量的三分之一核定。《规定》还强调,要坚持"同工同酬"原则,保证高校辅导员人事聘用参照专任教师聘任的待遇和保障。五是进一步明确了高校辅导员队伍的专业培训要求。《规定》要求各地各高校要把辅导员培训纳入师资队伍和干部队伍培训整体规划。要建立国家、省级和高等学校三级辅导员培训体系,确保每名专职辅导员每年参加不少于16个学时的校级培训,每5年参加1次国家级或省级培训。六是进一步明确了高校专职辅导员队伍的发展通道。《规定》对制定辅导员队伍激励保障机制,实现专职辅导员职务职称"双线"晋升等提出了明确要求,强调高校专职辅导员职务(职称)晋升要单列计划、单设标准、单独评审,要注重考查工作业绩和育人实效,要将优秀网络文化成果纳入专职辅导员的科研成果统计、职务(职称)评聘范围。

第二节　高校辅导员职业能力的内涵及外延

所谓高校辅导员职业能力是指从事高校辅导员工作所必备的，以其拥有的知识和技能为基础，根据自身的特点和优势，在不断学习中创新，在不断创新中整合各方面资源，培育和积淀出符合自身特色的综合能力。① 近年来，学术界、教育界包括辅导员群体本身对高校辅导员职业能力的研究在不断深入，特别是在辅导员职业能力的定义、内容、生涯规划以及素养、素质等方面，形成了很多有影响的成果。根据《高等学校辅导员职业能力标准（暂行）》，高校辅导员职业能力可分为辅导员职业知识、辅导员职业技能和辅导员职业素养三大部分。

一、高校辅导员的职业知识

高校辅导员的职业知识对应于一般职业能力中的专业知识部分，是指高校辅导员在开展学生思想政治教育、日常事务管理、成长成才服务等工作时所需要的认识和经验的总和。

高校辅导员的职业知识具有两大特性：第一，知识层次的多样性。即指导思想、基本原理、基本观念和常识、经验等各个层次的有机组合。第二，知识内容的丰富性。包括了教育学、心理学、管理学、社会学、哲学等多学科的知识。

高校辅导员的职业知识包括基础知识、专业知识以及法律法规知识三个部分。基础知识指具备宽广的知识储备，了解马克思主义理论、哲学、政治学、教育学、社会学、心理学、管理学、伦理学、法学等学科的基本原理和基础知识。专业知识指思想政治教育专业基本理论、基本知识、基本方法，马克思主义中国化相关理论及知识，大学生思想政治教育工作实务相关知识。法律法规知识指《中华人民共和国教育法》《中华人民共和国高等教育法》《普通高等学校学生管理规定》等与大学生思想政治教育相关的法律法规条文规定。

二、高校辅导员的职业技能

高校辅导员的职业技能对应于一般职业能力中的专业技能部分，是指高校辅导员在开展学生思想政治教育、日常事务管理、成长成才服务等工作时广泛采用且相对固定的工作模式和工作方法。

高校辅导员的职业技能具有两大特性：第一，技能的依存性。高校辅导员的职业技能是依存在具体的高校学生工作当中的，学生工作既是做"人"的工作，又是做"物"的工作，这种"动""静"结合的复合型工作本身就是对辅导员的最大挑战。第二，技能的迁移性。高校辅导员的工作技能是可以迁移的，不仅适用于高校学生，也适用于其他对象和人群。

高校辅导员的职业技能包括教育、教学，谈心、谈话，策划、设计，组织、开展，沟通、协调，培养、指导，管理、建设，处理、化解，落实、维护，发挥、激发，判断、领会，理解、传达，统计、计算等被广泛采用的技能和方法，以及倾听、阅读、语言表达、书面表达等具体的能力。②

---

① 韩冬、毕新华：《高校辅导员职业能力的形成与提升》，《思想理论教育导刊》，2011年第11期，第122至124页。
② 李汉烨：《高校辅导员职业能力提升研究》，硕士论文，山东大学，2012年，第26页。

三、高校辅导员的职业素养

高校辅导员的职业素养对应于职业能力中的个性心理特征部分,是指高校辅导员在开展学生思想政治教育、日常事务管理、成长成才服务等工作时所需具有的特征和品质。

高校辅导员的职业素养具有两大特性:第一,素养的伴生性。高校辅导员的职业素养往往是指高校辅导员在完成自身工作任务时所显现出来的状态,这种状态是伴随着辅导员的职业技能而产生的带有辅导员个性的心理特征。第二,素养的独特性。高校辅导员的职业素养带有强烈的个体独特性,会在完成特定任务时起到特别突出的作用,帮助辅导员应对工作问题、适应工作环境。

高校辅导员的职业素养包括完成工作任务时所需具有的忠诚,道德感,原则性,大局观,负责,公正,热情,坚定,乐观,抗压,认真,积极,镇定,自尊,自信,自重,自爱,敏锐,健康,耐心,创造性,感染力,带动性,爱心等特征和品质。[①]

第三节　高校辅导员职业能力的特征及发展趋势

高校辅导员职业 60 多年的演化和发展,给我们充分的启示:高校辅导员职业是一个充满挑战的行业,也是一个与时俱进的行业。高校辅导员职业能力应体现如下四大特征及发展趋势:

一、高校辅导员职业能力要体现应用性

辅导员要结合高校学生工作的实际,从对学生进行教育、管理、服务的角度出发,切实帮助学生解决现实困难和问题。当代大学生在不同程度上存在政治信仰迷茫、理想信念模糊、价值取向扭曲、诚信意识淡薄、社会责任感缺乏等问题,需要辅导员将职业能力转化为可应用的本领,切实帮助大学生树立正确的世界观、人生观和价值观。

二、高校辅导员职业能力要体现复合性

辅导员通过不断的学习与实践,获得知识、共享知识并运用知识,从而形成的综合知识与技能,是多方面、多领域、多层次的复合体。在新媒体时代受互联网思维影响成长起来的"90 后"大学生群体,是一个多元多样多变的群体,他们有更为丰富的爱好和需求,如果辅导员不成为"杂家",根本无法全面准确地了解自己的工作对象,也就无从谈起开展工作,帮助他们解决实际困难。

三、高校辅导员职业能力要体现专业性

辅导员不仅要有基本职业能力,更要有特长,要结合自身的学习经历、兴趣及优势形成比较稳定的专长,成为某个领域的专家。因此,丰富辅导员的角色内涵时,应当在整个辅导员队伍专业化定位的基础上积极推进辅导员个体定位的分类细化,通过专业选聘、专业考

---

① 李汉烨:《高校辅导员职业能力提升研究》,硕士论文,山东大学,2012 年,第 26 页。

核、分类培训指导等多方面鼓励和引导部分辅导员朝专业细化方面发展。

四、高校辅导员职业能力要体现发展性

随着高等教育的发展,高校与社会政治、经济、文化等各个方面的联系日益密切,高校辅导员角色的内涵也在多种社会期望中变得日趋复杂,辅导员的职业能力也需要根据环境的变化而发展。

第一章　如何储备辅导员的基础知识

第一节　储备基础知识的目的与意义

根据《高等学校辅导员职业能力标准（暂行）》，高校辅导员的基本条件为：具有较高的政治素质和坚定的理想信念，坚决贯彻执行党的基本路线和各项方针政策，有较强的政治敏感性和政治辨别力；具备本科以上学历，热爱大学生思想政治教育事业，甘于奉献，潜心育人，具有强烈的事业心和责任感；具有思想政治教育工作相关学科的宽口径知识储备，掌握思想政治教育工作相关学科的基本原理和基础知识，掌握思想政治教育专业基本理论、知识和方法，掌握马克思主义中国化相关理论和知识，掌握大学生思想政治教育工作实务相关知识，掌握有关法律法规知识；具备较强的组织管理能力和语言、文字表达能力，及教育引导能力、调查研究能力，具备开展思想理论教育和价值引领工作的能力；具有较强的纪律观念和规矩意识，遵纪守法，为人正直，作风正派，廉洁自律。这些职业条件对辅导员提出了鲜明的要求，作为一名辅导员必须具有广博的知识，深厚的专业知识以及丰富的常识。

一、高校辅导员必须不断扩大自己的知识储备

高校辅导员职业的工作和服务对象是一直处于变化状态中的大学生群体，如何更好地为大学生服务，是辅导员时刻要破解的难题。大学生群体有着不同的专业，不同的兴趣、爱好和特长，如何走近他们并发现他们的问题和困难？如何更好地为他们的成长成才服务？首要的就是对大学生群体有所了解，了解他们的想法、了解他们的专业、了解他们的兴趣爱好和特长，这就要求辅导员自身能够成为"杂家"，具有丰富的知识储备，这是辅导员开展工作的前提和基础。

二、高校辅导员必须不断深化对思想政治教育相关理论及实践知识的学习

高校辅导员职业的核心是学生的思想政治教育。大部分辅导员并不是思想政治教育专业毕业的，而思想政治教育专业培养的恰恰是辅导员职业的核心能力，这就要求辅导员必须在工作中不断加强学习，既要学习思想政治教育专业的理论知识，又要学习大学生思想政治教育专业的实践知识和经验，真正成为大学生思想政治教育专业的"专家"。

三、高校辅导员必须系统掌握与大学生思想政治教育相关的政策与法律法规知识

在深化教育领域综合改革、推进依法治校的大背景下,学习和运用法律法规开展学生工作是新时期辅导员队伍建设的必然要求和趋势。熟悉和掌握与大学生思想政治教育相关的政策与法律法规应该成为每一位辅导员的基本要求,辅导员应该成为积极践行依法治校的"行家"。

第二节　储备基础知识的要求与要点

一、辅导员职业的知识结构

习近平总书记在全国高校思想政治工作会议上指出,要坚持把立德树人作为中心环节,把思想政治工作贯穿教育教学全过程,实现全程育人、全方位育人,努力开创我国高等教育事业发展新局面。要建设好辅导员队伍,保证这支队伍后继有人、源源不断。这对在高校育人过程中发挥重要作用的高校辅导员队伍提出了更高的要求。党的十八大以来,教育部按照"立标准、建机制、提质量、促发展"的整体思路,进一步提升思想政治教育工作的科学化水平,全面推进高校辅导员队伍的专业化、职业化建设。2014 年 3 月印发的《高等学校辅导员职业能力标准(暂行)》,对高校辅导员的职业进行了明确的界定,第一次清晰地提出辅导员职业的知识结构,主要包括以下方面。

(一)思想政治教育专业基本理论、基本知识、基本方法

主要包括思想政治道德观教育、思想政治教育学原理、思想政治教育史、思想政治教育方法论、思想政治教育心理学和心理健康教育相关知识与技能、比较思想政治教育。高校辅导员从事高校思想政治工作,其学科背景必然是思想政治教育,毫无疑问,思想政治教育的基本理论、知识和方法是每一位辅导员必须掌握和精通的。只有将高校思想政治教育工作实践与思想政治教育理论相结合,才能丰富思想政治教育的内涵,更好地指导高校思想政治工作。

(二)马克思主义中国化相关理论及知识

主要包括毛泽东思想相关理论、中国特色社会主义理论体系、社会主义核心价值体系、中华人民共和国史、中国共产党党史。马克思主义是我们立党立国的根本,是建设中国特色社会主义事业的指导思想,要培养又红又专、德才兼备、全面发展的中国特色社会主义事业的合格建设者和可靠接班人,就必须教会学生用马克思主义的立场和观来点分析问题、解决问题。中国共产党第十九次全国代表大会审议通过了《中国共产党章程(修正案)》内容按序号重新排序,把习近平新时代中国特色社会主义思想写入党章。习近平新时代中国特色社会主义思想是马克思主义中国化最新成果,是党和人民实践经验和集体智慧的结晶。

(三)大学生思想政治教育工作实务相关知识

主要包括党的创新理论教育相关知识,大学生党团、班级建设的相关知识,职业生涯规

划与就业指导相关知识,困难资助、奖罚管理等学生日常事务管理内容、知识,校园文化建设、社会实践等学生日常思想政治教育的知识,网络思想政治教育相关知识,危机事件、突发事件应对与管控的相关知识。为了更好地落实解决思想问题与解决实际困难相结合的原则,高校学生工作的内涵和外延也在不断地扩大和完善,对高校辅导员的要求也在不断地增加。关心大学生的心理问题、促进大学生就业、引导大学生进行创新创业以及支持家庭经济困难学生顺利完成学业,已经成为高校辅导员的职责。

(四)法律法规知识

主要包括《中华人民共和国教育法》《中华人民共和国高等教育法》《中华人民共和国教师法》《中华人民共和国学位条例》《中华人民共和国学位条例暂行实施办法》《中华人民共和国精神卫生法》《关于进一步加强和改进大学生思想政治教育的意见》《普通高等学校辅导员队伍建设规定》《普通高等学校学生管理规定》《国家教育考试违规处理办法》《学生伤害事故处理办法》等与大学生思想政治教育相关的法律法规条文规定。党的十八届四中全会通过《中共中央关于全面推进依法治国的若干重大问题的决定》,要求各级党委和政府要具备法治思维,依靠法律的手段来解决现实中的问题。作为党员身份的高校辅导员,要贯彻中央的要求,树立法治意识,了解和掌握与工作相关的各种法律制度,才能更好地用法律来解决现实中的问题。

除了以上四点,要做好辅导员的工作,还需要了解马克思主义理论、哲学、政治学、教育学、社会学、心理学、管理学、伦理学、法学等学科的基本原理和基础知识。

二、基础知识测试的考查要求

高校辅导员素质能力大赛中的基础知识测试主要考查辅导员对相关知识的掌握程度以及对信息的理解分析能力和解决问题能力。基础知识测试内容主要包括马克思主义理论、中国特色社会主义理论体系、习近平新时代中国特色社会主义思想、全国高校思想政治工作会议精神、思想政治教育专业知识、党团和班级建设、学业指导、日常事务管理、网络思想政治教育、职业生涯规划与就业指导、心理健康教育、危机事件应对等相关工作领域的理论和知识,相关法律法规知识,党和国家在大学生思想政治教育领域的重要文件,等等。

三、基础知识测试的考查要点

根据前几届大赛的情况,我们按照公文的不同类别对考查的内容进行了梳理,逐步形成重要会议报告、讲话、信件与政策,重大规划与专项规划,法律法规,政策制度,时事政治与相关常识,浙江省相关政策等模块。

(一)重要会议报告、讲话、信件与政策

1.十八大以来的重要报告和决定

《坚定不移沿着中国特色社会主义道路前进 为全面建成小康社会而奋斗——在中国共产党第十八次全国代表大会上的报告》

《中共中央关于全面深化改革若干重大问题的决定》

《中共中央关于全面推进依法治国若干重大问题的决定》

《中国共产党第十八届中央委员会第五次全体会议公报》

《中国共产党第十八届中央委员会第六次全体会议公报》

《决胜全面建成小康社会 夺取新时代中国特色社会主义伟大胜利——在中国共产党第十九次全国代表大会上的报告》

《中国共产党第十九届中央委员会第四次全体会议公报》

等等

2. 讲话、信件

习近平在庆祝中华人民共和国成立 70 周年大会上的讲话(2019-10-01)

习近平在学校思想政治理论课教师座谈会上的讲话(2019-03-18)

习近平在庆祝改革开放 40 周年大会上的讲话(2018-12-18)

习近平在全国教育大会上的讲话 (2019-09-10)

习近平在纪念马克思诞辰 200 周年大会上的讲话(2018-05-04)

习近平在北京大学师生座谈会上的讲话(2018-05-02)

习近平在博鳌亚洲论坛 2018 年年会开幕式上的主旨演讲(2018-04-10)

习近平给莫斯科大学中国留学生的回信(2017-12-30)

习近平致中国人民大学建校 80 周年的贺信(2017-10-03)

习近平给第三届中国"互联网＋"大学生创新创业大赛"青年红色筑梦之旅"的大学生的回信(2017-08-15)

习近平致信祝贺中国社会科学院建院 40 周年(2017-05-17)

习近平在中国政法大学考察时的讲话(2017-05-03)

习近平在全国高校思想政治工作会议上的讲话(2016-12-08)

习近平在哲学社会科学工作座谈会上的讲话(2016-05-17)

习近平在知识分子、劳动模范、青年代表座谈会上的讲话(2016-04-26)

习近平致清华大学建校 105 周年的贺信(2016-04-22)

习近平致全国青联十二届全委会和全国学联二十六大的贺信(2015-07-24)

习近平在中央党的群团工作会议上的讲话(2015-07-07)

习近平同北京师范大学师生代表座谈时的讲话(2014-09-09)

习近平在北京大学师生座谈会上的讲话(2014-05-04)

习近平给河北保定学院西部支教毕业生群体代表的回信(2014-05-03)

等等

重点解读：

习近平在全国高校思想政治工作会议上强调：
把思想政治工作贯穿教育教学全过程 开创我国高等教育事业发展新局面

全国高校思想政治工作会议 12 月 7 日至 8 日在北京召开。中共中央总书记、国家主席、中央军委主席习近平出席会议并发表重要讲话。他强调,高校思想政治工作关系高校培养什么样的人、如何培养人以及为谁培养人这个根本问题。要坚持把立德树人作为中心环节,把思想政治工作贯穿教育教学全过程,实现全程育人、全方位育人,努力开创我国高等教育事业发展新局面。

中共中央政治局常委、中央书记处书记刘云山作总结讲话。中共中央政治局常委王岐山、张高丽出席会议。

习近平在讲话中指出,教育强则国家强。高等教育发展水平是一个国家发展水平和发展潜力的重要标志。实现中华民族伟大复兴,教育的地位和作用不可忽视。我们对高等教育的需要比以往任何时候都更加迫切,对科学知识和卓越人才的渴求比以往任何时候都更加强烈。党中央作出加快建设世界一流大学和一流学科的战略决策,就是要提高我国高等教育发展水平,增强国家核心竞争力。

习近平强调,我国有独特的历史、独特的文化、独特的国情,决定了我国必须走自己的高等教育发展道路,扎实办好中国特色社会主义高校。我国高等教育发展方向要同我国发展的现实目标和未来方向紧密联系在一起,为人民服务,为中国共产党治国理政服务,为巩固和发展中国特色社会主义制度服务,为改革开放和社会主义现代化建设服务。

习近平指出,我国高等教育肩负着培养德智体美全面发展的社会主义事业建设者和接班人的重大任务,必须坚持正确政治方向。高校立身之本在于立德树人。只有培养出一流人才的高校,才能够成为世界一流大学。办好我国高校,办出世界一流大学,必须牢牢抓住全面提高人才培养能力这个核心点,并以此来带动高校其他工作。

习近平强调,我们的高校是党领导下的高校,是中国特色社会主义高校。办好我们的高校,必须坚持以马克思主义为指导,全面贯彻党的教育方针。要坚持不懈传播马克思主义科学理论,抓好马克思主义理论教育,为学生一生成长奠定科学的思想基础。要坚持不懈培育和弘扬社会主义核心价值观,引导广大师生做社会主义核心价值观的坚定信仰者、积极传播者、模范践行者。要坚持不懈促进高校和谐稳定,培育理性平和的健康心态,加强人文关怀和心理疏导,把高校建设成为安定团结的模范之地。要坚持不懈培育优良校风和学风,使高校发展做到治理有方、管理到位、风清气正。

习近平指出,思想政治工作从根本上说是做人的工作,必须围绕学生、关照学生、服务学生,不断提高学生思想水平、政治觉悟、道德品质、文化素养,让学生成为德才兼备、全面发展的人才。

习近平强调,要教育引导学生正确认识世界和中国发展大势,从我们党探索中国特色社会主义历史发展和伟大实践中,认识和把握人类社会发展的历史必然性,认识和把握中国特色社会主义的历史必然性,不断树立为共产主义远大理想和中国特色社会主义共同理想而奋斗的信念和信心;正确认识中国特色和国际比较,全面客观认识当代中国、看待外部世界;正确认识时代责任和历史使命,用中国梦激扬青春梦,为学生点亮理想的灯、照亮前行的路,激励学生自觉把个人的理想追求融入国家和民族的事业中,勇做走在时代前列的奋进者、开拓者;正确认识远大抱负和脚踏实地,珍惜韶华、脚踏实地,把远大抱负落实到实际行动中,让勤奋学习成为青春飞扬的动力,让增长本领成为青春搏击的能量。

习近平指出,做好高校思想政治工作,要因事而化、因时而进、因势而新。要遵循思想政治工作规律,遵循教书育人规律,遵循学生成长规律,不断提高工作能力和水平。要用好课堂教学这个主渠道,思想政治理论课要坚持在改进中加强,提升思想政治教育亲和力和针对性,满足学生成长发展需求和期待,其他各门课都要守好一段渠、种好责任田,使各类课程与思想政治理论课同向同行,形成协同效应。要加快构建中国特色哲学社会科学学科体系和教材体系,推出更多高水平教材,创新学术话语体系,建立科学权威、公开透明的哲学社会科学成果评价体系,努力构建全方位、全领域、全要素的哲学社会科学体系。要更加注重以文化人以文育人,广泛开展文明校园创建,开展形式多样、健康向上、格调高雅的校园文化活动,广泛开展各类社会实践。要运用新媒体新技术使工作活起来,推动思想政治工作传统优势同信息技术高度融合,增强时代感和吸引力。

习近平强调,教师是人类灵魂的工程师,承担着神圣使命。传道者自己首先要明道、信道。高校教师要坚持教育者先受教育,努力成为先进思想文化的传播者、党执政的坚定支持者,更好担起学生健康成长指导者和引路人的责任。要加强师德师风建设,坚持教书和育人相统一,坚持言传和身教相统一,坚持潜心问道和关注社会相统一,坚持学术自由和学术规范相统一,引导广大教师以德立身、以德立学、以德施教。

习近平指出,办好我国高等教育,必须坚持党的领导,牢牢掌握党对高校工作的领导权,使高校成为坚持党的领导的坚强阵地。党委要保证高校正确办学方向,掌握高校思想政治工作主导权,保证高校始终成为培养社会主义事业建设者和接班人的坚强阵地。各级党委要把高校思想政治工作摆在重要位置,加强领导和指导,形成党委统一领导、各部门各方面齐抓共管的工作格局。各地党委书记和有关部门党组书记要多到高校走走,多同师生接触,多次去高校作报告,回答师生关注的理论和现实问题。要加强同高校知识分子的联系,多关心、多交流、多鼓励,善交朋友、广交朋友、深交朋友,多听他们的意见,真听他们的意见。

习近平强调,高校党委对学校工作实行全面领导,承担管党治党、办学治校主体责任,把方向、管大局、作决策、保落实。要加强高校党的基层组织建设,创新体制机制,改进工作方式,提高党的基层组织做思想政治工作能力。要做好在高校教师和学生中发展党员工作,加强党员队伍教育管理,使每个师生党员都做到在党爱党、在党言党、在党为党。

习近平指出,长期以来,高校思想政治工作队伍兢兢业业、甘于奉献、奋发有为,为高等教育事业发展作出了重要贡献。要拓展选拔视野,抓好教育培训,强化实践锻炼,健全激励机制,整体推进高校党政干部和共青团干部、思想政治理论课教师和哲学社会科学课教师、辅导员班主任和心理咨询教师等队伍建设,保证这支队伍后继有人、源源不断。

刘云山在讲话中指出,习近平总书记重要讲话从全局和战略高度,深刻回答了事关高等教育事业发展和高校思想政治工作的一系列重大问题,具有很强的政治性、思想性和针对性,是指导做好新形势下高校思想政治工作的纲领性文献,对于办好中国特色社会主义大学、推进党和国家事业发展,具有十分重要的意义。要深入学习领会,自觉用讲话精神指导工作,推动高校思想政治工作和党的建设强起来。

刘云山说,贯彻习近平总书记重要讲话精神,重在提高思想认识、解决突出问题、抓好任务落实。要深刻认识做好高校思想政治工作的重大意义、目标任务和基本要求,增强做好工作的责任感使命感。要牢牢把握社会主义办学方向,坚持以马克思主义为指导,坚持党对高校的领导,增强道路自信、理论自信、制度自信、文化自信,培养中国特色社会主义合格建设者和可靠接班人。要办好思想政治理论课,发挥好哲学社会科学育人功能,加强高校各类阵地建设管理,加强教师队伍和思想政治工作队伍建设。要强化问题导向,弘扬改革创新精神,在破解高校思想政治工作短板上取得实质性进展。各级党委要负起把关定向、统筹指导、建强班子的责任,把高校思想政治工作纳入党建工作和意识形态工作责任制,确保高校成为坚持党的领导的坚强阵地。组织、宣传、教育等部门要各负其责,形成齐抓共管的工作格局。高校党委要履行好管党治党、办学治校的主体责任,坚持和完善党委领导下的校长负责制,抓好基层党组织建设,把党建和思想政治工作优势转化为高校发展优势。

北京市、浙江省、陕西省、清华大学、哈尔滨工业大学、上海大学、华南师范大学、四川交通职业技术学院负责同志在会上发言。(发言摘编见第十版)

部分中共中央政治局委员、中央书记处书记出席会议。

中央党的建设工作领导小组成员，中央宣传思想工作领导小组成员，中央和国家机关有关部门负责同志，中央军委机关有关部门负责同志，各省区市和新疆生产建设兵团党委政府有关负责同志，部分高校党委书记和校长出席会议。

(资料来源：张烁.习近平在全国高校思想政治工作会议上强调：把思想政治工作贯穿教育教学全过程开创我国高等教育事业发展新局面.人民日报，2016-12-09(01).)

3.中央政策、意见

《关于进一步加强和改进大学生思想政治教育的意见》

《关于加强和改进新形势下高校思想政治工作的意见》

《关于全面深化新时代教师队伍建设改革的意见》

等等

重点解读：

中共中央 国务院印发《关于加强和改进新形势下高校思想政治工作的意见》

2017年2月，中共中央、国务院印发了《关于加强和改进新形势下高校思想政治工作的意见》(以下简称《意见》)。

《意见》强调指出，高校肩负着人才培养、科学研究、社会服务、文化传承创新、国际交流合作的重要使命。加强和改进高校思想政治工作，事关办什么样的大学、怎样办大学的根本问题，事关党对高校的领导，事关中国特色社会主义事业后继有人，是一项重大的政治任务和战略工程。

《意见》分为七个部分：一、重要意义和总体要求；二、强化思想理论教育和价值引领；三、发挥哲学社会科学育人功能；四、加强对课堂教学和各类思想文化阵地的建设管理；五、加强教师队伍和专门力量建设；六、推进高校思想政治工作改革创新；七、加强和改善党对高校的领导。

《意见》指出，我们党历来高度重视高校思想政治工作，探索形成了一系列基本方针原则和工作遵循。党的十八大以来，以习近平同志为核心的党中央把高校思想政治工作摆在突出位置，作出一系列重大决策部署，各地区各有关部门各高校采取有力有效措施，积极主动开展工作，创造了许多成功做法，积累了许多宝贵经验。大学生思想政治教育成效显著，教师思想政治素质明显提高，各类思想文化阵地建设和管理不断加强，中国特色社会主义理论体系进教材、进课堂、进头脑工作扎实有效，社会主义核心价值观建设持续推进，高校意识形态领域主流积极健康向上，广大师生对以习近平同志为核心的党中央拥护信任，对党中央治国理政新理念新思想新战略高度认同，对中国特色社会主义和中华民族伟大复兴中国梦充满信心。总体上看，高校思想政治工作持续加强和改进，呈现出良好发展态势，为保证高等教育改革发展、服务党和国家工作大局作出了重要贡献。

《意见》指出，加强和改进高校思想政治工作的指导思想是：高举中国特色社会主义伟大旗帜，全面贯彻党的十八大和十八届三中、四中、五中、六中全会精神，以马克思列宁主义、毛泽东思想、邓小平理论、"三个代表"重要思想、科学发展观为指导，深入学习贯彻习近平总书记系列重要讲话精神和治国理政新理念新思想新战略,全面贯彻党的教育方针,坚持社会主义办学方向,扎根中国大地办大学,以立德树人为根本,以理想信念教育为核心,以社会主义核心价值观为引领,切实抓好各方面基础性建设和基础性工作,切实加强和改善党的领导,全面提升思想政治工作水平,紧密团结在以习近平同志为核心的党中央周围,牢固树立政治意识、大局意识、核心意识、看齐意识,坚定不移维护党中央权威和党中央集中统一领导,为实现"两个一百年"奋斗目标、实现中华民族伟大复兴的中国梦,培养又红又专、德才兼备、全面发展的中国特色社会主义合格建设者和可靠接班人。

《意见》指出,加强和改进高校思想政治工作的基本原则是:(1)坚持党对高校的领导。落实全面从严治党要求,把党的建设贯穿始终,着力解决突出问题,维护党中央权威、保证党的团结统一,牢牢掌握党对高校的领导权。(2)坚持社会主义办学方向。坚持马克思主义指导地位,坚持以人民为中心的发展思想,更好为改革开放和社会主义现代化建设服务、为人民服务。(3)坚持全员全过程全方位育人。把思想价值引领贯穿教育教学全过程和各环节,形成教书育人、科研育人、实践育人、管理育人、服务育人、文化育人、组织育人长效机制。(4)坚持遵循教育规律、思想政治工作规律、学生成长规律。把握师生思想特点和发展需求,注重理论教育和实践活动相结合、普遍要求和分类指导相结合,提高工作科学化精细化水平。(5)坚持改革创新。推进理念思路、内容形式、方法手段创新,增强工作时代感和实效性。

《意见》指出,要强化思想理论教育和价值引领。把理想信念教育放在首位,切实抓好马克思列宁主义、毛泽东思想学习教育,广泛开展中国特色社会主义理论体系学习教育,深入学习习近平总书记系列重要讲话精神,引导师生深刻领会党中央治国理政新理念新思想新战略,坚定中国特色社会主义道路自信、理论自信、制度自信、文化自信。要培育和践行社会主义核心价值观,把社会主义核心价值观体现到教书育人全过程,引导师生树立正确的世界观、人生观、价值观,加强国家意识、法治意识、社会责任意识教育,加强民族团结进步教育、国家安全教育、科学精神教育,以诚信建设为重点,加强社会公德、职业道德、家庭美德、个人品德教育,提升师生道德素养。要弘扬中华优秀传统文化和革命文化、社会主义先进文化,实施中华文化传承工程,推动中华优秀传统文化融入教育教学,加强革命文化和社会主义先进文化教育,深化中国共产党史、中华人民共和国史、改革开放史和社会主义发展史学习教育,利用我国改革发展的伟大成就、重大历史事件纪念活动、爱国主义教育基地、国家公祭仪式等组织开展主题教育,弘扬以爱国主义为核心的民族精神和以改革创新为核心的时代精神。要进一步办好高校思想政治理论课,充分发挥思想政治理论课的主渠道作用,深入实施高校思想政治理论课建设体系创新计划,完善教材体系,提高教师素质,创新教学方法,增强教学的吸引力、说服力、感染力。要加强高校马克思主义学院建设,打造马克思主义理论教学、研究、宣传和人才培养的坚强阵地,支持有条件的高校设置马克思主义理论专业,深入实施马克思主义理论研究和建设工程。

《意见》指出,要发挥哲学社会科学育人功能。强调要加强哲学社会科学学科体系建设,积极构建中国特色、中国风格、中国气派的哲学社会科学学科体系,强化马克思主义理论学科的引领作用,支持有条件的高校在马克思主义理论一级学科下设置党的建设二级学科,实施高校马克思主义理论人才支持培养计划,积极推进学术话语体系创新,加快完善具有中国特色和国际视野的哲学、历史学、经济学、政治学、法学、社会学、民族学、新闻学、人口学、宗教学、心理学等学科,努力建设一批中国特色、世界一流的哲学社会科学学科。加快建设一批哲学社会科学专业核心课程教材。要规范哲学社会科学教材选用,建立国家优秀教材评选奖励制度,完善学术评价体系和评价标准,建立科学权威、公开透明的哲学社会科学成果评价体系,健全优秀成果评选推广机制,提高高校学术委员会建设水平。

《意见》指出,要加强对课堂教学和各类思想文化阵地的建设管理。充分发掘和运用各学科蕴含的思想政治教育资源,健全高校课堂教学管理办法。要加强对校园各类思想文化阵地的规范管理,加强校园网络安全管理,营造风清气正的网络环境。

《意见》指出,要加强教师队伍和专门力量建设。强调要提升教师思想政治素质,加强思想政治工作,建立中青年教师社会实践和校外挂职制度,加强师德师风建设,增强教师教书育人的责任担当。要完善教师评聘和考核机制,增加课堂教学权重,引导教师将更多精力投入到课堂教学上,完善教师职业道德规范,实施师德"一票否决"。高校思想政治工作队伍和党务工作队伍具有教师和管理人员双重身份,要纳入高校人才队伍建设总体规划,形成一支专职为主、专兼结合、数量充足、素质优良的工作力量。

《意见》指出,要推进高校思想政治工作改革创新。强调要贴近师生思想实际,以改革创新精神做好高校思想政治工作,建立健全校领导、院(系)领导联系师生、谈心谈话制度,在平等沟通、民主讨论、互动交流中进行思想引导,有的放矢、生动活泼地开展工作,发挥师德楷模、名师大家、学术带头人等的示范引领作用。要加强互联网思想政治工作载体建设,加强学生互动社区、主题教育网站、专业学术网站和"两微一端"建设,运用大学生喜欢的表达方式开展思想政治教育。要强化社会实践育人,提高实践教学比重,组织师生参加社会实践活动,完善科教融合、校企联合等协同育人模式,加强实践教学基地建设,建立健全国家机关、企事业单位、社会团体接收大学生实习实训制度,开设创新创业教育专门课程,增强军事训练实效,建立健全学雷锋志愿服务制度。要在服务引导中加强思想教育,把解决思想问题与解决实际问题结合起来,做到既讲道理又办实事,加强学生学业就业指导,帮助大学生顺利完成学业,加强人文关怀和心理疏导,促进大学生身心和人格健康发展,加强对家庭经济困难学生的资助工作,积极帮助解决教师的合理诉求。积极发挥共青团、学生会组织和学生社团作用。要健全高校思想政治工作评价体系,研究制定内容全面、指标合理、方法科学的评价体系,推动高校思想政治工作制度化。

《意见》最后强调,要加强和改善党对高校的领导。要完善高校党的领导体制,坚持和完善普通高校党委领导下的校长负责制,高校党委对本校工作实行全面领导,履行管党治党、办学治校的主体责任,切实发挥领导核心作用。按照社会主义政治家、教育家标准,选好配强高校领导班子特别是党委书记和校长。高校党委书记主持党委全面工作,履行高校思想政治工作和党的建设第一责任人的职责。校长是学校的法人代表,在党委领导下组织实施党委有关决议,行使高等教育法等规定的各项职权。其他党委班子成员履行"一岗双责",结合业务分工抓好思想政治工作和党的建设工作。要强化院(系)党的领导,发挥院(系)党委(党总支)的政治核心作用,履行政治责任,保证监督党的路线方针政策及上级党组织决定的贯彻执行。认真执行民主集中制原则,通过院(系)党政联席会议讨论和决定本单位重要事项,健全院(系)集体领导、党政分工合作、协调运行的工作机制,提升班子整体功能和议事决策水平。要加强高校基层党建工作,建立健全高校基层党组织,加强教师党支部、学生党支部特别是研究生党支部建设,充分发挥党支部战斗堡垒作用。坚持党的组织生活各项制度,组织党员深入开展"两学一做"学习教育,认真做好在高校优秀青年教师、高校学生中发展党员工作,加强党员日常管理监督。要健全地方党委抓高校思想政治工作制度,切实加强组织领导和工作指导,坚持和完善党委定期研究、领导干部联系高校等制度,建立部门协作常态机制,形成党委统一领导、党政齐抓共管、职能部门组织协调、社会各方积极参与的工作格局。高度重视民办高校、中外合作办学中党的建设和思想政治工作,探索党组织发挥政治核心作用的有效途径,完善政策保障和经费支持,为加强和改进高校思想政治工作创造良好条件。

(资料来源:中共中央 国务院印发《关于加强和改进新形势下高校思想政治工作的意见》.(2017-02-27)[2019-10-18]. http://www.xinhuanet.com/politics/2017-02/27/c_1120538762.htm.)

(二)重大规划与专项规划

1.国民经济和社会发展规划纲要

《中华人民共和国国民经济和社会发展第十三个五年规划纲要》

2.教育(高等教育)发展规划纲要

《国家中长期教育改革和发展规划纲要(2010—2020年)》

《国家教育事业发展"十三五"规划》

《学位与研究生教育发展"十三五"规划》

《统筹推进世界一流大学和一流学科建设总体方案》

等等

重点解读:

新华社受权发布《国家中长期教育改革和发展规划纲要(2010—2020年)》

2010年7月29日,新华社受权发布《国家中长期教育改革和发展规划纲要(2010—2020年)》(以下简称《教育规划纲要》)。《教育规划纲要》提出了今后10年教育改革和发展的战略目标:到2020年,基本实现教育现代化,基本形成学习型社会,进入人力资源强国行列。

《教育规划纲要》由序言、总体战略、发展任务、体制改革、保障措施和实施组成,共22章、70条,约27000字。

《教育规划纲要》明确了教育改革和发展的指导思想,提出"优先发展、育人为本、改革创新、促进公平、提高质量"的工作方针。

《教育规划纲要》对学前教育、义务教育、高中阶段教育、职业教育、高等教育、继续教育、民族教育和特殊教育的发展任务一一进行阐述。具体目标有:基本普及学前教育;巩固提高九年义务教育水平;普及高中阶段教育,毛入学率达到90%;高等教育大众化水平进一步提高,毛入学率达到40%;扫除青壮年文盲;继续教育参与率大幅提升,从业人员继续教育年参与率达到50%;全面提高少数民族和民族地区教育发展水平;到2020年,基本实现市(地)和30万人口以上、残疾儿童少年较多的县(市)都有一所特殊教育学校。

根据《教育规划纲要》,我国将开展人才培养体制、考试招生制度、办学体制、管理体制等方面的改革,建设现代学校制度,扩大教育开放。

在人才培养体制改革方面,《教育规划纲要》要求:更新人才培养观念,创新人才培养模式,改革教育质量评价和人才评价制度。

在考试招生制度改革方面,《教育规划纲要》提出:以考试招生制度改革为突破口,克服一考定终身的弊端,推进素质教育实施和创新人才培养。

在办学体制改革方面,《教育规划纲要》提出:坚持教育公益性原则,健全政府主导、社会参与、办学主体多元、办学形式多样、充满生机活力的办学体制,形成以政府办学为主体、全社会积极参与、公办教育和民办教育共同发展的格局。

在管理体制改革方面,《教育规划纲要》要求,明确各级政府责任,规范学校办学行为,促进管办评分离,形成政事分开、权责明确、统筹协调、规范有序的教育管理体制。

《教育规划纲要》还对加强教师队伍建设、保障经费投入、加快教育信息化进程、推进依法治教等作出详细规定。

根据《教育规划纲要》,我国将组织实施一批重大项目。成立国家教育体制改革领导小组,根据统筹规划、分步实施、试点先行、动态调整的原则,选择部分地区和学校开展重大改革试点。

《教育规划纲要》强调要加强和改善对教育工作的领导,加强和改进教育系统党的建设,切实维护教育系统和谐稳定。

《教育规划纲要》要求:各地要围绕《教育规划纲要》确定的战略目标、主要任务、体制改革、重大措施和项目等,提出本地区实施的具体方案和措施,分阶段、分步骤组织实施。各有关部门要抓紧研究制定切实可行、操作性强的配套政策,尽快出台实施。

(资料来源:吴晶,黄小希.新华社受权发布《国家中长期教育改革和发展规划纲要(2010—2020年)》.(2010-07-29)[2019-10-18]. http://www.gov.cn/jrzg/2010-07/29/content_1666978.htm.)

国务院印发《统筹推进世界一流大学和一流学科建设总体方案》

2015年10月24日,国务院印发《统筹推进世界一流大学和一流学科建设总体方案》(以下简称《总体方案》),要求按照"四个全面"战略布局和党中央、国务院决策部署,坚持以中国特色、世界一流为核心,以立德树人为根本,以支撑创新驱动发展战略、服务经济社会发展为导向,坚持"以一流为目标、以学科为基础、以绩效为杠杆、以改革为动力"的基本原则,加快建成一批世界一流大学和一流学科。

根据《总体方案》,到2020年,我国若干所大学和一批学科进入世界一流行列,若干学科进入世界一流学科前列;到2030年,更多的大学和学科进入世界一流行列,若干所大学进入世界一流大学前列,一批学科进入世界一流学科前列,高等教育整体实力显著提升;到本世纪中叶,一流大学和一流学科的数量和实力进入世界前列,基本建成高等教育强国。

《总体方案》提出,国家将鼓励和支持不同类型的高水平大学和学科差别化发展,总体规划,分级支持,每五年一个周期,2016年开始新一轮建设。建设将更加突出绩效导向,通过建立健全绩效评价机制,动态调整支持力度。不断完善政府、社会、学校相结合的共建机制,形成多元化投入、合力支持的格局。

世界一流大学和一流学科建设实行建设与改革并重,《总体方案》确定了建设一流师资队伍、培养拔尖创新人才、提升科学研究水平、传承创新优秀文化、着力推进成果转化等五项建设任务;明确了加强和改进党对高校的领导、完善内部治理结构、实现关键环节突破、构建社会参与机制、推进国际交流合作等五项改革任务。

《总体方案》要求加强对世界一流大学和一流学科建设的组织管理,有序推进实施。有关部门要抓紧完善配套政策,高校要科学编制建设方案。对建设方案要开展咨询论证,动态监测建设过程,及时跟踪指导并接受社会公众监督。

1995 年以来,我国先后实施了"211 工程""985 工程"等一批重点建设项目,一批高水平大学建设取得重大进展,在国际上产生了广泛影响,为进一步建设世界一流大学和一流学科奠定了坚实的基础。今年 8 月 18 日,中央全面深化改革领导小组第 15 次会议审议通过《总体方案》,决定统筹推进建设世界一流大学和一流学科,推动实现我国从高等教育大国到高等教育强国的历史性跨越。

(资料来源:新华网.国务院印发《统筹推进世界一流大学和一流学科建设总体方案》.(2015-11-05)[2019-10-18]. http://www.xinhuanet.com/politics/2015-11/05/c_1117050046.htm.)

3.青年工作规划

《中长期青年发展规划(2016—2025 年)》

重点解读:

中共中央、国务院印发《中长期青年发展规划(2016—2025 年)》

2017 年 4 月,中共中央、国务院印发了《中长期青年发展规划(2016—2025 年)》(以下简称《规划》)。《规划》是新中国历史上第一个青年发展规划,充分体现了以习近平同志为核心的党中央对青年一代的亲切关心、对青年工作的高度重视,是我国青年发展事业的重要顶层设计。

《规划》强调,促进青年更好成长、更快发展,是国家的基础性、战略性工程。党和国家事业要发展,青年首先要发展。党的十八大以来,以习近平同志为核心的党中央进一步明确中国特色社会主义青年运动方向,全面加强对青年的思想政治引领和成长成才服务,制定实施一系列促进青年发展的政策措施,为广大青年指明了正确的成长道路,创造了良好的成长环境。

《规划》提出,要深入学习贯彻习近平总书记系列重要讲话精神和治国理政新理念新思想新战略,坚持党管青年原则,从战略高度看待青年发展事业,党委加强领导,政府、群团组织、社会等各方面协同施策,不断完善具有中国特色的青年发展政策体系和工作机制,引导广大青年成长为堪当实现中华民族伟大复兴中国梦历史重任的有生力量。

《规划》从思想道德、教育、健康、婚恋、就业创业、文化、社会融入与社会参与、维护合法权益、预防违法犯罪、社会保障等 10 个领域提出了具体发展目标,针对每个领域青年发展面临的突出问题提出发展措施;同时,提出了青年马克思主义者培养工程、青年社会主义核心价值观培养工程、青年体质健康提升工程、青年就业见习计划、青年文化精品工程、青年网络文明发展工程、中国青年志愿者行动、青年民族团结进步促进工程、港澳台青少年交流工程、青少年事务社会工作专业人才队伍建设工程等 10 个重点项目。

《规划》强调,要加强对规划实施工作的组织领导,设立推动规划落实的部际联席会议机制;各地区、各部门都要高度重视青年工作,关心、支持青年事业的发展,形成工作合力。要建立健全青年发展规划体系,各地要根据实际,编制本地区青年发展规划。要充分发挥共青团维护青年发展权益的重要作用,加强服务青年发展的阵地建设,保障青年发展的经费投入,营造规划实施的良好社会环境,并建立规划实施情况的监测评估机制。

(资料来源:央视网.中共中央、国务院印发《中长期青年发展规划(2016—2025 年)》.(2017-04-13)

[2019-10-18]. http://news.cctv.com/2017/04/13/ARTlXT8bVbJX0H4FMF0j5wYq170413.shtml.）

（三）法律法规

1. 教育（高等教育）工作相关法律法规

《中华人民共和国教育法》

《中华人民共和国高等教育法》

《中华人民共和国教师法》

《中华人民共和国学位条例》

《中华人民共和国学位条例暂行实施办法》

等等

重点解读：

全国人民代表大会常务委员会关于修改《中华人民共和国高等教育法》的决定

第十二届全国人民代表大会常务委员会第十八次会议决定对《中华人民共和国高等教育法》作如下修改：

一、将第四条修改为："高等教育必须贯彻国家的教育方针，为社会主义现代化建设服务、为人民服务，与生产劳动和社会实践相结合，使受教育者成为德、智、体、美等方面全面发展的社会主义建设者和接班人。"

二、将第五条修改为："高等教育的任务是培养具有社会责任感、创新精神和实践能力的高级专门人才，发展科学技术文化，促进社会主义现代化建设。"

三、将第二十四条修改为："设立高等学校，应当符合国家高等教育发展规划，符合国家利益和社会公共利益。"

四、将第二十九条修改为："设立实施本科及以上教育的高等学校，由国务院教育行政部门审批；设立实施专科教育的高等学校，由省、自治区、直辖市人民政府审批，报国务院教育行政部门备案；设立其他高等教育机构，由省、自治区、直辖市人民政府教育行政部门审批。审批设立高等学校和其他高等教育机构应当遵守国家有关规定。

"审批设立高等学校，应当委托由专家组成的评议机构评议。

"高等学校和其他高等教育机构分立、合并、终止，变更名称、类别和其他重要事项，由本条第一款规定的审批机关审批；修改章程，应当根据管理权限，报国务院教育行政部门或者省、自治区、直辖市人民政府教育行政部门核准。"

五、将第四十二条修改为："高等学校设立学术委员会，履行下列职责：

"（一）审议学科建设、专业设置，教学、科学研究计划方案；

"（二）评定教学、科学研究成果；

"（三）调查、处理学术纠纷；

"（四）调查、认定学术不端行为；

"（五）按照章程审议、决定有关学术发展、学术评价、学术规范的其他事项。"

六、将第四十四条修改为："高等学校应当建立本学校办学水平、教育质量的评价制度，及时公开相关信息，接受社会监督。

"教育行政部门负责组织专家或者委托第三方专业机构对高等学校的办学水平、效益和教育质量进行评估。评估结果应当向社会公开。"

七、将第六十条第一款修改为:"高等教育实行以举办者投入为主、受教育者合理分担培养成本、高等学校多种渠道筹措经费的机制。"

将第二款中的"教育法第五十五条"修改为"教育法第五十六条"。

本决定自 2016 年 6 月 1 日起施行。

《中华人民共和国高等教育法》根据本决定作相应修改,重新公布。

(资料来源:全国人民代表大会.全国人民代表大会常务委员会关于修改《中华人民共和国高等教育法》的决定.(2016-02-26)[2019-10-18]. http://www.npc.gov.cn/wxzl/gongbao/2016-02/26/content_1987051.htm.)

2.教育部部门规章

《高等学校教师职业道德规范》

《新时代高校教师职业行为十项准则》

《高等学校学生行为准则》

《普通高等学校辅导员队伍建设规定》

《普通高等学校学生管理规定》

《国家教育考试违规处理办法》

《学生伤害事故处理办法》

《学位论文作假行为处理办法》

《学生志愿服务管理暂行办法》

《学位证书和学位授予信息管理办法》

《高等学校预防与处理学术不端行为办法》

《普通高等学校招收和培养香港特别行政区、澳门特别行政区及台湾地区学生的规定》

《统筹推进世界一流大学和一流学科建设实施办法(暂行)》

等等

重点解读:

教育部对《普通高等学校辅导员队伍建设规定》进行修订

为深入贯彻落实全国高校思想政治工作会议精神和中共中央、国务院《关于加强和改进新形势下高校思想政治工作的意见》要求,进一步加强高校辅导员队伍建设,2017 年 8 月,教育部修订出台《普通高等学校辅导员队伍建设规定》(教育部令第 43 号)。《规定》的出台,是加强和改进新形势下高校思想政治工作的重大部署,是提升高校辅导员队伍专业水平和职业能力的重要举措。

《规定》坚持把立德树人作为中心环节,把高校辅导员队伍建设作为教师队伍和管理队伍建设的重要内容,从高校辅导员的要求和主要职责、配备和选聘、发展和培训等方面对新形势下加强高校辅导员队伍建设作出整体规划和统筹安排。

《规定》着眼于回应广大高校辅导员的实际关切,着力解决高校辅导员队伍建设存在的重点难点问题。从工作职责上,进一步明确了高校辅导员的九大工作职责,强调高校辅导员要在思想理论教育和价值引领方面发挥重要作用。从职业定义上,进一步明确了高校专职辅导员是指在院(系)专职从事大学生日常思想政治教育工作的人员,包括院(系)党委(党总支)副书记、学工组长、团委(团总支)书记等专职工作人员。从配备选聘上,强调推动高校1∶200的专职辅导员岗位设置要求落地,按照专兼结合、以专为主的原则,足额配备到位。同时规定兼职辅导员工作量按专职辅导员工作量的三分之一核定。进一步明确高校要参照专任教师聘任的待遇和保障,与专职辅导员建立人事聘用关系。从发展培训上,强调对高校辅导员培训体系和具体学时的要求,同时对制定辅导员队伍激励保障机制,实现专职辅导员职务职称"双线"晋升等提出要求,明确高校专职辅导员职务(职称)晋升的单列计划、单设标准、单独评审原则,以及注重考查工作实绩和育人实效的方向。

《规定》同时明确了省级教育工作部门、高等学校在高校辅导员队伍建设中承担的任务和责任,保证高校辅导员工作有条件、干事有平台、待遇有保障、发展有空间。

(资料来源:教育部思想政治工作司.教育部对《普通高等学校辅导员队伍建设规定》进行修订.(2017-10-11)[2019-10-18].http://www.moe.gov.cn/s78/A12/moe_1168/201710/t20171011_316068.html.)

突出立德树人,体现学生为本
教育部颁布新版《普通高等学校学生管理规定》

2017年2月,教育部颁布了新修订的《普通高等学校学生管理规定》(教育部令第41号,以下简称《规定》)。《规定》是指导和规范高校实施学生管理的重要规章,涉及学生的权利与义务、学籍管理、校园秩序与课外活动、奖励与处分、学生申诉等诸多方面,此次修订将对3000多万在校大学生的学习和生活产生重要影响。

原《规定》(教育部令第21号)自2005年9月1日实施以来,对于维护高校正常教育教学秩序、保障高校学生权益发挥了重要作用。时隔近12年,教育部在大量调研和广泛征求意见基础上,重新修订《规定》,主要基于三方面考虑:一是贯彻落实党的十八大以来,以习近平同志为核心的党中央关于高等教育工作的新理念新思想新战略,突出立德树人根本任务。二是适应经济社会发展、高等教育改革的需要,体现促进创新创业、依法治校、提高质量等新要求。三是针对高校教育与管理的新变化,在总结实践经验、现实问题以及司法判例的基础上,修改、补充和完善相关制度,更有利于高校学生的管理和服务。

修订后的《规定》共分7章68条,围绕一切为了学生发展的理念,凸显了五个方面的特点。一是突出高校立德树人根本要求。贯彻习近平总书记系列重要讲话,特别是在全国高校思想政治工作会议上的讲话精神,要求高校坚持社会主义办学方向,全面贯彻党的教育方针;坚持立德树人,加强理想信念教育,培育和践行社会主义核心价值观,培养学生的社会责任感、创新精神、实践能力。加强对学生思想品德考核,强调恪守学术道德,开展诚信教育,建立对失信行为的约束和惩戒机制。二是为学生创新创业提供制度支持。健全休学创业的弹性学制,新生可以申请保留入学资格开展创新创业实践,入学后也可以申请休学开展创业;对休学创业的学生,可单独规定最长学习年限,并简化了休学批准程序。建立更加灵活的学习制度,规定学生可以多种方式学习,包括申请跨校辅修专业或修读课程,对参加学校认可的开放式网络课程学习明确了学生学分积累和认可制度;规定参加创新创业等活动,可以折算为学分,计入学业成绩,鼓励学校建立创新创业档案、设置创新创业学分。三是更加注重保护学生权益。完善公平的奖励制度,规定学校对学生予以表彰和奖励,以及确定推荐免试研究生、国家奖学金、公派出国留学人选等赋予学生利益的行为,应当建立公开、公平、公正的程序和规定。规范对学生的处分程序,专门新增"学生申诉"一章,完善申诉制度和程序,强化了学生申诉委员会的职责,增加了教育部门对学校行为的监管措施。四是促进学生自我管理。鼓励和支持学生实行自我管理、自我服务、自我教育、自我监督。充实有关学生权利义务的规定,强化学生自我管理机制和行为规范,规定学校应建立健全学生代表大会制度,为学生会、研究生会等开展活动提供必要条件。五是推进高校依法治校。进一步健全学籍管理的制度规范,增加了学校在报到时对新生入学资格进行初步审查的要求,明确了入学复查的内容,防止冒名顶替、弄虚作假获得入学资格的现象。健全了转专业的条件和程序要求,补充了关于转学的禁止性情形和程序规定。

《规定》将于9月1日起施行。教育部将指导省级教育部门督促各高校据此修订完善相应的学生管理规章制度,确保《规定》真正落实到位。

(资料来源:教育部.突出立德树人,体现学生为本:教育部颁布新版《普通高等学校学生管理规定》.(2017-02-16)[2019-10-18]. http://www.moe.gov.cn/jyb_xwfb/gzdt_gzdt/s5987/201702/t20170216_296400.html.)

3.其他与辅导员工作相关的法律法规

《中华人民共和国精神卫生法》

《青少年法治教育大纲》

等等

(四)政策制度

1.教育(高等教育)发展方面

《全面推进依法治校实施纲要》

《关于全面提高高等教育质量的若干意见》

《关于深化本科教育教学改革 全面提高人才培养质量的意见》

《关于深化教师教育改革的意见》

《关于切实加强和改进高等学校学风建设的实施意见》

《关于2013年深化教育领域综合改革的意见》

等等

2.高校思想政治教育方面

《关于加强和改进高校青年教师思想政治工作的若干意见》

《关于进一步加强高等学校学生形势与政策教育的通知》

《关于进一步加强和改进高等学校思想政治理论课的意见》

《关于进一步加强和改进研究生思想政治教育的若干意见》

《关于培育和践行社会主义核心价值观的意见》

《完善中华优秀传统文化教育指导纲要》

《高校思想政治工作质量提升工程实施纲要》

《关于深化新时代学校思想政治理论课改革创新的若干意见》

《关于进一步加强和改进新形势下高校宣传思想工作的意见》

《全国大学生思想政治教育工作测评体系(试行)》

等等

重点解读：

《高校思想政治工作质量提升工程实施纲要》有关情况

2017年12月5日，教育部印发了《高校思想政治工作质量提升工程实施纲要》（以下简称《实施纲要》）。教育部思想政治工作司负责人从《实施纲要》的出台背景、总体思路、主要内容、实施保障等四个方面，向记者作了简要介绍。

第一，《实施纲要》的出台背景。

制定《实施纲要》，就是要以习近平新时代中国特色社会主义思想为指导，根据党的十九大精神提出的新任务新要求，进一步推动高校思想政治工作会议精神落地生根，大力提升高校思想政治工作质量。主要有以下三方面的考虑：

一是学习宣传贯彻党的十九大精神的需要。党的十九大深刻回答了新时代坚持和发展中国特色社会主义的一系列重大理论和实践问题，确立了习近平新时代中国特色社会主义思想，描绘了决胜全面建成小康社会、夺取新时代中国特色社会主义伟大胜利的宏伟蓝图，进一步指明了党和国家事业的前进方向。党的十九大强调，建设教育强国是中华民族伟大复兴的基础工程，必须把教育事业放在优先位置，办好人民满意的教育，号召广大青年在实现中国梦的生动实践中放飞青春梦想，在为人民利益的不懈奋斗中书写人生华章。这些重要论述和战略部署，为新时代高校思想政治工作指明了前进方向、提供了根本遵循。制定《实施纲要》，就是为了立足新时代，不忘教育强国之初心、牢记民族复兴之使命，不忘立德树人之初心、牢记人才培养之使命，自觉用习近平新时代中国特色社会主义思想武装头脑、指导实践，坚持把立德树人作为中心环节，全面提高人才培养能力，深入推进高校思想政治工作领域综合改革，着力培养德智体美全面发展的社会主义建设者和接班人，着力培养担当民族复兴大任的时代新人，为实现"两个一百年"奋斗目标、实现中华民族伟大复兴的中国梦提供强大的人才保障和智力支撑。

二是把贯彻落实全国高校思想政治工作会议精神进一步引向深入的需要。一年来，各有关部门、各地各高校深入学习领会习近平总书记重要讲话精神，在旗帜鲜明讲政治上当标杆，在强化落实、落地见效上下功夫，召开专门会议部署，出台了实施方案和配套文件，加强工作指导和督查。教育部作为贯彻落实全国高校思政会精神的重要部门，部党组高度重视、认真落实会议精神和中央部署，进行超前化部署，实施清单化管理，着力机制化推进，推动绩效化评估，强化学理化支撑，开展品牌化营造，加强督导化检查，切实推动高校思政会精神落地生根、落地有声。一，深入开展学习调研。会议召开前夕，教育部所有党组成员就分赴各省（区市），分片区开展高校思政工作专题调研。会后，教育部党组书记、部长陈宝生第一时间主持召开党组会进行集体学习，亲力亲为抓落实，到全国31个省（区市）开展高校思政工作专项督导调研，实现全覆盖。对机关直属单位干部和各地各高校党委负责同志，开展全员轮训，推动层层深入学习。二，制订出台实施方案。梳理形成9大类108项任务清单。制定印发一系列配套文件。目前，《普通高校辅导员队伍建设规定》（教育部43号令）《高校马克思主义学院建设标准》《加强高校教师党支部建设的意见》《普通高等学校本科专业类教学质量国家标准》等系列文件已经相继印发，相关文件将陆续出台。三，完善工作体制机制。深入推动构建各部门统筹联络机制、部内各司局统筹协调机制、战线统筹推动机制，形成了上下联动、同频共振、齐抓共管的工作合力。四，聚焦突破重点难点。聚焦薄弱环节、重点难点和普遍性问题,主动打好打赢高校党的领导、基层党建和思想政治理论课"三大战役",扭住不放啃下教师思政、课程思政、网络思政"三块硬骨头"。比如,将2017年确定为"思政课教学质量年",组织200名知名专家旁听思政课3000堂。再比如,遴选培训1000名优秀辅导员开展十九大精神全国高校巡讲和网络巡礼,推动十九大精神学习宣传全覆盖。总体上看,从中央到地方,对高校思想政治工作的重要性认识不断深化,工作措施针对性不断增强,全社会关心关注高校思政工作的态势不断向好,氛围前所未有。我们今天印发《实施纲要》,就是要在前期工作基础上,根据十九大精神的新要求,按照习近平总书记提出的"强化基础,抓住重点,建立规范,落实责任"的十六字方针,不断完善工作标准,健全制度体系,强化评价激励,提升育人实效,深化知识教育、能力培养和价值引领的有机结合,着力培养担当民族复兴大任的时代新人。

三是解决高校思想政治工作发展不平衡不充分问题的需要。当前,高校思想政治工作中还存在一些突出问题和薄弱环节,也面临发展不平衡不充分的问题。比如,不同区域、不同类型高校、不同学段、不同学科、不同专业之间的不平衡问题,教师思政有待进一步加强、基层党建有待进一步完善、全员全过程全方位育人格局还未完全形成等不充分问题。这些问题,迫切需要我们从体制机制、育人理念、教育方式、队伍建设、条件保障等方面进行系统设计,坚持育人为本,坚持改革创新,抓制度完善,抓标准健全,抓关键环节,抓全面统筹,明确"项目书",绘制"工程图",系统化构建"全员全过程全方位育人"长效机制,努力开创新时代高校思想政治工作新局面。

第二,《实施纲要》的总体思路。

《实施纲要》是质量提升工程的顶层设计,也是高校思想政治工作创新发展的施工蓝图,其总体思路是聚焦短板弱项,坚持把破解高校思想政治工作不平衡不充分问题作为目标指向,着力构建一体化育人体系,打通育人最后一公里。一体化育人,就是要全面统筹办学治校各领域、教育教学各环节、人才培养各方面的育人资源和育人力量,从体制机制完善、项目带动引领、队伍配齐建强、组织条件保障等方面进行系统设计,从宏观、中观、微观各个层面一体化构建育人工作体系,实现各项育人工作的协同协作、同向同行、互联互通。打通最后一公里,就是要挖掘各群体、各岗位的育人元素,并将其作为职责要求和考核内容融入整体制度设计和具体操作环节,着力打通高校思想政治工作存在的盲区、断点,真正把各项工作的重音和目标落在育人效果上,切实做足育人大文章,唱响育人最强音,使高校思想政治工作更好地适应和满足学生成长诉求、时代发展要求、社会进步需求,不断提升工作科学化水平。

第三,《实施纲要》的主要内容。

《实施纲要》分为目标原则、基本任务、主要内容、实施保障等四个部分。其中,最核心内容是第三部分,它详细规划了课程、科研、实践、文化、网络、心理、管理、服务、资助、组织等"十大育人"体系的实施内容、载体、路径和方法。

一是统筹推进课程育人。深入推动习近平新时代中国特色社会主义思想进教材、进课堂、进头脑,大力推动以"课程思政"为目标的课堂教学改革,优化课程设置,修订专业教材,完善教学设计,加强教学管理,梳理各门课程所蕴含的思想政治教育元素和所承载的思想政治教育功能,融入课堂教学各环节,实现思想政治教育与知识体系教育的有机统一。培育选树一批"学科育人示范课程",建立一批"课程思政研究中心"。

二是着力加强科研育人。发挥科研育人功能,优化科研环节和程序,完善科研评价标准,构建集教育、预防、监督、惩治于一体的学术诚信体系,健全优秀成果评选推广机制,实施科研创新团队培育支持计划、科教协同育人计划、产学研合作协同育人计划,培养选树一批科研育人示范项目、示范团队。引导师生树立正确的政治方向、价值取向、学术导向。

三是扎实推动实践育人。坚持理论教育与实践养成相结合,整合各类实践资源,构建"党委统筹部署、政府扎实推动、社会广泛参与、高校着力实施"的实践育人协同体系,开展"牢记时代使命,书写人生华章""百万师生追寻习近平总书记成长足迹""百万师生重走复兴之路""百万师生'一带一路'社会实践专项行动"等项目,丰富实践内容,创新实践形式,拓展实践平台,教育引导师生在亲身参与中增强实践能力、树立家国情怀。

四是深入推进文化育人。就是发挥中国特色社会主义文化育人功能,注重以文化人以文育人,深入开展中华优秀传统文化、革命文化、社会主义先进文化教育,践行和弘扬社会主义核心价值观,开展"传承红色基因、担当复兴重任"等活动,实施"高校原创文化经典推广行动计划",开展文明校园创建,优化校风学风,培育大学精神,建设优美环境,滋养师生心灵,涵育师生品行,引领社会风尚。

五是创新推动网络育人。大力推进网络教育,拓展网络平台,建设高校思想政治工作网,推动"易班"和中国大学生在线全国共建,编制《高校师生网络素养指南》,建立网络文化成果评价认证体系,实施"网络教育名师培育支持计划""校园好网民培养选树计划",引导师生强化网络意识,提升网络文明素养,创作网络文化产品,传播主旋律,弘扬正能量,守护好网络精神家园。

六是大力促进心理育人。坚持育心与育德相结合,深入构建教育教学、实践活动、咨询服务、预防干预、平台保障"五位一体"的心理健康教育工作格局。把心理健康教育课程纳入学校整体教学计划,按照师生比不低于 1∶4000 配备心理健康教育专业教师,建立学校、院系、班级、宿舍"四级"预警防控体系,研制高校师生心理健康教育指导意见,培育建设一批"高校心理健康教育示范中心"。

七是切实强化管理育人。加强教育立法,加强法治教育,强化科学管理对道德涵育的保障功能,大力营造治理有方、管理到位、风清气正的育人环境。健全依法治校、管理育人制度体系,制定管理干部培训五年规划,严把教师聘用、人才引进政治考核关,把育人功能发挥纳入管理岗位考核评价范围,培育一批"管理育人示范岗"。

八是不断深化服务育人。把解决实际问题与解决思想问题结合起来,提供靶向服务,增强供给能力,在关心人、帮助人、服务人中教育人、引导人。充分发挥后勤保障、图书资料、医疗卫生、安全保卫等各类服务岗位的育人功能,落实服务目标责任制,加强监督考核,选树服务育人先进典型,培育一批高校"服务育人示范岗"。

九是全面推进资助育人。把"扶困"与"扶智"、"扶困"与"扶志"结合起来,建立国家资助、学校奖助、社会捐助、学生自助"四位一体"的发展型资助体系,构建物质帮助、道德浸润、能力拓展、精神激励有效融合的资助育人长效机制,实现无偿资助与有偿资助、显性资助与隐性资助的有机融合,着力培养受助学生自立自强、诚实守信、知恩感恩、勇于担当的良好品质。

十是积极优化组织育人。把组织建设与教育引领结合起来,强化高校各类组织的育人职责。启动实施高校党建工作评估,实施"高校基层党建对标争先计划",开展"不忘初心、牢记使命"主题教育,遴选培育全国百个院(系)党建工作标杆,培育建设一批先进基层党组织,培养选树一批优秀共产党员、优秀党务工作者,推选展示一批党的建设优秀工作案例,培育建设一批文明社团、文明班级、文明宿舍。

第四,《实施纲要》的实施保障。

一是强化改革驱动。主要是要推动开展"三全育人"综合改革,着力建设一批"三全育人"示范区和示范校。在省级层面,整合育人资源,带动支持在本地区打造"三全育人共同体",形成学校、家庭和社会教育有机结合的协同育人机制。在学校层面,系统梳理归纳各个群体、各个岗位的育人元素,并作为职责要求和考核内容融入整体制度设计和具体操作环节,形成可转化、可推广的一体化育人制度和模式。

二是搭建工作平台。主要是要建设三大中心群,一个是建设一批高校思想政治工作创新发展中心,推动开展党的建设、思想政治教育、意识形态工作、维护安全稳定等方面的理论创新和实践探索。第二个是建设一批省级高校网络思想政治工作中心,推动各地整合网络建设管理资源,开展网络意识形态研判分析、网络舆情研究引导等工作。第三个是建设一批高校思想政治工作队伍培训研修中心,统筹开展线上线下培训、高级访问研修、学历学位教育、课程体系研发、思政文库建设等工作。

三是建强工作队伍。针对所有教师,完善教师评聘和考核机制,在教学评价、职务(职称)评聘、评优奖励中,把思想政治表现和育人功能发挥作为首要指标。针对高校思政和党务工作队伍,加大培养培训、访学研修、学位提升、项目支持力度,在"长江学者奖励计划"中,加大对思政相关领域高层次人才倾斜支持力度,实施"高校思想政治工作中青年杰出人才支持计划",培育一批高校思政工作精品项目。

四是强化组织保障。就是要成立高校思想政治工作委员会,设立高校思想政治工作经费专项,健全高校思想政治工作质量评价机制,研究制定评价指标体系,强化高校思政工作督导考核等。

(资料来源:张东刚.《高校思想政治工作质量提升工程实施纲要》有关情况.(2017-12-06)[2019-10-18]. http://www. moe. gov. cn/jyb_xwfb/xw_fbh/moe_2069/xwfbh_2017n/xwfb_20171206/sfcl/201712/t20171206_320713.html.据此整理。)

中共中央办公厅、国务院办公厅印发《关于进一步加强和改进新形势下高校宣传思想工作的意见》

2015 年 1 月,中共中央办公厅、国务院办公厅印发《关于进一步加强和改进新形势下高校宣传思想工作的意见》(以下简称《意见》)。《意见》强调指出,意识形态工作是党和国家一项极端重要的工作,高校作为意识形态工作前沿阵地,肩负着学习研究宣传马克思主义,培育和弘扬社会主义核心价值观,为实现中华民族伟大复兴的中国梦提供人才保障和智力支持的重要任务。做好高校宣传思想工作,加强高校意识形态阵地建设,是一项战略工程、固本工程、铸魂工程,事关党对高校的领导,事关全面贯彻党的教育方针,事关中国特色社会主义事业后继有人,对于巩固马克思主义在意识形态领域的指导地位,巩固全党全国人民团结奋斗的共同思想基础,具有十分重要而深远的意义。

《意见》分七个部分:一、加强和改进高校宣传思想工作是一项重大而紧迫的战略任务;二、指导思想、基本原则和主要任务;三、切实推动中国特色社会主义理论体系进教材进课堂进头脑;四、大力提高高校教师队伍思想政治素质;五、不断壮大高校主流思想舆论;六、着力加强高校宣传思想阵地管理;七、切实加强党对高校宣传思想工作的领导。

《意见》指出,在党中央坚强领导下,高校宣传思想战线始终坚持正确政治方向和舆论导向,大学生思想政治教育成效显著,教师思想政治素质明显提高,高校思想理论建设取得新进展,宣传思想阵地管理不断加强,党委统一领导、党政工团齐抓共管的体制机制逐步完善,为办好人民满意教育、维护改革发展稳定大局作出了重要贡献。高校宣传思想领域主流积极健康向上,广大师生对党的领导衷心拥护,对以习近平同志为总书记的党中央充分信赖,对中国特色社会主义事业和实现中华民族伟大复兴的中国梦充满信心。

《意见》指出,加强和改进新形势下高校宣传思想工作的指导思想是:高举中国特色社会主义伟大旗帜,以马克思列宁主义、毛泽东思想、邓小平理论、"三个代表"重要思想、科学发展观为指导,深入贯彻落实党的十八大和十八届二中、三中全会精神,深入贯彻落实习近平总书记系列重要讲话精神,全面贯彻党的教育方针,强化政治意识、责任意识、阵地意识和底线意识,以立德树人为根本任务,以深入推进中国特色社会主义理论体系进教材进课堂进头脑为主线,以提高教师队伍思想政治素质和育人能力为基础,以加强高校网络等阵地建设为重点,积极培育和践行社会主义核心价值观,不断坚定广大师生中国特色社会主义道路自信、理论自信、制度自信,培养德智体美全面发展的社会主义建设者和接班人。

《意见》指出,加强和改进新形势下高校宣传思想工作的基本原则是:(1)坚持党性原则、强化责任。切实担负起政治责任和领导责任,提高领导水平,增强驾驭能力,敢抓敢管、敢于亮剑,做到守土有责、守土负责、守土尽责。(2)坚持育人为本、德育为先。把坚定理想信念放在首位,始终坚持用中国特色社会主义理论体系武装师生头脑,确保社会主义办学方向。(3)坚持标本兼治、重在建设。强化依法管理,着力加强制度建设,把高校建设成为学习研究宣传马克思主义的坚强阵地。(4)坚持改革创新、注重实效。准确把握师生思想状况,创新工作理念和方式方法,把解决思想问题与解决实际问题结合起来,不断增强针对性实效性。(5)坚持齐抓共管、形成合力。推动校内外协同配合、全社会支持参与,构建高校宣传思想工作新格局。

《意见》指出,加强和改进新形势下高校宣传思想工作的主要任务是:(1)坚定理想信念,深入开展中国特色社会主义和中国梦宣传教育,加强高校思想理论建设,加强具有中国特色、时代特征的高校哲学社会科学学术理论体系和学术话语体系建设,进一步增强理论认同、政治认同、情感认同,不断激发广大师生投身改革开放事业的巨大热情,凝心聚力共筑中国梦。(2)巩固共同思想道德基础,大力加强社会主义核心价值观教育,把培育和弘扬社会主义核心价值观作为凝魂聚气、强基固本的基础工程,弘扬中国精神,弘扬中华传统美德,加强道德教育和实践,提升师生思想道德素质,使社会主义核心价值观内化于心、外化于行,成为全体师生的价值追求和自觉行动。(3)壮大主流思想舆论,切实加强高校意识形态引导管理,做大做强正面宣传,加强国家安全教育,加强国家观和民族团结教育,管好导向、管好阵地、管好队伍,坚决抵御敌对势力渗透,牢牢掌握高校意识形态工作领导权、话语权,不断巩固马克思主义指导地位。(4)推动文化传承创新,建设具有中国特色、体现时代要求的大学文化,培育和弘扬大学精神,把高校建设成为精神文明建设示范区和辐射源,继承和发扬中华优秀传统文化,促进社会主义先进文化建设,增强国家文化软实力。(5)立足学生全面发展,努力构建全员全过程全方位育人格局,形成教书育人、实践育人、科研育人、管理育人、服务育人长效机制,增强学生社会责任感、创新精神和实践能力,全面落实立德树人根本任务,努力办好人民满意教育。

《意见》指出,要切实推动中国特色社会主义理论体系进教材进课堂进头脑。强调要统一使用马克思主义理论研究和建设工程重点教材,把统一使用工程重点教材纳入相关专业人才培养方案和教学计划,把工程重点教材作为国家级重点规划教材,把工程重点教材使用情况作为教学评估的重要内容。要建设学生真心喜爱、终身受益的高校思想政治理论课,实施高校思想政治理论课建设体系创新计划,全面深化课程建设综合改革,编好教材,建好队伍,抓好教学,切实办好思想政治理论课。高校要制定思想政治理论课建设规划,在学校发展规划、经费投入、公共资源使用中优先保障思想政治理论课建设,在人才培养、科研立项、评优表彰、岗位聘用(职务评聘)等方面充分重视思想政治理论课教师,确保思想政治理论课在高校教学体系中的重点建设地位。要着力增强大学生思想政治教育针对性实效性,启动大学生思想政治教育质量提升工程,深入开展中国特色社会主义和中国梦教育,加强党史国史和形势任务政策教育,把社会主义核心价值观融入高等教育全过程,完善中华优秀传统文化教育,高度重视民族团结教育,积极开展马克思主义民族观宗教观、党的民族宗教政策和相关法律法规的宣传教育,广泛开展各类社会实践和公益活动,加强高校心理健康教育与咨询示范中心建设,做好就业指导和家庭经济困难学生资助工作。要充分发挥高校哲学社会科学育人功能,深化哲学社会科学教育教学改革,充分挖掘哲学社会科学课程的思想政治教育资源,建立健全符合国情的哲学社会科学人才培养质量标准体系,制定实施马克思主义理论、新闻传播学、法学、经济学、政治学、社会学、民族学、哲学、历史学等相关专业类教学质量国家标准,启动实施卓越马克思主义理论人才培养计划,深入实施卓越新闻传播人才、法律人才培养计划。要提升马克思主义理论学科的引领作用,实施马克思主义理论学科领航计划,改革马克思主义理论学科评价方式,重点建好一批马克思主义理论研究和建设创新基地,编写一批马克思主义理论学科研究生核心教材,培养一批马克思主义理论学科带头人,造就一批马克思主义理论教育家,重点建设一批有示范影响的马克思主义学院。

《意见》指出,要大力提高高校教师队伍思想政治素质。强调要着力加强教师思想政治工作,坚持不懈用中国特色社会主义理论体系武装教师头脑,进一步健全教师政治理论学习制度,实行学术安全培训制度,深入推进哲学社会科学教学科研骨干和思想政治理论课骨干教师研修工作,建立中青年教师社会实践和校外挂职制度,重视在优秀青年教师中发展党员。要扎实推进师德建设,落实高校教师职业道德规范,完善师德建设长效机制,实行师德一票否决制,完善加强高校学风建设办法,健全学术不端行为监督查处机制。要严把教师聘用考核政治关,探索教师定期注册制度。

《意见》指出,要不断壮大高校主流思想舆论。强调要扎实推进高校思想理论建设,推进高校哲学社会科学创新体系建设,积极参与马克思主义理论研究和建设工程,加强中国特色社会主义理论体系研究中心等重点基地建设,建设和创办一批权威的马克思主义理论研究学术期刊,深入实施"青年马克思主义者培养工程",在青年教师和学生中培养一大批政治骨干,造就一支政治坚定、学养深厚、有重要影响的思想理论建设队伍。要提升研究回答重大问题的能力,实施中国特色新型高校智库建设推进计划,定期开展师生思想政治状况调研,建立健全高校哲学社会科学研究分类评价体系,完善以质量和贡献为导向的评价机制。要加强哲学社会科学学术话语体系建设,组织开展高校名师大讲堂、理论名家社会行等活动,推动高校哲学社会科学"走出去",支持中外学者围绕中国发展和全球性重大问题开展合作研究。要切实做好高校新闻宣传工作,完善新闻信息发布和新闻发言人制度,进一步改进高校新闻宣传的文风作风,建立高校、宣传部门、新闻媒体三方联动宣传机制,为高校改革发展营造良好舆论氛围。要创新网络思想政治教育,开展高校校园网络文化建设专项试点工作,大力推进校报校刊数字化建设,探索建立优秀网络文章在科研成果统计、职务职称评聘方面的认定机制,着力培育一批导向正确、影响力广的网络名师,立足校园网站建设开办一批贴近师生学习生活的网络名站名栏,建设一支由学生和青年教师骨干组成的网络宣传员队伍,打造示范性思想理论教育资源网站、学生主题教育网站和网络互动社区,推进辅导员博客、思想政治理论课教师博客、校务微博、校园微信公众账号等网络新媒体建设。

《意见》指出,要着力加强高校宣传思想阵地管理。强调要加强校园网络安全管理,加强高校校园网站联盟建设,加强高校网络信息管理系统建设。要强化高校课堂教学纪律,制定加强高校课堂教学管理办法,健全课堂教学管理体系。要完善宣传思想阵地管理制度,加强高校哲学社会科学成果发布管理,建立高校出版质量监督检查体系,制定大学生社团的成立和年度检查制度,加强宗教学学科专业教学科研机构管理,加强校园反邪教宣传教育工作。

《意见》最后强调,要切实加强党对高校宣传思想工作的领导。要完善高校宣传思想工作机制,高校党委要强化政治责任和领导责任,党委书记、校长要旗帜鲜明地站在意识形态工作第一线,充分发挥高校党委的领导核心作用,坚持和完善党委领导下的校长负责制,建立健全高校党委统一领导、党政工团齐抓共管、党委宣传部门牵头协调、有关部门和院(系)共同参与的工作机制,充分发挥院(系)党组织保证监督作用,加强高校共青团建设,加快推进高校章程制定和核准工作。要配齐建强高校宣传思想工作队伍,统筹推进高校党政干部和共青团干部、思想政治理论课教师和哲学社会科学课教师、辅导员班主任和心理咨询教师等宣传思想工作骨干队伍建设,组织全国教育系统先进集体和先进个人评选表彰,坚持高标准选配高校宣传思想工作干部,高校党委宣传部长由学校党委常委兼任,加强高校宣传思想工作人才培养。要构建高校宣传思想工作大格局,各级党委和政府要从战略和全局的高度,充分认识加强和改进高校宣传思想工作的极端重要性和现实紧迫性,把这项工作始终摆在重要位置,切实加强领导。

(资料来源:新华社.中共中央办公厅、国务院办公厅印发《关于进一步加强和改进新形势下高校宣传思想工作的意见》.(2015-01-19)[2019-10-18].http://www.gov.cn/xinwen/2015-01/19/content_2806397.htm.)

3.高校党团组织建设方面

《中国共产党发展党员工作细则》

《关于进一步加强高校学生党员发展和教育管理服务工作的若干意见》

《关于进一步加强和改进高等学校共青团建设的意见》

《关于加强和改进高等学校校园文化建设的意见》

《关于进一步加强高校实践育人工作的若干意见》

《关于加强和改进大学生社团工作的意见》

《关于深入推进学生志愿服务活动的意见》

《关于加强和改进党的群团工作的意见》

《高校共青团改革实施方案》

《普通高等学校学生党建工作标准》
《中国共产党支部工作条例(试行)》
等等

重点解读:

推动全面从严治党要求向高校基层延伸
——《普通高等学校学生党建工作标准》问答

2017年3月1日,中共教育部党组印发了《普通高等学校学生党建工作标准》(以下简称《标准》),贯彻落实中共中央、国务院《关于加强和改进新形势下高校思想政治工作的意见》精神,推动高等学校党的建设实现全面从严治党合格、贯彻落实党中央治国理政新理念新思想新战略合格、共产党员行为和作风合格、改革发展稳定的各项工作合格的目标要求,推进高校学生党建工作组织化、制度化、具体化。《中国教育报》记者就《标准》编制原则、主要内容等问题采访了教育部相关司局负责人。

一、《标准》出台的背景是什么? 重要意义是什么?

做好高校学生党建工作,对于加强党对高校的领导,加强和改进高校党的建设,落实立德树人根本任务,培养德智体美全面发展的中国特色社会主义事业合格建设者和可靠接班人,具有重要意义。出台《标准》是全面贯彻落实2016年全国思想政治工作会议精神的政治要求,是推动全面从严治党要求向高校基层延伸的重要举措,是落实部党组"四个合格"目标要求的一项制度安排,也是加强高校基层党建工作、解决学生党建突出问题的内在要求。

二、《标准》编制的依据是什么?

根据《中国共产党章程》《中国共产党纪律处分条例》《中国共产党问责条例》《中国共产党党内监督条例》和《中国共产党廉洁自律准则》《关于新形势下党内政治生活的若干准则》的规定,按照《中国共产党普通高等学校基层组织工作条例》《中国共产党发展党员工作细则》《关于加强新形势下发展党员和党员管理工作的意见》以及《中共中央组织部 中共中央宣传部 中共教育部党组关于进一步加强高校学生党员发展和教育管理服务工作的若干意见》精神,特别是按照《中共中央 国务院关于加强和改进新形势下高校思想政治工作的意见》总体部署要求,结合普通高等学校实际情况,制定本《标准》。

三、《标准》编制的原则是什么?

一是坚持围绕中心、服务大局。把全面从严治党要求贯彻到高校学生党建工作全过程,把加强学生党建工作作为高校落实"四个合格"目标要求、落实立德树人根本任务、提高高等教育质量的重要保障。

二是坚持党的领导、思想建党。强化党的领导,完善责任体系,把学生思想政治教育工作贯穿党员培养、发展、教育、管理和服务的全过程。

三是坚持问题导向、质量建党。以切实解决高校学生党建工作存在的问题为导向,把"四个合格"目标要求精细化、定量化、具体化,抓在日常、严在经常,切实提升高校学生党建工作质量。

四是坚持继承发展、改革创新。立足学生党建工作实践，总结吸收各地各校有益的实践探索经验，按照党建工作责任制建设目标，提出系统性的工作标准体系，为开展高校党建工作质量评价提供政策依据。

四、《标准》的主要内容有哪些？

高校学生党建工作标准，共设置了组织领导、教育培养、发展党员、党员管理、作用发挥和条件保障6个一级指标，涵盖了党建工作的主要方面。每个一级指标下设2—5个二级指标，共20个二级指标。"组织领导"对学生党建工作的体制机制、党组织设置和队伍建设提出明确要求；"教育培养"明确了党员入党前和入党后各个阶段教育培养工作的具体要求；"发展党员"进一步细化了党员发展工作的程序和质量要求；"党员管理"针对党内组织生活、党内日常教育管理、党员权利保障等方面提出了明确的要求；"作用发挥"贯穿了"四个合格"目标要求，对党组织和党员如何发挥作用进行了具体阐述；"条件保障"从制度建设、经费保障和平台建设三方面提出规范性要求。

五、《标准》出台后还将有什么后续举措？

一是依据本《标准》制定可量化、可考查的评价指标体系，加强党建工作评估。

二是推动健全完善高校党建工作政策体系，推进高校党建工作组织化、制度化、规范化，以评促建，以评促改，提升质量。

六、地方教育党委工作部门、高校党委如何贯彻落实《标准》？

一是要认真学习掌握《标准》的具体内容和规范要求，做好《标准》的解读、宣传和相关培训工作。

二是要结合本地、本校实际，研究制定《标准》的具体实施办法和操作举措，使《标准》的各项制度要求落实落细落小。

（资料来源：李澈.推动全面从严治党要求向高校基层延伸：《普通高等学校学生党建工作标准》问答.中国教育报，2017-03-18（2）[2019-10-18].http://paper.jyb.cn/zgjybhtml2017-03/18/content_474308.htm？div＝—1.据此整理。）

4.大学生心理健康教育方面

《关于加强普通高等学校大学生心理健康教育工作的意见》

《关于进一步加强和改进大学生心理健康教育的意见》

《普通高等学校大学生心理健康教育工作实施纲要（试行）》

《关于进一步加强高校学生管理工作和心理健康教育工作的通知》

《普通高等学校学生心理健康教育课程教学基本要求》

《普通高等学校学生心理健康教育工作基本建设标准（试行）》

等等

5.大学生职业规划与就业指导方面

《"十三五"促进就业规划》

《关于进一步引导和鼓励高校毕业生到基层工作的意见》

《关于进一步做好普通高等学校毕业生就业工作的通知》

《国家鼓励大学生应征入伍服义务兵役政策》

等等

6.家庭经济困难学生资助方面

《关于建立健全普通本科高校、高等职业学校和中等职业学校家庭经济困难学生资助政策体系的意见》

《普通本科高校、高等职业学校国家励志奖学金管理暂行办法》

《研究生学业奖学金管理暂行办法》

《研究生国家助学金管理暂行办法》

《本专科生国家奖学金评审办法》

等等

7.高校思想政治队伍建设方面

《关于加强高等学校辅导员、班主任队伍建设的意见》

《普通高等学校辅导员培训规划(2013—2017年)》

《关于加强高校辅导员基层实践锻炼的通知》

《关于进一步加强和改进师德建设的意见》

《高等学校辅导员职业能力标准(暂行)》

等等

重点解读：

教育部思想政治工作司负责人就《高等学校辅导员职业能力标准(暂行)》答记者问

2014年3月27日,教育部印发了《高等学校辅导员职业能力标准(暂行)》(以下简称《标准》),教育部思想政治工作司负责人就有关问题回答了记者的提问。

一、《标准》出台的背景和起草过程

党的十六大以来,特别是《中共中央国务院关于进一步加强和改进大学生思想政治教育的意见》(中发〔2004〕16号)下发以来,中央各部门、各地各高校深刻认识加强辅导员队伍建设的重要性和紧迫性,强化组织领导,制定政策措施,落实责任分工,建立起一套辅导员选拔、培养、激励、保障的体制机制,使辅导员工作条件、发展空间、待遇保障不断改善,辅导员队伍的年龄结构、学历结构、知识结构日趋合理,专业化、职业化建设不断加强。辅导员队伍围绕中心,服务大局,坚决贯彻中央精神,在一系列重点时期、重大活动、重要事件中,表现出良好的政治素质、工作作风和精神风貌,成为让党放心、受学生欢迎的重要育人力量。十年来,全国高校专职辅导员从2004年的4万多人增加到2014年的12.7万人,以全国高校辅导员年度人物为代表的一批优秀辅导员不断涌现,辛勤耕耘,无怨无悔,赢得了广大学生的尊敬和爱戴。

党的十八大报告指出,要把立德树人作为教育的根本任务,培养德智体美全面发展的社会主义建设者和接班人,培养学生社会责任感、创新精神、实践能力,这对在高校育人过程中发挥重要作用的高校辅导员队伍提出了更高的要求。为贯彻落实党的十八大精神,进一步提升思想政治教育工作的科学化水平,教育部按照"立标准、建机制、提质量、促发展"的整体思路,全面推进高校辅导员队伍的专业化、职业化建设,把研究制定辅导员职业能力标准作为重要举措列入了教育部重点工作。

自2012年5月以来，教育部以课题形式委托专家开展研究，梳理高等学校辅导员职业能力标准的基本框架和主要内容，在专家研究成果的基础上，成立了文件起草组，就制定起草高校辅导员职业能力标准进行深入研究和调研，先后赴多地组织当地高校党委负责同志、学工部门负责同志、人事管理部门负责同志、宣传部门负责同志、理论专家代表、辅导员代表召开征求意见座谈会，听取了近百所高校的意见和建议。经过将近一年时间的修改完善，起草小组认真研究、充分吸收了各地各高校和教育部有关司局的意见，于2014年3月修改完成了《高等学校辅导员职业能力标准（暂行）》。

二、发布《标准》的目标和主要任务

制定和实施《标准》，一是为了进一步增强辅导员职业的社会认同，建立辅导员职业相对独立的知识和理论体系，确立辅导员职业概念，提升辅导员职业地位和职业公信力，逐步增强广大师生和全社会对辅导员工作的职业认同；二是为了进一步强化辅导员队伍建设的政策导向，为各级部门推进辅导员队伍建设提供基本依据，推动各级部门进一步制定完善辅导员队伍准入、考核、培养、发展、退出机制；三是为了进一步充实丰富辅导员工作的专业内涵，引导辅导员系统学习职业相关理论知识、法律法规、政策制度等，为辅导员主动提升专业素养和职业能力指出路径和方向；四是为了进一步规范辅导员的工作范畴，逐步明晰辅导员的岗位职责和工作边界，增强辅导员的职业自信心和职业归属感。

三、《标准》的主要内容

《标准》主要对高校辅导员职业概况、基本要求和各职业等级能力标准进行了规范与要求。

《标准》指出，高校辅导员是高校教师队伍和管理队伍的重要组成部分，具有教师和干部的双重身份，是开展大学生思想政治教育的骨干力量，应具备思想政治教育工作相关学科的宽口径知识储备，具备较强的组织管理能力和语言、文字表达能力，及教育引导能力、调查研究能力等。应按照政治强、业务精、纪律严、作风正的标准进行选聘。

《标准》要求，高校辅导员应将爱国守法、敬业爱生、育人为本、终身学习、为人师表作为职业守则，应在基础知识、专业知识和法律法规知识方面不断拓宽储备，努力提高职业素养和职业能力。

《标准》从初、中、高三个职业能力等级，对高校辅导员在思想政治教育、党团和班级建设、学业指导、日常事务管理、心理健康教育与咨询、网络思想政治教育、危机事件应对、职业规划与就业指导、理论与实践研究等九方面辅导员职业功能的工作内容进行了梳理和规范，对辅导员在不同职业功能上应具备的能力和理论知识储备提出了明确要求。

四、《标准》将辅导员职业能力划分为三个等级的依据

《高等学校辅导员职业能力标准（暂行）》目前是一个导向型标准，《标准》之所以将辅导员职业能力划分为三个等级，是为了体现出辅导员职业发展的渐进性和阶段性，帮助广大辅导员根据自身的工作年限，更清晰地对照自己当前所处的职业发展阶段和应具备的职业能力，从而明确自身职业发展努力方向和目标，按照人才发展规律循序渐进地进步提升。

（资料来源：教育部.教育部思想政治工作司负责人就《高等学校辅导员职业能力标准（暂行）》答记者问.（2014-04-04）［2019-10-18］. http://old. moe. gov. cn//publicfiles/business/htmlfiles/moes271201404/166837. html. 据此整理。）

8.其他相关方面

《全国人民代表大会常务委员会关于维护互联网安全的决定》

（五）时事政治与相关常识

从第一届全国高校辅导员职业能力大赛开始，每年的考题当中都会出现许多时事政治和相关常识的题目，涉及时事政治、科技常识、国学常识、历史常识等方面，全面考查辅导员的思想政治素质、科技文化素质、人文素质。而对这些题目的准备，需要辅导员在日常工作、学习和生活中潜移默化地进行，因此要做生活中的有心人，注意日常的点滴积累。

（六）浙江省相关政策

《浙江省中长期教育改革和发展规划纲要（2010—2020年）》

《中共浙江省委教育工作委员会关于进一步加强和改进高校基层党组织建设的意见》

《中共浙江省委教育工作委员会、浙江省教育厅关于进一步加强高校辅导员队伍建设的实施意见》

等等

第三节　基础知识测试考查的题型与解析

根据历年国赛、片区赛和省赛的经验，基础知识测试与网文写作为笔试考查项目，总分100分。其中，基础知识测试占70%，采用闭卷、笔试的方式进行；网文写作占30%，一般通过电脑操作。基础知识测试的题型包括单选题、不定项选题、改错题、简答题和论述题。其中，单项选择题20道，每题0.5分，共10分；不定项选择题10道，每题1分，共10分；改错题5道，每题2分，共10分；简答题2道，每题5分，共10分；论述题2道，每题15分，共30分。不同的题型的考查重点、解题思路、对知识点掌握的要求都是不一样的。

一、单项选择题

单项选择题是考试当中相对简单的一种题型，答案具有唯一性。考查的内容涉及范围广，包括马克思主义理论、思想政治教育、形势与政策、辅导员工作实务等方方面面，同时，考查的点很细，这就要求辅导员对基础知识进行全面和准确的掌握，特别是重要的文件内容、会议精神、法律法规、原理概念等。该题型同时会涉及时事政治、科技常识、国学常识、历史常识等方面，对辅导员基础知识掌握的广度、深度和精准度都有相当的要求。一般情况下，解题思路比较简单，主要是考查记忆能力。

例1　习近平同志在2011年全国组织部长会议上的讲话中指出，在党员队伍规模较大的情况下，要按照（　　　）的总要求，做好发展党员工作，使党员队伍结构不断得到优化。

A.坚持标准、保证质量、改善结构、慎重发展

B.控制总量、优化结构、提高质量、发挥作用

C.坚持标准、保证质量、加强培养、积极发展

D.控制总量、优化结构、慎重发展、保证质量

解析:2011年12月18日,全国组织部长会议在北京召开,中共中央政治局常委、中央书记处书记、国家副主席习近平出席会议并发表重要讲话。他在讲话中指出,马克思主义政党的力量和作用,既取决于党员的数量,更取决于党员的质量。在党员队伍规模较大的情况下,要按照控制总量、优化结构、提高质量、发挥作用的总要求,做好发展党员工作,使党员队伍结构不断得到优化。这道题既考查了对党和国家领导人重要讲话的了解,又考查了对党建知识的了解,正确答案为B。

(2012年第一届全国高校辅导员职业能力大赛基础知识测试题目)

例2 "中国共产党"这个概念是谁首先提出的? ( )

A.陈独秀　　　　B.李大钊　　　　C.蔡和森　　　　D.毛泽东

解析:最早提出"中国共产党"这一名称的是蔡和森。蔡和森是中国共产党早期卓越的领导人之一,他在留法勤工俭学期间,于1920年8月13日和9月16日两次给毛泽东写信,详细地研讨了共产党问题。他在信中提出:"我以为先要组织党——共产党。因为它是革命运动的发动者、宣传者、先锋队、作战部。"蔡和森在对西欧各国共产党特别是俄国共产党进行考察的基础上,在信中提出了具体的建党步骤,其中包括"明目张胆正式成立一个中国共产党"。这道题考查了辅导员对党史知识的了解,正确答案为C。

(2013年第二届全国高校辅导员职业能力大赛基础知识测试题目)

例3 中国第一个教育网络BBS是 ( )

A.神州学人　　　　B.水木清华　　　　C.天涯论坛　　　　D.三角地

解析:水木清华是清华大学目前的官方BBS,也是中国教育网的第一个BBS,正式成立于1995年8月8日。水木清华曾经是中国最有人气的BBS之一,代表着中国高校的网络社群文化。随后,北京大学"未名"、南京大学"小百合"、复旦大学"日月光华"等BBS也相继建立。这是一道考查网络思想政治教育知识的题目,正确答案为B。

(2012年第一届全国高校辅导员职业能力大赛基础知识测试题目)

二、不定项选择题

不定项选择题也是一种客观题,难度比单项选择题要大一些,可以是一个选项,也可以是多个选项。在考查记忆能力的基础上,侧重考查理解能力和辨识能力。如果说单项选择题以考查知识"点"为主,那么不定项选择题主要考查对知识"线"的理解,要求掌握某一个问题,并且能够清晰呈现。这种题型非常容易失分,各个选项都很相似,迷惑性很强。在做题时,要审清题意,也要分析选项,很多论述正确的选项不一定是答案,要在综合分析的基础上答题。

例1 《全国人大常委会关于维护互联网安全的决定》规定,下列哪些行为构成犯罪的,可依刑法追究刑事责任 ( )

A.利用互联网造谣、诽谤或者发表、传播其他有害信息,煽动颠覆国家政权、推翻社会主义制度,或者煽动分裂国家、破坏国家统一

B.利用互联网煽动民族仇恨、民族歧视,破坏民族团结

C.利用互联网侮辱他人或者捏造事实诽谤他人

D.利用互联网侵犯他人知识产权

解析:2000 年 12 月 28 日,第九届全国人民代表大会常务委员会第十九次会议通过《全国人民代表大会常务委员会关于维护互联网安全的决定》。其中,利用互联网造谣、诽谤或者发表、传播其他有害信息,煽动颠覆国家政权、推翻社会主义制度,或者煽动分裂国家、破坏国家统一,以及利用互联网煽动民族仇恨、民族歧视,破坏民族团结,属于该决定第二条为了维护国家安全和社会稳定的第一款和第三款;利用互联网侮辱他人或者捏造事实诽谤他人,属于该决定第四条为了保护个人、法人和其他组织的人身、财产等合法权利的第一款;利用互联网侵犯他人知识产权,属于该决定第三条为了维护社会主义市场经济秩序和社会管理秩序的第三款。这是一道考查法律法规的题目,正确答案为 ABCD。

（2012 年第一届全国高校辅导员职业能力大赛基础知识测试题目）

例 2　下面关于"一带一路"的论述正确的是　　　　　　　　　（　　）

A."一带"是指丝绸之路经济带

B."一路"是指 21 世纪海上丝绸之路

C.2013 年,习近平首次提出"一带一路"

D.2015 年 2 月,推进"一带一路"建设工作会议在北京召开

解析:2013 年 9 月 7 日,国家主席习近平在哈萨克斯坦纳扎尔巴耶夫大学发表题为"弘扬人民友谊 共创美好未来"的重要演讲时,提出共同建设"丝绸之路经济带"。2013 年 10 月 3 日,国家主席习近平在印度尼西亚国会发表题为"携手建设中国—东盟命运共同体"的重要演讲时,提出共同建设"21 世纪海上丝绸之路"。"一带一路"是"丝绸之路经济带"和"21 世纪海上丝绸之路"的简称。2015 年 2 月,推进"一带一路"建设工作会议在北京召开,安排部署 2015 年及今后一段时期推进"一带一路"建设的重大事项和重点工作。这是一道考查时事政治的题目,正确答案为 ABCD。

（2015 年第四届全国高校辅导员职业能力大赛基础知识测试题目）

例 3　根据《普通高等学校辅导员队伍建设规定》的要求,辅导员选聘应当坚持如下标准（　　）

A.必须是中共党员

B.政治强、业务精、纪律严、作风正

C.具备本科以上学历,德才兼备,乐于奉献,潜心教书育人,热爱大学生思想政治教育事业

D.具有相关的学科专业背景,具备较强的组织管理能力和语言、文字表达能力,接受过系统的上岗培训并取得合格证书

解析:本题为 2015 年国赛题目,当时还未修订,考查的是 2006 年发布的规定。《普通高等学校辅导员队伍建设规定》第三章第八条明确规定,辅导员选聘应当坚持如下标准:(一)政治强、业务精、纪律严、作风正;(二)具备本科以上学历,德才兼备,乐于奉献,潜心教书育人,热爱大学生思想政治教育事业;(三)具有相关的学科专业背景,具备较强的组织管理能力和语言、文字表达能力,接受过系统的上岗培训并取得合格证书。这是一道考查法律法规的题目,正确答案为 BCD。

（2015 年第四届全国高校辅导员职业能力大赛基础知识测试题目）

三、改错题

改错题是一种对参赛选手要求很高的题型,选手不仅要发现和识别错误,而且还要把错误改正确。选择题至少还有选项进行提示,改错题则完全是建立在参赛选手对于基础知识全面准确的理解和掌握的基础上。当然,出现在改错题中的内容也往往是辅导员必须掌握的最核心的基础知识,涉及党和国家的最新精神、重大决策以及大学生思想政治工作的指导思想、根本原则、任务目标等方面的重点内容。参赛选手要善于对题目的文字进行分析,在学习过程当中也要重点关注。

例1 《国家中长期教育改革和发展规划纲要(2010—2020年)》的工作方针是优先发展、育人为本、改革创新、促进公平、提高质量。把教育摆在优先发展的战略地位,把育人为本作为教育工作的核心任务,把改革创新作为教育发展的根本要求,把促进公平作为国家基本教育政策,把提高质量作为教育改革发展的强大动力。

解析:《国家中长期教育改革和发展规划纲要(2010—2020年)》明确指出,工作方针是优先发展、育人为本、改革创新、促进公平、提高质量。把教育摆在优先发展的战略地位,把育人为本作为教育工作的根本要求,把改革创新作为教育发展的强大动力,把促进公平作为国家基本教育政策,把提高质量作为教育改革发展的核心任务。

(2013年第二届全国高校辅导员职业能力大赛基础知识测试题目)

例2 "两学一做"是指"学党章党规、学理论知识,做合格党员"。

解析:2016年2月,中共中央办公厅印发了《关于在全体党员中开展"学党章党规、学系列讲话,做合格党员"学习教育方案》,开展"两学一做"学习教育。

(2016年第五届全国高校辅导员职业能力大赛基础知识测试题目)

例3 "五大发展理念"的关系:创新是引领发展的必由之路,协调是持续健康发展的内在要求,绿色是永久发展的内在要求,改革是国家繁荣发展的第一动力,共享是中国特色社会主义的本质要求。

解析:国家"十三五"规划阐述了"五大发展理念"的关系:创新是引领发展的第一动力,协调是持续健康发展的内在要求,绿色是永续发展的必要条件,开放是国家繁荣发展的必由之路,共享是中国特色社会主义的本质要求。

(2016年第五届全国高校辅导员职业能力大赛基础知识测试题目)

四、简答题

简答题是一种偏客观的主观题。从近几年的题目来看,主要考查习近平总书记系列重要讲话、中央重大决策部署、思想政治教育领域重要文件等方面的内容,考查辅导员对职业核心知识的掌握程度,特别是体现思想政治教育工作者专业素养的内容。在学习和复习的过程当中,一定要紧跟当前形势,牢牢把握中央的最新要求和精神,这也是一名思想政治教育工作者必须具备的政治敏锐性和敏感性。答题时,要简单干脆,关键是要把知识点全部答出来,具体的展开陈述倒是次要的。

例1 《关于进一步加强和改进大学生思想政治教育的意见》中提到的加强和改进大学生思想政治教育的主要任务是什么?

解析:中共中央、国务院发出《关于进一步加强和改进大学生思想政治教育的意见》(以下简称《意见》）。《意见》强调指出，大学生是十分宝贵的人才资源，是民族的希望，是祖国的未来。加强和改进大学生思想政治教育，提高他们的思想政治素质，把他们培养成中国特色社会主义事业的建设者和接班人，对于全面实施科教兴国和人才强国战略，确保我国在激烈的国际竞争中始终立于不败之地，确保实现全面建设小康社会、加快推进社会主义现代化的宏伟目标，确保中国特色社会主义事业兴旺发达、后继有人，具有重大而深远的战略意义。这是一道考查辅导员对《关于进一步加强和改进大学生思想政治教育的意见》文件掌握熟练程度的题目，答案的内容在文件当中都有：

一是以理想信念教育为核心，深入进行树立正确的世界观、人生观和价值观教育。

二是以爱国主义教育为重点，深入进行弘扬和培育民族精神教育。

三是以基本道德规范为基础，深入进行公民道德教育。

四是以大学生全面发展为目标，深入进行素质教育。

（2015年第四届全国高校辅导员职业能力大赛基础知识测试题目）

例2 谈谈习近平总书记强调的遵守政治规矩的"五个必须"是什么。

解析：2015年1月13日，在十八届中央纪委第五次全会上，中共中央总书记习近平讲话中的一个词引发外界关注——"政治规矩"。他提出，要严明政治纪律和政治规矩，把守纪律、讲规矩摆在更加重要的位置。同年1月16日召开的中央政治局常委会指出，坚持党的领导，首先是要坚持党中央的集中统一领导，这是一条根本的政治规矩。那么，党的规矩到底包括哪些呢？习近平总书记对此有过总体论述。具体说来，党的规矩包括四个方面：第一，党章是全党必须遵循的总章程，也是总规矩；第二，党的纪律是刚性约束，政治纪律更是全党在政治方向、政治立场、政治言论、政治行动方面必须遵守的刚性约束；第三，国家法律是党员、干部必须遵守的规矩；第四，党在长期实践中形成的优良传统和工作惯例。

习近平总书记强调的遵守政治规矩的"五个必须"是：

一是必须维护党中央权威，决不允许背离党中央要求另搞一套，必须在思想上政治上行动上同党中央保持高度一致，听从党中央指挥，不得阳奉阴违、自行其是，不得对党中央的大政方针说三道四，不得公开发表同中央精神相违背的言论。

二是必须维护党的团结，决不允许在党内培植私人势力，要坚持五湖四海，团结一切忠实于党的同志，团结大多数，不得以人划线，不得搞任何形式的派别活动。

三是必须遵循组织程序，决不允许擅作主张、我行我素，重大问题该请示的请示，该汇报的汇报，不允许超越权限办事，不能先斩后奏。

四是必须服从组织决定，决不允许搞非组织活动，不得跟组织讨价还价，不得违背组织决定，遇到问题要找组织、依靠组织，不得欺骗组织、对抗组织。

五是必须管好亲属和身边工作人员，决不允许他们擅权干政、谋取私利，不得纵容他们影响政策制定和人事安排、干预日常工作运行，不得默许他们利用特殊身份谋取非法利益。

（2016年第五届全国高校辅导员职业能力大赛决赛笔试题目）

五、论述题

论述题是主观题题型。考查时，既可以采用从抽象到具体的演绎题型，也可以采用从具体到抽象的推论题型，考查辅导员掌握基础知识后的应用能力。例如，如何把理论和政策与我们工作的实践结合，创造性地推进工作；如何总结工作实践，将工作实践归纳成为经验，提升成为有思想的成果。在答题时,要紧紧围绕主题进行论述,既要有理论又要有实践,要将理论和政策具体化为我们的做法和经验,辅导员工作的最终落脚点是围绕学生、关照学生、服务学生。

例 1　2015 年 6 月,国务院印发《关于大力推进大众创业万众创新若干政策措施的意见》(以下简称《意见》),请结合辅导员工作实际,谈谈自己的看法。

解析:《意见》指出,推进大众创业、万众创新,是发展的动力之源,也是富民之道、公平之计、强国之策,对于推动经济结构调整、打造发展新引擎、增强发展新动力、走创新驱动发展道路具有重要意义,是稳增长、扩就业、激发亿万群众智慧和创造力,促进社会纵向流动、公平正义的重大举措。《意见》明确,推进大众创业、万众创新要按照"四个全面"战略布局,坚持改革推动,加快实施创新驱动发展战略,充分发挥市场在资源配置中的决定性作用和更好发挥政府作用,加大简政放权力度,放宽政策、放开市场、放活主体,形成有利于创业创新的良好氛围,让千千万万创业者活跃起来,汇聚成经济社会发展的巨大动能。不断完善体制机制、健全普惠性政策措施,加强统筹协调,构建有利于大众创业、万众创新蓬勃发展的政策环境、制度环境和公共服务体系,以创业带动就业、创新促进发展。要坚持深化改革,营造创业环境;坚持需求导向,释放创业活力;坚持政策协同,实现落地生根;坚持开放共享,推动模式创新。

答题时,需要辅导员结合大学生就业创业教育工作,谈谈《意见》对促进大学生就业创业的启示与意义。

(2015 年第四届全国高校辅导员职业能力大赛基础知识测试题目)

例 2　结合辅导员的工作实际,谈谈学习《党委会的工作方法》的心得。

解析:《党委会的工作方法》是毛泽东同志于 1949 年 3 月在中国共产党第七届中央委员会第二次全体会议上所作总结的一部分,系统阐述了党委会的工作方法并将其概括为十二条,是一篇加强党委领导班子建设、提升党的领导水平和执政能力的重要文献。

2016 年 2 月,中共中央组织部印发《关于学习贯彻习近平总书记重要批示精神加强党委(党组)领导班子建设的通知》(以下简称《通知》)。中组部的《通知》指出,最近,习近平总书记就学习毛泽东同志《党委会的工作方法》作出重要批示,对各级党委(党组)领导班子成员特别是主要负责同志重温这篇著作提出明确要求。各级党委(党组)要充分认识习近平总书记重要批示的深刻意义,把《党委会的工作方法》纳入"学党章党规、学系列讲话,做合格党员"学习教育重要内容,在学习掌握科学的工作方法和领导艺术、学习掌握其中蕴含的政治纪律和政治规矩上下功夫,真正把握《党委会的工作方法》的基本思想,提高领导能力和水平。这是出题的政治背景与意义。

答题时,应该从要善于当"班长";要把问题摆到桌面上来;"互通情报";不懂得和不了解的东西要问下级,不要轻易表示赞成或者反对;学会"弹钢琴";要"抓紧";胸中有"数";"安民告示";"精兵简政";注意团结那些和自己意见不同的同志一道工作;力戒骄傲;划清两种界限等十二条方法入手,与辅导员开展的思想政治工作相联系,谈深谈透这些方法对于学生工作的启示和意义。

(2016 年第五届全国高校辅导员职业能力大赛决赛笔试题目)

第四节　基础知识测试参赛感想

在首届全国高校辅导员职业能力大赛结束以后,辅导员界一直流传着"得笔试者得天下"这句话,这是前辈辅导员用亲身经历给我们留下的经验。首届全国高校辅导员职业能力大赛有来自全国各省(自治区、直辖市)和新疆生产建设兵团的近 100 位辅导员参赛,可以毫不夸张地说,他们都是各地精挑细选的优秀辅导员,是辅导员精英中的精英,经过复赛,最后有 18 名选手参加决赛。第二届全国高校辅导员职业能力大赛奖项设置跟第一届一样,近 100 名辅导员通过自我介绍与展示、基础知识测试、博文写作、主题班会等环节,最后留下 18 位选手角逐一、二、三等奖,其余参赛选手是全国优秀奖。而在这些环节当中,真正能够拉分的就是笔试环节(包括基础知识测试和博文写作)。全国高校辅导员职业能力大赛对辅导员队伍建设有极大的推动作用,产生了很好的效果。当然就比赛而言存在的问题也不少。全国高校辅导员工作研究会在第二届比赛结束后向各省(市)教育管理部门和高校征求意见建议,在此基础上,从 2014 年第三届开始对比赛的赛制进行了修改,取消了自我介绍和展示的项目,设立片区赛,从而保障比赛的参与率和公平性。我们现在沿用的就是第三届比赛的赛制。自我介绍与展示是复赛当中的一个特色项目,很能看出辅导员的功底和个性,特别是无法考查辅导员的工作积累。取消这一特色项目以后,笔试的拉分效应进一步增强,所以,辅导员界一直流传"得笔试者得天下"的说法。

参加辅导员职业能力大赛,准备笔试是我们第一个要攻克的难题。很多资深辅导员说起主题班会、案例分析、谈心谈话都是头头是道,有扎实的工作基础和丰富的实践经验,有的手头就有很多亲身经历的案例,在比赛当中应该说很有优势。但很多时候,这样的"武林高手",往往得不到"华山论剑"的门票,导致英雄无用武之地。究其原因,很多资深辅导员放松了对自己学习的要求,工作凭感觉和经验,形成了事务主义、经验主义的习气,对身边发生的新情况、新现象、新问题视而不见,只会以不变应万变。相反,新手辅导员因为刚刚工作,特别容易与学生混在一起,特别关注身边的新鲜事,视野反而开阔。辅导员准备笔试的过程,也就是辅导员不断学习、不断提升的过程,更是对辅导员职业加深理解和认识的过程。辅导员应该懂些什么、应该干些什么,这是每一位辅导员从事工作前应该明确的前提,也是从业多年的辅导员需要不断深思和校正的问题。所以准备笔试,不仅仅是为了比赛,更是为了对辅导员职业有进一步的了解。抱着这样的心态,无论最后在比赛中走到哪一步,都会觉得自己收获满满,而这也才是我们参加辅导员职业能力大赛的初衷和意义。基于此,笔者在这里分享几点感想供参考。

一、要开阔视野,站位全局

2016 年 12 日,全国高校思想政治工作会议在北京召开,习近平总书记出席会议并发表重要讲话,刘云山作总结讲话,王岐山、张高丽出席会议。习近平总书记在讲话中强调,高校思想政治工作关系高校培养什么样的人、如何培养人以及为谁培养人这个根本问题,要坚持把立德树人作为中心环节,把思想政治工作贯穿教育教学全过程,实现全程育人、全方位育人,努力开创我国高等教育事业发展新局面。习近平总书记的重要讲话是指导做好新形势下高校思想政治工作的纲领性文献,对于办好中国特色社会主义大学、推进党和国家事业发展,具有十分重要的意义。时常能够听到身边有辅导员抱怨地位低、待遇低、前途迷茫,总是怀疑自己在高校中身份边缘、地位尴尬。这主要是因为对思想政治教育工作的重要性和辅导员的职业地位缺乏深入了解,自己把自己的格局定小了。在准备基础知识的过程中,一定要拉高辅导员的政治站位。出题的老师和评委主要是党政领导、思政专家或者长期从事学生工作的高校干部,在出题和评分的时候,他们是站在党的事业高度来要求辅导员做好青年的思想政治教育工作的。近年来,参加国赛的选手都会有一种强烈的感觉,对党中央治国理政新理念新思想新战略和重大决策部署的考查比较多,时事政治成为一大热点。作为辅导员,我们需要时刻铭记,我们是在为党和国家开展思想政治教育工作,这是辅导员工作最鲜亮的底色。辅导员要与党中央的思想和精神"对标""对表",在思想上政治上行动上同以习近平同志为核心的党中央保持高度一致,只有这样我们才有底气做好思想政治教育工作。

二、要精通专业,有理有据

很多辅导员并不是思想政治教育专业的,但经过多年的工作锻炼,也干得有声有色,很多还取得了不错的业绩和荣誉。于是,有些人就会觉得,思想政治教育工作不需要专业出身,谁都能干,只要用心就能干好。这是对思想政治教育工作的误解。我们不能否认身边存在这样一些人,他们依靠自己的热情和经验,能够得到学生的认可,能够把工作干好。但是要再进一步呢?理论与实践的辩证关系,什么时候都是指导我们前进的方法。学生工作的实践需要理论的指导,我们当前的工作最缺的也就是学生工作的理论指导,特别是中国特色学生工作的理论指导。工作经验很丰富,实践案例很多,但是如何进一步提升自己的经验,如何将经验提升为理论,再用理论指导实践,这是我们当前的一个难题。思想政治教育专业是有理论的,其目标、原则、方法、载体等都是能够用来指导我们的工作的。比如,我们如何组织班会?班会就是一种思想政治教育的载体,在设计方案时应该采取什么样的步骤,在组织实施时应该用什么样的方法,在评估反馈时要如何总结,这些在思想政治教育中都是有理论的。无论是应对比赛,还是开展日常工作,思想政治教育的基本理论对于我们都具有非常重要的意义。特别是对于非思想政治教育专业的辅导员来说,要想办法补上这一课。只有如此,我们的工作才能朝着"螺旋形"的轨道不断深入、不断进步,摆脱"低位徘徊"的局面。

三、要熟练业务,有条不紊

辅导员的工作实务是非常繁杂的,各种规划纲要、法律法规、政策制度以及实施办法、细则,都是我们工作当中要把握的。有些是可以遵照执行的,有些是要根据情况来裁夺的,有些是要根据条件来适用的,等等,这些都需要我们对各种实务知识有全面的了解和掌握,这是做好辅导员工作的基础。掌握这么多的内容是要讲究方法的。一是要分类系统学习。要按照辅导员工作的功能对各种实务内容进行系统的分类,如党团建设、学业指导、就业创业、安全稳定、心理健康、贫困资助、网络思政等。当我们把各种政策、制度、办法都理清楚了,辅导员工作的全貌也就了然于心了。二是要突出重点学习。很多政策文件或者法律法规,动辄上万字,全记肯定不现实。这个时候要突出重点,自己也要有选择地进行舍弃。那些事关指导思想、原则、目标、任务等的内容,是很长一段时间我们学生工作要遵循的,往往要重点记忆,有些甚至要能够一字不落地记住。三是要结合实际学习。学习的目的,短期讲是为了比赛,从长远看是为了更好地开展工作。我们要在日常工作中牢记这根弦,工作的时候遇到不了解的,多翻翻文件多熟悉下,其实辅导员比赛的考查内容就是源于我们的工作。

　　辅导员职业能力大赛可以说给我们提供了一次难得的机会,帮我们系统整理和总结那些工作当中都熟悉但又不太熟练的内容,对于我们接下来做好本职工作是有很大助益的。很多参加完大赛的选手都会觉得,比赛让他们有了一次更深入了解自己职业的机会,也让他们更加爱自己的这个职业、这份事业。

第二章 如何构思辅导员的网文写作

基础知识测试与网文写作是辅导员职业能力大赛初赛阶段的一项基础性环节。网文写作类似于高考作文或者说公务员考试中的申论,主要考查选手的文字表达能力和解决网络思想政治教育相关问题的能力。网文写作在基础知识测试与网文写作竞赛环节中具有独立性,所以我们单独设置章节进行探讨。

我们知道,语言、文字表达能力是辅导员职业能力的重要体现,对于辅导员处理日常事务、提升职业素养和岗位胜任力具有不可替代的重要作用。通俗地讲,语言、文字表达能力最直观地对应着口才与文笔,在辅导员职业能力大赛中集中体现为"主题演讲"和"网文写作"两个竞赛环节,一是口头语言,一是书面语言。从某种意义上来说,两个竞赛环节在语言文字的处理方面是相通的,比如都要求"区分层次""突出重点""视野开阔""文辞鲜活",即"有条理""有重点""有胸襟""有文采"[1],只是表达方法不同,并各自有其特点。

语言、文字表达能力的培养是一项长期的系统工程,需要我们坚持不懈地训练,但也有相关的策略与技巧。明确网文写作的内涵与要求,把握网文写作的策略与技巧,有助于我们增强语言、文字表达能力。

第一节 网文写作的内涵与要求

一、网文写作的内涵

笔者曾写过一篇网文,题目叫"像恋爱一样去工作",依着这个思路,笔尖所流露的一定是温情脉脉的。"以学识激励人,以道德教化人,以爱心感染人,以投入影响人",我们"拿着水壶,在海滩上,一遍遍地,种着美丽的花……"[2]力透纸背的是育人的乐趣,也是写作的乐趣。

(一)网文的定义

大赛所说的网文,是在网络上(包括 QQ 空间、微博、博客、微信等媒体)发布的、具有特殊的网络文化内涵、供青年大学生和思想政治教育工作者等特定群体在线阅读的超文本文学样式。

---

① 王心富:《文章写作漫谈》,北京大学出版社,2014 年,第 3 页。

② 范蕊:《在海滩上种花:一个大学辅导员的工作日志》,中国言实出版社,2014 年,前言第 4 页。

随着自媒体的发展,网文在现实生活中意义重大,深刻影响着青年大学生和辅导员的学习、生活和工作。比如,随着辅导员博客写作的发展,越来越多的人认识到博文对高校思想政治教育工作的意义,相关媒体和高校联合推动"十佳辅导员博客"和全国高校优秀辅导员博客评选活动,并陆续出版《"博"导人生》《"博"出精彩》《博"易"青春》《立德树人"博"导人生》①和"高校辅导员 100 系列丛书"②等著作。

2012 年,首届全国高校辅导员职业能力大赛将"微博写作"纳入竞赛项目。2013 年,第二届全国高校辅导员职业能力大赛将该项目改为"博文写作"。随着竞赛的发展,"博文写作"又改名为"网文写作"。这反映出辅导员职业能力大赛与时俱进的特点。

(二)网文写作的本质与表现形式

对于高校辅导员而言,网文写作是开展网络思想政治教育或意识形态工作的重要表现形式和手段。实践证明,网文可以进一步加强辅导员与学生之间的沟通与交流,深化辅导员对学生的教育与引导,强化辅导员和学生之间的联络以及辅导员对网络突发舆情的预判。

网文写作本质上是一种文学艺术形式,而且是网络文学艺术形式。其文学形式主要是议论性文体,其表现形式是网络文体。因此,我们认为,在辅导员职业能力大赛网文写作环节,"文"是根本,"网"是形式。或者说,"网络文学"是"本","网络文体"是"末",不能本末倒置。这就要求我们在注意提升文字表达能力的同时,慎重对待网络文体中的诸如"标题党""心灵鸡汤"等网络文化现象。比如"他的秘诀竟是这个……""99%的人都不知道""看完几乎没有人不转!""震惊 10 亿人""史上最新最全""三分钟让你速成……"等,甚至还有更为夸张的表达方式。辅导员是有文化情操的,辅导员网文是有品位的,吸人眼球不能以牺牲文字的严谨和典雅为代价,不能以不负责任甚至低俗的语言来表达。

什么是"本"? 如果让我们回顾一下中国几千年以来的美文,我们的脑海中或许会迸发出无数个答案,譬如贾谊的《过秦论》、苏洵的《六国论》、诸葛亮的《出师表》、韩愈的《师说》、王勃的《滕王阁序》、朱自清的《荷塘月色》、老舍的《想北平》、郁达夫的《故都的秋》、史铁生的《我与地坛》……无不闪耀着智慧的结晶。如果那个时代有网络,那么这些文章是否能够成为脍炙人口的网文呢? 历史不能假设,但"落霞与孤鹜齐飞,秋水共长天一色""一人之心,千万人之心也""真的猛士,敢于直面惨淡的人生,敢于正视淋漓的鲜血"一定是超越如今的网文水平的。这样的类比或许并不确切,但就文学艺术本质来说,这些语句表达的内涵毫无疑问才是"本"。

当然,与此同时,网文无论是基于网络文体的特性,还是阅读对象的特性,都必须打破"馆阁体"和"公文体"的束缚,接"网"之地气,既登得上高雅的"厅堂",又进得了生活化的"厨房"。总之,网络文体要化用、巧用、活用。

---

① 莫负春:《"博"导人生——上海高校辅导员优秀博客文集》,上海教育出版社,2009 年;高德毅:《"博"出精彩——上海高校辅导员优秀博客文集》,上海教育出版社,2011 年;高德毅:《博"易"青春——上海高校辅导员优秀博客文集》,上海教育出版社,2013 年;冯刚:《立德树人"博"导人生——2012 年度全国高校辅导员优秀博客文集》,高等教育出版社,2013 年。

② 该系列丛书包括赵冬冬、饶先发:《优秀高校辅导员给大学生的 100 封信》,广西师范大学出版社,2014 年;贾海利、赵冬冬:《给高校辅导员的 100 条建议》,广西师范大学出版社,2014 年;高杨、韩家清:《高校辅导员"微"心语 100 篇》,广西师范大学出版社,2014 年;曾鑫:《一位高校辅导员的 100 篇"微"日志》,广西师范大学出版社,2014 年。

（三）网文写作的分类

高校辅导员博文根据功能、内容等差异可以有多种分类，试列举如下：

中国大学生在线辅导员博客将辅导员博文分为"大学这几年""毕业那点事""宿舍夜话""说说我们班""实践笔记""辅导员风采""辅导员面对面"等类。

《大连理工大学辅导员博客建设管理办法（试行）》将辅导员博客内容分为"工作日志类""日常事务类""服务指导类""人生感悟类""探讨交流类""才华展示类""成长记录类""美文推荐类""其他类"等类。

《辅导员博客工作手册》①将辅导员博文分为"生活贴""情感贴""时事热点贴""心得分享贴""工作感受贴"等类。

《立德树人"博"导人生——2012年度全国高校辅导员优秀博客文集》将辅导员博文分为"成长篇""思想篇""生涯篇""心灵篇"等类。

《"博"导人生——上海高校辅导员优秀博客文集》将辅导员博文分为"思想教育""学业指导""生涯指导""心理辅导""组织建设""生活园区""学生管理""社会实践"等类。

《"博"出精彩——上海高校辅导员优秀博客文集》将辅导员博文分为"思想解惑""学海无涯""心灵鸡汤""生涯导航""五彩校园""服务世博"等类。

《团聚青春：湖南大学辅导员团队博客"金大团"博文精选》②将辅导员博客分为"初进湖大（包括入学絮语和学习之道）""大学心情（包括心灵灯塔、榜样力量、缤纷活动和毕业心情）""岳麓文思（包括四维视角和刹那芳华）"等类。

由此可见，辅导员博文的分类万变不离其宗，都与辅导员的工作内容息息相关。同时，辅导员博文内容也呈现出由职业共性向学校和个人特色发展的趋势。我们认为，根据辅导员工作的内容，辅导员博文大致可以分为思想政治教育、学业指导与咨询、职业生涯规划、心理健康教育、二三课堂记录、日常管理与事务通知、师生沟通与情感交流等七大类，这也可以为网文写作提供借鉴和参考。

（1）思想政治教育类：指辅导员围绕时事政治、党团建设、理论学习以及学生关心的热点、难点、焦点问题而写作的网文，主要是用来解决学生思想上的困惑，提升学生的思想觉悟和品德修养，引导学生树立正确的世界观、人生观、价值观。

（2）学业指导与咨询类：指辅导员围绕学生在专业认知、学习兴趣、学习方法以及参加学科竞赛、课外学术活动等方面的问题而写作的网文，主要是用来帮助学生适应大学学习生活，激发学习兴趣，掌握科学的学习方法，养成良好的学习习惯。

（3）职业生涯规划类：指辅导员围绕学生在就业与择业、创业与深造等方面的困惑而写作的网文，主要是用来帮助学生正确分析自己的职业倾向，提供就业政策解读、求职技巧指导、就业信息发布等方面的服务，帮助学生树立正确的就业观、择业观、创业观和成才观。

（4）心理健康教育类：指辅导员围绕学生在学习成才、择业交友、健康生活等方面的心理健康问题而写作的网文，主要用来引导学生养成良好的心理品质和自尊、自爱、自律、自强的优良品格，增强学生克服困难、经受考验、承受挫折的能力。

（5）二三课堂记录类：指辅导员围绕学生在校园文化、志愿服务、社会实践、创新创业等

---

① 杨贤金：《辅导员博客工作手册》，高等教育出版社，2009年。

② 刘周平：《团聚青春：湖南大学辅导员团队博客"金大团"博文精选》，湖南大学出版社，2013年。

二三课堂活动方面的问题而写作的网文。辅导员是二三课堂活动的策划者、组织者和参与者，辅导员的总结、点评、感悟能够升华活动的教育目的和意义，增强学生的责任意识、实践能力和创新能力。

（6）日常管理与事务通知类：指辅导员搜集学校各部门在学生日常管理等方面的相关信息，进行及时、准确的发布，主要是帮助学生及时、准确获知与自身利益相关的各种信息，维护校园教学和管理秩序，确保校园的有序、安全和稳定。

（7）师生沟通与情感交流类：指辅导员围绕自身的工作、学习和生活感悟而写作的网文，能够展示一个更加鲜明、更加真实、更加丰满的辅导员形象。这种鲜明、真实、丰富的形象更容易贴近学生，走进学生的内心，使辅导员成为学生健康成长的人生导师和知心朋友。

(四)网文写作的特点

网络文化具有"共享性""开放性""交互性""渗透性""大众性""自主性"等特征①。网络文学具有"形象手段的多媒体化、情节的非线性叙述、结构的开放性、读写的互动性、作品信息的资源共享"等特征②。网文写作也同时具备这些特点。辅导员网文不同于学术性的论文、艺术性的小说、私密性的心情日记，无论是记叙性、议论性还是说明性的文字，都需要做到以情感人、以理服人、以智启人。我们认为，网文写作的特点主要体现在：

（1）主题上：主题明确，一以贯之。网文写作的内容主题必然是辅导员工作、学习、生活相关的内容，必须牢牢坚持网络思想政治教育与解决实际问题相结合的原则。从这个角度来说，网文的对象是十分明确的，其主体应该是、也必然是高校青年大学生，其次才是思想政治教育工作者和其他相关人员。同时，根据网文"短平快"的特征，在网文的整体安排上要求围绕一个中心、一个主题，将其讲深讲透。这就要求辅导员网文要一事一文、重点突出，尽可能用一篇网文解决一个问题、阐明一个道理。切忌大说教、讲大道理。

（2）形式上：原创新颖，短小精悍。根据竞赛特点，辅导员网文必须为原创，且新颖具有个性化。当然，个性化并不等于过度运用网络文体。辅导员网文一般宜控制在 1000～1200 字，分成 3～5 个段落组，段落组与段落组以及段落组内部之间要求逻辑清晰，精致严谨。切忌写成流水账、大散文。

（3）语言上：简洁时尚，入情入理。网文的语言表达方式有描写、叙述、议论、抒情、说明等，但主要是议论性文体，需要论点、论据、论证三要素，也就是要做到观点鲜明、素材充分、逻辑通畅，语言上也可以有相应的修辞。同时，网络语言是一种新潮时尚的语言，辅导员的网文也必然会采用这样的语言表达方式，多用同学们喜闻乐见的语言，多用短句，多用通俗语言和网络热词，拉近与学生的距离。切忌用"八股文""火星文"，要使用有温度的文字。

（4）功能上：寓意深远，切实有用。从功能角度而言，网文具有思想性和功利性。思想性主要是从思想政治教育或价值观引领的角度而言的，我们可以说它是超功利的。功利性主要是从网络文章实用的角度而言的，比如我们经常说的"要暖心""要有用"。"暖心"就是能够抚慰心情，启迪心智。"有用"就是能够直接提供切实的帮助，比如在《写给大四宝宝的一

①　张梅：《网络文化视域下的意识形态》，东北林业大学出版社，2016 年，第 27 至 30 页。
②　唐迎欣：《网络文学及其批评研究》，人民日报出版社，2016 年，第 1 页。

封情书》①一文中,作者就提供了求职网站等"干货",对毕业班学生来说很"有用"。现实中,我们往往利用暖心、有用的特点来提升网文的点击率、点赞率,增强它的互动性。

辅导员的网文要能够对大学生产生影响,网文本身要具有教育意义。这种教育影响一源自网文的内容,看它能否弘扬社会主义核心价值观等正能量,给予青年大学生积极向上的正向引导;二源自形式,看能否变说教为说理,变带动为互动,深入浅出,达到文以载道的目的。

二、网文写作的要求

(一)网文写作的内容要求

第一,辅导员网文最珍贵之处在于网文叙述了辅导员及其身边的故事,即具有特定性。这些故事无一不闪现出辅导员生活的智慧火花,让人感受到辅导员工作的温情,读之真实、亲切,富有启发性。这也正是辅导员网文写作的内容要求之一。前文所列思想政治教育、学业指导与咨询、职业生涯规划、心理健康教育、二三课堂记录、日常管理与事务通知、师生沟通与情感交流等七大分类说明了辅导员网文写作的内容范畴。

如笔者曾写作《献给即将大四的你们》《即将成为"回忆"的大学时光》《用心用情:每一天都如初恋》《从"国家公祭日"说开去》《"低头族":该昂首时请昂首》《大学生创业何去何从?》《女生宿舍里的"冷战"——同宿舍里的女生闹矛盾了怎么办?》《经典阅读,到底离我们有多远?》等网文,这些都是辅导员日常生活中的所思所想,具有较强的可读性和启发性。

第二,网文写作的内容必须具有典型性,即能够说明所探讨的问题。辅导员生活所涉及的内容非常广泛,衣食住行娱,不是所有的内容都适合或需要以网文的形式呈现。特别是网文写作中相关素材和叙事的选择,必须选取贴近辅导员生活实际,能够反映辅导员和青年大学生积极健康形象、弘扬正能量的故事。网文一旦写成私人化的空间日志,很容易变成个人情感的心路历程或者流水记事,就会失去网文的高远立意和深刻影响。

第三,网文写作的内容必须具有思想性。"好诗要有诗眼,好文要有文魂。诗眼、文魂在于思想。思想是文章的制高点、海拔线。"②辅导员是一群有文化涵养的思想政治教育工作者,写出的网文应当是有一定深度的、符合辅导员身份的。范蕊说:"我在高校里做一名思想政治辅导员。很多人不知道这个工作是什么……我对这份工作有着颇为复杂的情感……"③我想这种感觉很多人都有。从思想政治教育的角度去思考,我们是"全员育人、全程育人、全方位育人、高质量育人"系统中的重要组成部分,我们是高校"立德树人"根本目标的坚定践行者,也是"四个自信"的使命担当者,这种职业职责是高尚的。这都要求思想性成为网文写作的内容要求之一。

(二)网文写作的能力要求

写作一般分为"摄取"、"运思"和"成文"三个阶段,包括"观察能力""阅读能力""感受能力""采集能力""思维能力""想象能力""立意能力""谋篇能力""表达能力""语言能力""修改

---

① 浙江师范大学人文学院辅导员楼莹璐在第一届浙江省高校辅导员博文大赛中的参赛博文。该博文荣获大赛三等奖。

② 许海清:《好文章是"磨"出来的——谈谈如何写好文章》,中共中央党校出版社,2014年,第34页。

③ 范蕊:《在海滩上种花:一个大学辅导员的工作日志》,中国言实出版社,2014年,前言第2页。

能力"①。又可以分为"积累材料的能力""结构文章的能力""语言文字的能力""表达方式的能力""生发主题的能力""思维创新的能力""即兴写作的能力"等②。特别需要指出的是，"写作能力，本质上是一个思维能力问题"③，思维能力的培养尤其应该得到重视。具体写作能力的培养需要在实践中不断锤炼，下文还会论及，这里不再赘述。

（三）网文写作的基本标准

这里收录首届浙江省高校辅导员优秀博文大赛的要求标准，供参考。

第一，内容原创：主体内容必须是原创，若在文章中引用别人观点需注明出处，引用不得超过全文比例的 20%。

第二，主题明确：围绕思想政治教育相关理论或辅导员工作实际作出分析，观点鲜明，见解独到，有启发性。

第三，结构完整：思路清晰，逻辑缜密，结构严谨，是完整的文章。

第四，形式新颖：符合网络文章的特点，原发表的博文（网文）文字设计或排版有一定的特色。

第五，语言丰富，表意准确，用语规范，表达流畅，材料丰富，感情丰沛。

网文写作的基本标准也无外乎以上几条。当然，涉及具体的文字表达能力，我们依然可以参考"有条理""有重点""有胸襟""有文采"四个方面来进行评析。

第二节　网文写作的策略与技巧

我们认为，网文写作的形式可以通过强化训练"速成"，而且网络流行的文体、词汇都会随时代的发展而变化，比如"给力""蛮拼的""打 Call""怼"等都可能会过时。因此，我们这里介绍的策略与技巧主要是针对网文写作的本质特点而言的，即如何提升文笔（书面表达）能力和水平。

一、网文写作的特色与亮点

凡写作都离不开"景""事""情""理"等几个方面，而且大多都是这几个方面兼而有之，我们经常说的触景生情、夹叙夹议就是这类情况。网文写作从本质上讲是议论性文体，也是兼及"景""事""情""理"多个方面。我们试以经典名篇为范例，举例说明网文写作的特色与亮点。

（一）网文写作的"景"

写景的名篇，试举一例：

> 两个黄鹂鸣翠柳，一行白鹭上青天。
> 窗含西岭千秋雪，门泊东吴万里船。④

---

① 喻滨：《写作与演讲教程》，化学工业出版社，2009 年，第 1 至 72 页。
② 王香平：《大学生写作能力教程》，中山大学出版社，2007 年，第 1 至 155 页。
③ 谢志礼：《新编写作学实践训练教程——议论性文体写作》，北京师范大学出版社，2016 年，第 140 页。
④ 杜甫《绝句》。

这首《绝句》大家耳熟能详，大抵是因为写"景"写得传神出奇。诗句从时间、空间、色彩、数字、动静状态等多个维度勾勒出了一幅生动的画卷，可谓是写"景"的典范。

比如，从"黄鹂鸣翠柳"到"白鹭上青天"，从"窗含千秋雪"到"门泊万里船"，我们都可以感受到一种镜头感，这种镜头感是以从小到大、由近及远的顺序排布的，这是物理的空间。而可以"含""千秋雪"的"窗"、可以"泊""万里船"的"门"，同"翠柳"间欢鸣的"黄鹂"、"青天"上飞翔的"白鹭"一道，表现的又是心胸的空间，或者说情怀了。

再举一例：

> 江南河港交流，且又地滨大海，湖沼特多，故空气里时含水分；到得冬天，不时也会下着微雨，而这微雨寒村里的冬霖景象，又是一种说不出的悠闲境界。你试想想，秋收过后，河流边三五家人家会聚在一道的一个小村子里，门对长桥，窗临远阜，这中间又多是树枝槎桠的杂木树林；在这一幅冬日农村的图上，再洒上一层细得同粉也似的白雨，加上一层淡得几不成墨的背景，你说还够不够悠闲？若再要点景致进去，则门前可以泊一只乌篷小船，茅屋里可以添几个喧哗的酒客，天垂幕了，还可以加一味红黄，在茅屋窗中画上一圈暗示着灯光的月晕。人到了这一个境界，自然会得胸襟洒脱起来，终至于得失俱亡，死生不问了；我们总该还记得唐朝那位诗人做的"暮雨潇潇江上村"的一首绝句罢？诗人到此，连对绿林豪客都客气起来了，这不是江南冬景的迷人又是什么？①

这段文字最有特色的地方是作者展开了丰富的联想，让江南冬日平添了"乌篷小船""酒客""月晕"等迷人景致，写出了"门对长桥，窗临远阜"的"微雨寒村里的冬霖景象"。又以对话的形式，把文字写得那么"悠闲""洒脱"而且俏皮有趣。字里行间透着诗情，而作者的胸襟也跃然纸上。

什么样的心境看到什么样的景，什么样的景反映什么样的情怀。如果用心用情，那么一草一木，一砖一瓦，一桌一椅，都可以生出无尽的情愫来。在网文写作环节，辅导员的情怀、胸襟、情绪、心理等都可以透过对"景"的描写得以淋漓展现。

（二）网文写作的"事"

写"事"是网文写作里较为常见的，讲好"中国故事"，讲好"辅导员故事"都需要"事"。这在主题演讲、网文写作、谈心谈话等多个竞赛环节中都是一样的。写"事"尤其要注意选材典型合理，叙述详略得当，这样所写故事才能更好地说明问题。

写"事"的名篇，试举一例：

> 然余居于此，多可喜，亦多可悲。先是，庭中通南北为一。迨诸父异爨，内外多置小门墙，往往而是，东犬西吠，客逾庖而宴，鸡栖于厅。庭中始为篱，已为墙，凡再变矣。家有老妪，尝居于此。妪，先大母婢也，乳二世，先妣抚之甚厚。室西连于中闺，先妣尝一至。妪每谓余曰："某所，而母立于兹。"妪又曰："汝姊在吾怀，呱呱而泣；娘以指叩门扉曰：'儿寒乎？欲食乎？'吾从板外相为应答。"语未毕，余泣，妪亦泣。余自束发读书轩中，一日，大母过余曰："吾儿，久不见若影，何竟日默默在此，大类女郎也？"比去，以手阖门，自语曰："吾家读书久不效，儿之成，则可待乎！"顷之，持一象笏至，曰："此吾祖太常

---

① 郁达夫《江南的冬景》。

公宣德间执此以朝,他日汝当用之!"瞻顾遗迹,如在昨日,令人长号不自禁。①

在文中,"妪"和"大母"的几个故事虽看似平常,实际上都是"如在昨日"的生活细节。作者从小处着眼,回忆起生活中最能打动自己的场景和往事,如"儿寒乎? 欲食乎?""儿之成,则可待乎!"字里行间饱含深情,把母辈对子女的关爱和殷殷期盼之情充分地表达出来了。这是选材之优。

同时,文中多以第一人称来描写表达,读来生动鲜活,言语真切,让人身临其境,感同身受。故事叙述翔实,不惜笔墨,却没有掺杂多余的议论,都紧密围绕着"多可喜,亦多可悲"的主旨。这是叙述之优。

在网文写作中,也同样忌讳凭空发表议论,感情("情")或议论("理")应由事而发。其中最精妙的写法是,全篇不着一喜字而满纸尽是欢乐,不着一悲字而读来忧戚。比如朱自清的《背影》一文,文中并没有明言"父爱",但读来无处不是浓浓的父爱。

> 父亲是一个胖子,走过去自然要费事些。我本来要去的,他不肯,只好让他去。我看见他戴着黑布小帽,穿着黑布大马褂,深青布棉袍,蹒跚地走到铁道边,慢慢探身下去,尚不大难。可是他穿过铁道,要爬上那边月台,就不容易了。他用两手攀着上面,两脚再向上缩;他肥胖的身子向左微倾,显出努力的样子。这时我看见他的背影,我的泪很快地流下来了。我赶紧拭干了泪。怕他看见,也怕别人看见。我再向外看时,他已抱了朱红的橘子往回走了。过铁道时,他先将橘子散放在地上,自己慢慢爬下,再抱起橘子走。到这边时,我赶紧去搀他。他和我走到车上,将橘子一股脑儿放在我的皮大衣上。于是扑扑衣上的泥土,心里很轻松似的。过一会儿说:"我走了,到那边来信!"我望着他走出去。他走了几步,回过头看见我,说:"进去吧,里边没人。"等他的背影混入来来往往的人里,再找不着了,我便进来坐下,我的眼泪又来了。②

在刻画人物形象的叙事过程中,越具体越能说明问题。文中的"蹒跚地走到铁道边,慢慢探身下去""用两手攀着上面,两脚再向上缩""肥胖的身子向左微倾,显出努力的样子""先将橘子散放在地上,自己慢慢爬下,再抱起橘子走""将橘子一股脑儿放在我的皮大衣上""扑扑衣上的泥土,心里很轻松似的""我走了,到那边来信!""进去吧,里边没人",都是细节的描写。有了这些细节,一次送别便不再是简单的送别了,而是耐人寻味的送别了,其中饱含着父爱。

在辅导员的工作中,军训场上、办公室里、医院里、公寓里、教室里、校园文化舞台上……都有着辅导员和学生之间的故事,这些故事一定是耐人寻味的,是生动丰满的,是饱含深情的,是凝结着辅导员的智慧与情怀的。讲好这些故事,无疑是网文写作的重要内容和题中应有之意。

(三)网文写作的"情"

写"情"并不是纯粹地写"情",一定是通过写"景"或"事"来表达的。只有"景"真"事"切,才能情意深挚。前文所述的《项脊轩志》和《背影》都是这样。因事生情大抵有两种情况。一类是直接表达情感的,比如:

---

① 归有光《项脊轩志》。
② 朱自清《背影》。

有一回我摇车出了小院，想起一件什么事又反身回来，看见母亲仍站在原地，还是送我走时的姿势，望着我拐出小院去的那处墙角，对我的回来竟一时没有反应。待她再次送我出门的时候，她说："出去活动活动，去地坛看看书，我说这挺好。"许多年以后我才渐渐听出，母亲这话实际上是自我安慰，是暗自的祷告，是给我的提示，是恳求与嘱咐。①

这就是令人动情的"事"，明白叙述出来的"事"。还有一类是间接表达情感的，就是没有明白叙述的"事"或者说侧面叙述的"事"，比如：

多年来我头一次意识到，这园中不单是处处都有过我的车辙，有过我的车辙的地方也都有过母亲的脚印。②

这样的叙述背后是有故事的，也是饱含深情的。这一类叙述多用于感情的升华，比较容易能够打动读者，如：

年年岁岁，我们容易在繁忙的工作里迷失自己，深陷在无尽的絮叨、烦闷与苦恼里。那段时间，或独自一人，或相约三两个朋友，从燕尾洲的芦花、梅园的梅花、琐园的立体画、智者寺的小和尚石像，到金满园的郁金香，还有师大元旦那天天空中的爱心云……走走停停，且行且思。当无患子的叶铺满芳草地，当樱园的花惹得成群的游人去了又来，当玉兰的瓣儿碎了三月的哀思，不同品色的山茶花落尽人间的浮华。风从南方醒来，柳絮在湖边癫狂，生活里有些被遗忘的东西慢慢被重新唤醒。生活平淡得像白开水，白开水一样的生活可以有鲜花。③

文中的"燕尾洲的芦花""梅园的梅花""琐园的立体画""智者寺的小和尚石像""金满园的郁金香""爱心云""无患子""樱园的花""玉兰""山茶花"……读之，隐含着满满的故事，透露着生活里"被重新唤醒"的热切的情感。

（四）网文写作的"理"

"理"与"情"一样，必然通过"景"或"事"来表达，表达过程中往往以小见大，点到即止。通篇说理的文字除了心灵鸡汤文，常见于报刊社论，少见于网文。但不论如何，只是写作风格的不同。"理"从"景"出有之，如：

若夫淫雨霏霏，连月不开，阴风怒号，浊浪排空；日星隐曜，山岳潜形；商旅不行，樯倾楫摧；薄暮冥冥，虎啸猿啼。登斯楼也，则有去国怀乡，忧谗畏讥，满目萧然，感极而悲者矣。

至若春和景明，波澜不惊，上下天光，一碧万顷；沙鸥翔集，锦鳞游泳；岸芷汀兰，郁郁青青。而或长烟一空，皓月千里，浮光跃金，静影沉璧，渔歌互答，此乐何极！登斯楼也，则有心旷神怡，宠辱偕忘，把酒临风，其喜洋洋者矣。

嗟夫！予尝求古仁人之心，或异二者之为，何哉？不以物喜，不以己悲；居庙堂之高则忧其民；处江湖之远则忧其君。是进亦忧，退亦忧。然则何时而乐耶？其必曰"先天

---

① 史铁生《我与地坛》。
② 史铁生《我与地坛》。
③ 引自笔者的网文《爱上一个人，恋上一座城》。

下之忧而忧,后天下之乐而乐"乎。噫! 微斯人,吾谁与归?①

洞庭湖的阴雨晴明犹如人生,极尽富丽的景色铺陈过后,范仲淹才点出说"理"的经典名句:"不以物喜,不以己悲""先天下之忧而忧,后天下之乐而乐"。类似的还有欧阳修《醉翁亭记》里的"醉翁之意不在酒,在乎山水之间也"的慨叹,王安石《游褒禅山记》里的"世之奇伟、瑰怪,非常之观,常在于险远,而人之所罕至焉,故非有志者不能至也"的哲思。

同样,"理"从"事"出有之,如:

> 嗟乎! 一人之心,千万人之心也。秦爱纷奢,人亦念其家。奈何取之尽锱铢,用之如泥沙? 使负栋之柱,多于南亩之农夫;架梁之椽,多于机上之工女;钉头磷磷,多于在庾之粟粒;瓦缝参差,多于周身之帛缕;直栏横槛,多于九土之城郭;管弦呕哑,多于市人之言语。使天下之人,不敢言而敢怒。独夫之心,日益骄固。戍卒叫,函谷举,楚人一炬,可怜焦土!

> 呜呼! 灭六国者六国也,非秦也;族秦者秦也,非天下也。嗟乎! 使六国各爱其人,则足以拒秦;使秦复爱六国之人,则递三世可至万世而为君,谁得而族灭也? 秦人不暇自哀,而后人哀之;后人哀之而不鉴之,亦使后人而复哀后人也。②

文中的"取之尽锱铢,用之如泥沙""负栋之柱,多于南亩之农夫;架梁之椽,多于机上之工女"等一连串表达以及《阿房宫赋》前文对阿房宫的描写和对历史的追述,以夸张、对偶的修辞,论证说明了"一人之心,千万人之心也""灭六国者六国也,非秦也;族秦者秦也,非天下也"。类似的还有《郑伯克段于鄢》里的"多行不义必自毙",《曹刿论战》里的"一鼓作气,再而衰,三而竭",《卖油翁》里的"无他,惟手熟尔"等,可供参考。

在网文写作说"理"的过程中,任何辅导员故事、教育教学案例、名言警句、成语典故,乃至谚语、歇后语、广告词、电影电视剧台词、网络流行语等都可以作为说理的论据,或为说理做铺垫。这也正是网文从本质上讲是杂文或议论性散文的原因。

二、网文写作的方法与技巧

网文写作的方法与技巧从不同的角度划分有很多种,我们根据"有条理、有重点、有胸襟、有文采"③的基本要求,结合相关网文,重点分析以下几个方面。

(一)有视野:胸襟开阔

笔者认为,要做到有视野、胸襟开阔,应当注意三个方面能力的培养。

首先是知识性。知识或阅历的积累能够奠定视野的广度和深度。网文写作考查了辅导员的知识储备。狭义来讲,一方面是辅导员本身应具备的基本的政治学、哲学、经济学、历史学、管理学、汉语言文学、教育学、心理学等本体论知识,比如西方思潮与意识形态、国家公祭日类的题;另一方面是与辅导员工作直接相关的实践性知识,比如经典阅读类的题。广义来讲,任何题都涉及文史修养,甚至是不同学科、不同领域的知识修养,可谓是涉猎广泛,旁征博引,古今中外,信手拈来。网文写作要尽可能给读者知识性的展现,寓理于知识之中。

---

① 范仲淹《岳阳楼记》。
② 杜牧《阿房宫赋》。
③ 王心富:《文章写作漫谈》,北京大学出版社,2014年,第3至44页。

其次是想象力。发散性思维或知识迁移的能力就是一种想象力,当然,具备知识迁移能力的前提是有足够的知识积累及对知识间关联的敏锐性。同一轮"月",既可以联想到传统诗词"千里共婵娟"里缠绵的相思,也可以联想到现代歌曲《城里的月光》里温柔的抚慰。就像孟郊所言"今朝放荡思无涯",要"思想放开一些,多讨论、多碰撞,允许胡思乱想,天马行空,由此及彼,东拉西扯,哪怕是不准确的思想观念,通常会产生灵感、火花,一拽出来就是一根线头,一根线头伸展开来就是一段话"①。比如:

> 坐在塞纳河的游船里,站在圣心大教堂的阶梯上,心里想着,顺着时间轴往下走,随着地理空间不断拓展,那么多人的悲欢离合,那么多事的盛衰起伏,又有那么多思想、艺术、历史、文化经历千百年而不朽,在石室建筑里绵延,在美食街角里流传,在山川河流里涌动,这就是生活。生活就是一幅画、一道美餐,你的手里拿着的就是调色盘和调味盒。雨恣意地滴落下来,湿了画布,惊了咖啡,这就是情调。②

再次是浩然正气。浩然正气关乎文章的气势。韩愈说"文以载道",同样地,文章能够反映不同的人在不同的境遇、状态下的文风气势。所以,王维看到"长河落日圆,大漠孤烟直",王勃看到"落霞与孤鹜齐飞,秋水共长天一色",王昌龄说"但使龙城飞将在,不教胡马度阴山",杜甫说"安得广厦千万间,大庇天下寒士俱欢颜",欧阳修说"先天下之忧而忧,后天下之乐而乐",龚自珍说"我劝天公重抖擞,不拘一格降人才"……情有所系,心有所念,仿佛胸中之块垒,不吐不快。"气势从何而来?首先要做一个人格健全的人。""其次是对生活要充满激情,保持积极向上的人生态度。"③这也是培养主题演讲"想不想说"能力的基础和前提,详情可参见第七章第二节主题演讲的"思维训练"部分。

(二)有逻辑:条分缕析

我们都知道,逻辑主要可以从"框架""概念""内容""形式"④几个方面区分。逻辑思路条分缕析对于快速阅读来说非常重要,特别是形式上的逻辑,可以巧取小标题、多分段、勤标点。比如这篇网文各段的起始句就是逻辑层次的体现:

> 英语1001,一抹带着清辉的朝阳。
> 英语1002,一段溢着青春的舞蹈。
> 英语1003,一首含着爱恋的情诗。
> 英语1004,一箱锁着悦动的书籍。
> 英语1005,一汪蕴着静谧的清泉。
> 英语1006,一曲散着个性的摇滚。
> 日语班,一位掩着花容的女子。
> 说好的毕业时我不哭,对不起,我失约了。
> 说好的毕业时我生个娃让你们玩,对不起,我失约了。

---

① 王心富:《文章写作漫谈》,北京大学出版社,2014年,第20页。
② 引自笔者的网文《心有巴黎》。
③ 王心富:《文章写作漫谈》,北京大学出版社,2014年,第22至23页。
④ 王心富:《文章写作漫谈》,北京大学出版社,2014年,第4至9页。

　　　说好的给你们一个最难忘的毕业,对不起,我失约了。①

再如这篇网文的小标题也是逻辑的体现:

　　　我一个人,拥一座城
　　　带一个人,进一座城
　　　为一个人,建一座城②

(三)有故事:生动具体、详略得当

写"事"前文已叙,这里再举例强调两点。一是生动具体,于细微处见精神。比如:

　　　说好的给你们一个最难忘的毕业,对不起,我失约了。四年了,每年的生日你们都给我留下了最难忘的纪念。2010年在寝室的一一祝福,2011年在西十四楼下的25个人捧着25支蜡烛,2012年在班歌大赛现场的惊喜与祝福,2013年的教室快递,我一定都记得。记得你们精心地准备过,但更记得我总是一不小心就洞悉了所有的惊喜,并且在如何整蛊与拆穿你们的坏心眼中暗暗窃喜。你们给了我太多,但我却不知怎样回报这样的纪念与厚爱。对不起,没能给你们那个承诺好的毕业晚会,即便我从一年前就已经逐渐把节目都构思好了;对不起,没能送你们一份可以用来纪念的毕业礼物,即便我和淘宝商家都已经联系过了,奈何时间来不及;对不起,没能邀请到所有的毕业生参加毕业晚会,即便我已经努力说服每一位同学来参加这唯一一次的告别;对不起,没能给你们一份最完美的毕业纪念视频,即便我又一次突破自己不睡的极限,58个小时的通宵达旦中还是只有17个小时是可以用来争分夺秒的,更何况我还有不专业的技术;对不起,没能随文附上毕业视频链接,即便我已经导了30多遍,但是渲染到99%依旧崩溃的问题也出现了30次,现在还在尝试用不同的软件去解决问题。③

　　网文列举了一系列难忘的毕业班的故事,虽然没有就每一件事做深入的展开,但"唯一一次的""58个小时""更何况""即便""30多遍""99%"……相对具体地表达了内心的情感。同时,透过"蜡烛""班歌大赛""快递",读者也可以感受到无比温暖的故事。

　　二是详略得当,各得其宜,各尽其妙。比如:

　　　一部《水浒传》,洋洋洒洒近百万言,作者却并不因为是写长篇就滥用笔墨。有时用笔极为简省,譬如"武松打虎"那一段,作者写景阳冈上的山神庙,着"破落"二字,便点染出大虫出没、人迹罕到景象。待武松走上冈子时,又这样写道:"回头看这日色时,渐渐地坠下去了。"真是令人毛骨悚然。难怪金圣叹读到这里,不由得写了这么一句:"我当此时,便没虎来也要大哭。"最出色的要数"林教头风雪山神庙",写那纷纷扬扬的漫天大雪,只一句:"那雪正下得紧。"一个"紧"字,境界全出,鲁迅先生赞扬它富有"神韵",当之无愧。

　　　以上是说用简笔用得好。同一部《水浒传》有时却又不避其繁。看作者写鲁智深三拳打死"镇关西"。鼻上一拳,"打得鲜血迸流,鼻子歪在半边,却便似开了个油酱铺:咸

---

① 引自浙江工业大学外国语学院辅导员戴园园的网文《致像初恋一样爱过的外语2010级》。
② 引自浙江工业大学外国语学院辅导员戴园园的网文《一个人 一座城》。
③ 引自浙江工业大学外国语学院辅导员戴园园的网文《致像初恋一样爱过的外语2010级》。

的、酸的、辣的，一发都滚出来"。眼眶际眉梢又一拳，"打得眼棱缝裂，乌珠迸出，也似开了个彩帛铺的：红的、黑的、绛的，都绽将出来"。第三拳，"太阳上正着，却似做了一个全堂水陆的道场：磬儿、钹儿、铙儿，一齐响"。从味觉写，从视觉写，从听觉写，作了一大串形容，若是单从字面上求简，这三拳只须说"打得鲜血迸流，乌珠迸出，两耳轰鸣"，便足够了。然而简则简矣，却走了"神韵"，失掉了原文强烈地感染读者的鲁智深伸张正义、惩罚恶人时那痛快淋漓劲儿。①

引文本身已讨论得再精妙不过，不再赘述。

(四)有文采：文辞鲜活

笔者认为，文采主要体现在修辞和引用等方面。常见的修辞手法包括比喻、拟人、夸张、排比、对偶、设问、反问等。引用即前文所述的具有丰富的知识储备，能旁征博引、举一反三。比如：

> 我有我的团学，一个让我纵情热血的地方。也想为孩子们成就一个肆无忌惮撒野的地方，一个先是肆意发挥继而相拥而泣的地方。我很庆幸，因为这么一个团体，我认识了你们，我有生之年莫能忘的贵人。我会固执地用一些方式表达我的情感，却必须得承认，也许前世没有五百次的回眸，今生不过也就是匆匆一瞥的过客。只愿，走过我生命的各位，你们都安然无恙。②

网文虽然简单，但"纵情热血""肆无忌惮""相拥而泣""莫能忘""固执地""五百次的回眸""匆匆一瞥""安然无恙"这些成语、修饰语都是文采的体现。再如：

> 但毫无疑问，巴黎是浪漫之都，海明威说过："如果你足够幸运，年轻时候在巴黎居住过，那么此后无论你到哪里，巴黎都将一直跟着你。"(海明威《流动的盛宴》)我希望有着巴黎跟随的人，相遇雨夜(杨康《相遇》，"为你读诗"《我遇见了你，故事就在那一刻发生》，最喜欢其中一句"我们的相遇，也许今生，仅此一次")，或是漫步阳光(墨西哥诗人帕斯的诗句，"为你读诗"《最重要的事，和心上人漫步阳光》)，都有着说不尽的浪漫气息。我也想着能够让自己慢下来、沉静下来，迎着海风，走走海滩，最好"上面印着你的脚印，我的脚印，我们俩的脚印"(法国诗人雷尼埃的诗，"为你读诗"《真爱一个人时，会霸道得可爱》)。③

文章围绕巴黎的浪漫，引用了海明威的名言和杨康、帕斯、雷尼埃等多名诗人的诗句，把心中的遐想串联起来，颇有闲暇浪漫的意境。这样的引用也是文采的体现。具体的写作方法还可以分为"卒章显志法""虚实相生法""扬极而抑法""抑极而扬法""一波三折法""复合叙事法""双线契合法""对比构思法""衬托构思法""以小见大法""误会构思法""悬念构思法"等④。

以上所举，只为简要分析网文写作的策略与技巧，而要切实提升文笔能力与水平，必须

---

① 周先慎《简笔与繁笔》。
② 引自浙江工业大学外国语学院辅导员戴园园的网文《一个人 一座城》。
③ 引自笔者的网文《心有巴黎》。
④ 吴素娥、金鹏善：《写作技法研究》，南开大学出版社，2014年，第1至39页。

"多读书求得广博""多阅历增长见解""多练习运用自如"①。所谓"纸上得来终觉浅",网文写作从破题构思到落笔成文,还有诸多有待进一步思考的难关等着我们去解锁,去探寻,去攻克。

第三节　网文写作的范例与解析

一、辅导员职业能力大赛网文写作稿解析

网文写作图文并茂,形式活泼,这里我们主要围绕辅导员职业能力大赛网文写作的范例,做内容方面的简要分析,供大家参考。

将青春安放在心灵里②

都说"无处安放的青春",如同刹那间绽放的昙花般美丽。然而,那么美丽的青春之于我们又意味着什么? 时光匆匆,思绪纷纷,如同灯光下的雨花洒落在校园里的每一个角落。散步在校园的林荫小道上,我时常在想:"大学里的青春应该如何度过?"

中科院院士李培根教授说:"大学教育的最高境界,不是知识的抵达,不是就业的抵达,而是心灵的抵达。"听到这话,我是感到落寞的,而不是振奋。自古以来,无论是"宁静致远,淡泊明志"的品性,还是"独立之精神,自由之思想"的呼吁,大学或者说大学教育从来不缺乏思想与文化,缺乏的是心灵的真善美。

王国维说做学问有"三境界",从"独上高楼"到"衣带渐宽终不悔"再到"众里寻他千百度"。其实,大学教育何尝不需要追寻心灵的境界呢? 面对林林总总的诱惑与干扰,面对繁繁复复的忙碌与迷惘,我们是不是也该去追思那属于内心深处的教育痕迹呢? 我想应该是的。

我喜欢跑起来的感觉,如风如影,忘却烦恼,忘却忧伤,有一股向前向上的力量。大学教育的力量就应该是向前向上的力量。这种力量可以是四年的承诺,可以是成长的陪伴,可以是生活的感怀。

首先,阅读经典书籍,"我们的心也是醉了"。一部阅读史就是心灵成长史。而经典之所以成为经典,正是经历了岁月的洗涤与磨砺。阅读就如同和长者的对话,一场场对话带给我们无尽的思想、文化、哲理、生活艺术的营养价值。热爱阅读,热爱经典,我们需要心醉,我们才能收获满满的智慧。

其次,校园文化活动,"我们一起约吧"。培根说,"读书使人明智",然而,实践才能出真知。在校园文化活动中,我们才能真正践行习总书记所倡议的"勤学、修德、明辨、笃实",在实践中"走心"。于是,我们在演讲辩论中锻炼思维,我们在歌曲舞蹈中展示歌喉身姿,我们在书画艺术作品中绘出美丽中国。

再次,拥抱自然,热爱生命,"做安静的美男子"。不论是"美男子",还是静若处子、动若

---

① 王心富:《文章写作漫谈》,北京大学出版社,2014年,第34至44页。
② 整理自笔者在第四届浙江省高校辅导员职业能力竞赛复赛"基础知识与博文写作"环节所写的博文。

脱兔的巾帼"小鲜肉",我想,对大自然与生命的礼赞是一致的。春花秋月南飞雁,小桥流水北归人。我们拥抱自然,才学会珍惜;我们热爱生命,才懂得敬畏。

然后,我们或许不会仅仅看到"知识的抵达""就业的抵达",我们看到的是一杯清茗伴书香,"挂着眼泪的笑涡"和东升初阳下的生命跃动。著名教育家叶澜说过:"教育的本质是人格的养成。"其实,人格的养成不在其他,就在心灵。

第一,逻辑清晰。

第一部分从"背景"描述入手,直截了当提出问题:"大学里的青春应该如何度过?"寄予了作者对"昙花般"珍贵且美丽的青春和大学教育的思考,"时光匆匆,思绪纷纷"。

第二部分引用中科院院士李培根教授所言"心灵的抵达"(这是题干中的原话)、诸葛亮所言"宁静致远,淡泊明志"、陈寅恪所言"独立之精神,自由之思想"和王国维所言的"三境界",进一步分析大学教育"从来不缺乏思想与文化,缺乏的是心灵的真善美"和充满"诱惑与干扰""忙碌与迷惘"的现状,点明我们应该"去追思那属于内心深处的教育痕迹"和"大学教育的力量就应该是向前向上的力量"的观点,实际上也就是文章标题"将青春安放在心灵里"。

第三部分从"阅读经典书籍,'我们的心也是醉了'""校园文化活动,'我们一起约吧'""拥抱自然,热爱生命,'做安静的美男子'"三个方面深入讨论应该如何将青春安放在心灵里,去实现青春或大学教育的价值。

第四部分以"清茗书香""挂着眼泪的笑涡""东升初阳"对应"阅读经典书籍""校园文化活动""拥抱自然,热爱生命",以著名教育家叶澜所言"教育的本质是人格的养成"再次回归"心灵的抵达",总结全文,点明主旨。

第二,语言流畅。语言表达是一种素养,本文语言的流畅往往得益于以下几个方面:

(1)修辞手法的运用。比如"如同刹那间绽放的昙花般美丽""如同灯光下的雨花洒落在校园里的每一个角落""如风如影""阅读就如同和长者的对话"运用了比喻的修辞;"这种力量可以是四年的承诺,可以是成长的陪伴,可以是生活的感怀""我们在演讲辩论中锻炼思维,我们在歌曲舞蹈中展示歌喉身姿,我们在书画艺术作品中绘出美丽中国"运用了排比的修辞;"美丽的青春之于我们又意味着什么?""大学里的青春应该如何度过?""大学教育何尝不需要追寻心灵的境界呢?""我们是不是也该去追思那属于内心深处的教育痕迹呢?"运用疑问、反问、设问等修辞。

(2)关联词的运用。"然而""我是感到落寞的,而不是振奋""无论是'宁静致远,淡泊明志'的品性,还是'独立之精神,自由之思想'的呼唤""热爱阅读,热爱经典,我们需要心醉,我们才能收获满满的智慧""我们拥抱自然,才学会珍惜;我们热爱生命,才懂得敬畏""或许不会仅仅看到'知识的抵达''就业的抵达',我们看到的是一杯清茗伴书香,'挂着眼泪的笑涡'和东升初阳下的生命跃动""其实,人格的养成不在其他,就在心灵",都使得文字流畅,充满张弛感。

(3)丰富的修饰词。这里所说的修饰词主要指用以形容名词的定语和用以形容动词的状语。如"无处安放的""刹那间绽放的""落寞的""振奋""林林总总""繁繁复复""无尽的""静若处子、动若脱兔""礼赞""春花秋月南飞雁,小桥流水北归人""敬畏""清茗伴书香""挂着眼泪的笑涡""东升初阳""生命跃动"等。

(4)网络词汇的运用。网文中使用的网络流行词语或短语,如"我们的心也是醉了""我们一起约吧""走心""做安静的美男子""小鲜肉"等,也增强了文字的可读性。当然,作为网文本身形式上的创新,本文还存在着诸多不足的地方,可以更接地气,使网文的正能量更自然真切地融进学生的心里。

第三,知识丰富。网文按顺序所引素材如下:

> 李培根:"大学教育的最高境界,不是知识的抵达,不是就业的抵达,而是心灵的抵达。"
>
> 诸葛亮:"宁静以致远,淡泊以明志。"
>
> 陈寅恪:"独立之精神,自由之思想。"
>
> 王国维:治学"三境界"。
>
> 朱永新:"一个人的精神发育史就是他的阅读史。"
>
> 培根:"读书使人明智。"
>
> 习近平:"勤学、修德、明辨、笃实。"
>
> 舒婷:"挂着眼泪的笑涡。"
>
> 叶澜:"教育的本质是人格的养成。"

可谓古今中外有之,诗人、教育家、政治家、学者有之,使得网文立意深刻,视野宏阔,也展现了作者的文史修养和知识储备。也正是引证了诸多材料,才使得文章颇具浩然正气。

在素材引用过程中,还可以增加辅导员故事。如果有生动的辅导员故事,不仅可以使网文写作更具辅导员特色,还可以使文章跳出说理的框架,大大增强文章的可读性和亲和力。

二、辅导员博文大赛网文写作稿解析

辅导员博文大赛实际上就是辅导员职业能力大赛的网文写作部分。因为单独设置了这个环节,所以对写作时间、文章篇幅等各方面都放宽了要求,相对来说,文章的质量更高,可看性更强。

因为我想学会爱你,所以我在这里①

9月初,临近开学,因为迟迟未等到一名学生是否报到的反馈,我根据录取材料上的联系方式打电话,接电话的是这名学生的父亲,方言我也不是特别听得懂。

我问他,孩子是否来学校报到,他说不来了。询问他原因,他说没什么好读的,小孩已经打工去了。接着挂断了电话。

因为担心不是孩子的意愿,我再次拨通了这位父亲的电话,他显然有点不耐烦了,说:"不读了就是不读了,读书这几年还要花钱给学费,打工还能赚钱贴家用呢! 你告诉我,读书有什么用!? 读出来你们给保证赚多少钱吗?"

到最后我也没有等到那个孩子接听电话。而我,也开始思考这个学生经常问我而我自己也会困惑的问题:

我们,为什么要读书?

1

差点得了比尔·盖茨的"病"

开学第一堂课上,我曾问过同学:"你最开心的是什么?"一个同学说:"最开心的是班上

男女比例很平衡。"一个月后,我问他们:"大学感觉怎样?"最多的同学回答是:"高中老师都是骗人的,大学为什么还有那么多课?大学为什么还要写那么多作业?说好的恋爱、睡觉、出去'浪'呢?"

曾经找一个不爱上课的"特立独行"的学生聊天,问他既然不上课为什么要上大学,他露出"你傻啊"的表情,告诉我上大学不就为了一张毕业证书和一张学位证书。我问他要两证有什么用,他说:"找工作啊,不然谁要你!"

原来他其实不是什么"出世高人"啊,看起来叛逆,背后却是最守生存法则的。有些人生来幸运,拥有过人的才能,能足够早地遇见伯乐。他在遵循社会法则的基础上,可以创建自己的成才法则。

但我们大多数人,何曾有这样的幸运?在大学,总听到有学生说迷茫,有时忙到迷茫,有时闲到迷茫。正像前段时间挺火的一篇文章,说到我们为什么要好好上课:因为这是社会需要你的一种能力。当你还没有像比尔·盖茨一样想好自己究竟要做什么时,谈什么不读书,谈什么特立独行,还太奢侈。在没有找到属于自己别具一格的游戏法则前,为避免成为堂吉诃德式的悲剧人物。换句话说,就算不说书中自有黄金屋,书中至少先有饭吃啊。我们读书为了生存。

2

人如果不会独立思考和咸鱼有什么差别

在大学,常有学生和我探讨自由的权利。他们总告诉我,在他们的成长经历中读书曾无数次束缚他们。

他们告诉我,课本总让他们读鲁迅这些一点用也没有的东西;他们告诉我,大千世界,上下五千年,就没有"度娘"不知道的。网络给了他们获得知识的自由。他们告诉我,微博、微信给了他们观点的自由。

但桑斯坦提出过"信息茧房"的观点,提到在互联网时代,看起来是信息大爆炸,其实大家的信息获知范围更狭窄了,你只选择上你喜欢的网站,看你喜欢的评论员文章,与其说自由,不如说你开始被他们的观点绑架了。

当我进入大学后,不止一位老师提到陈寅恪先生说的"独立之精神,自由之思想",也记得郑也夫教授说的这个时代有个关键词叫作"怀疑"。

读书给的绝不只是知识本身,更在于让我们拥有甄别的能力,我们学会不被别有用心的观点迷惑,我们学会最大限度不成为乌合之众。说人话,就是我读书多,你别随便骗我。我们读书为了拥有一颗有自由辨别能力的大脑。

3

百度地图、高德地图……都帮不了你

读书时,我上过就业指导课,那时我觉得自己就是为了学中英文简历怎么写才来上课的,直到后来,我才觉得好像少了点什么。

工作后,我开始看我的学生们上就业指导课,开始看他们参加职业生涯规划大赛。但也经常看到很多同学很苦恼。总有同学说想考研,结果最后找了工作;总有同学说想创业,却因为淘宝店生意不好,放弃了……

我记得以前有人告诉我,多看看名人传记,可以悟出他们成功的秘诀;我也记得以前有本书很红,叫作《我的成功可以复制》。

虽然我对这两个都持保留态度,但我觉得孔子说得挺对,"思而不学则殆",当无法抉择人生道路时,光靠胡思乱想和盲目焦虑又有什么用?马克思主义哲学还告诉我们,经验分为直接经验和间接经验呢,如果直接的不够,那就求助于间接的呗。教育不在于灌输知识,读书也不在于复制知识点,我们读书是为了在不知路在何方时,能有能力为自己探路。

4

除了"蓝瘦,香菇",还有……

一次在网上看到,有人说我们在学校里所学的东西在自己未来的生活中一点也用不到。于是有人发问:"那你觉得应该学什么?学买菜吗?"

这两天,看到一个笑话。——为什么要读书?——举个例子,当你失恋时,你会说"人生若只如初见,何事秋风悲画扇",而不是只会说"蓝瘦,香菇!"

在开学时,让同学们上来做自我介绍,几乎四分之一的同学都说自己的兴趣爱好是旅行。当我们出去旅行,该多庆幸自己好好念过书啊,使得我们在看到一帘瀑布时,可以惊呼"飞流直下三千尺,疑是银河落九天",而不是"哦,水好大!"没有读万卷书,行万里路也不过是几个形容词重复使用。

Google、百度可以翻译所有单词,却无法代替翻译家;能在十秒时间内完成复杂数字心算的人可以去争夺"最强大脑",而这却是每台计算器、计算机都可以做到的,但它们依然无法代替科学家。

比如我提到莎士比亚,几乎所有人都会背"生存还是毁灭"(朱生豪先生的译本),但我试着把"to be or not to be"打进Google翻译,跳出来的却是"是还是不是"。我们要相信,现在的这些现代科技能代替某些知识,却无法代替知识本身,因为知识有其自身独特的人性和温度。我们读书是为了读出这世界别样的风情。

5

你,还可以仰望星空

特别喜欢王尔德写的一句话:"我们都在阴沟里,但总有人仰望星空。"

一次听小撒的《开讲啦》,那期嘉宾是一位北大的生物学博士,她提到自己在读书年代就好奇星空是什么样的。而北大的一次招生宣传片,主人公就是一位怀揣星空(天文)理想,而选择了金融专业的少年。我们看过凡·高的画作,唱过"Starry starry night";我们在作文中引用过"仰望星空,脚踏实地"。

我想,我们读书除了为了前述种种,也更为始终怀有赤子之心,始终记得并寻找星空。

为什么读书?

答案也许是:

因为我想爱己,爱人,

学会爱你,

爱这世界爱得深沉……

这篇网文恰好与前一篇网文《将青春安放在心灵里》形成互补,主要弥补在故事叙述和网文形式创新两个方面。接下来,笔者试结合网文特色做一粗浅评析。

第一,立意深刻,叙事生动,很接地气。网文一开始就通过一个学生迟迟未报到、其父质疑读书有什么用的故事引出思考:"我们,为什么要读书?"这是这篇网文的核心问题,统率全文。同时,网文从辅导员工作实际提出问题,再到分析问题、解决问题,符合辅导员工作解决思想问题和解决实际问题相结合的原则,相比而言,更为务实和具有启发意义。网文还列举了"开学第一课""不爱上课的'特立独行'的学生""爱好旅行的自我介绍"等辅导员身边的人和事,这些都不同程度地增强了文章的生动性和可读性。

第二,行文流畅,逻辑鲜明,想象力丰富。网文思路开阔,天马行空,文笔自然,文字流畅。网文从"为什么要读书"联想到"我们读书为了生存""读书给的绝不只是知识本身",更在于让我们拥有甄别的能力""我们读书是为了在不知路在何方时,能有能力为自己探路""我们读书是为了读出这世界别样的风情""我们读书除了为了前述种种,也更为始终怀有赤子之心,始终记得并寻找星空",再以"因为我想爱己,爱人,学会爱你,爱这世界爱得深沉"结尾,洋洋洒洒,一泻千里,脉络清晰。

而在具体的叙述过程中,文章从"开学第一课"联想到"'特立独行'的学生",再到"前段时间挺火的一篇文章";从"自由"漫谈到"桑斯坦'信息茧房'",再到陈寅恪、郑也夫的教诲;从就业指导课到名人传记《我的成功可以复制》,再到孔子"思而不学则殆",再到马克思主义哲学"直接经验和间接经验";从失恋时对感受的表达,到旅行时对景色的感叹,再到 Google翻译;从王尔德的名言,到撒贝宁《开讲啦》的生物学博士的故事,再到凡·高画作、"Starry starry night"……信息量之大,想象力之丰富,令人咋舌。

第三,旁征博引,文风清新,网络特色鲜明。本文通篇文风清新,通俗易懂,读来轻松闲适,但又不失深度,能够引发读者对"读书有什么用"的思考。其中引证丰富,体现了作者的文学功底。比如,网文提及的人物就包括比尔·盖茨、伯乐、堂吉诃德、鲁迅、桑斯坦、陈寅恪、郑也夫、孔子、莎士比亚(朱生豪)、王尔德、撒贝宁、凡·高等,提及的诗歌或概念性知识包括"书中自有黄金屋""信息茧房""思而不学则殆""人生若只如初见,何事秋风悲画扇""飞流直下三千尺,疑是银河落九天""生存还是毁灭""我们都在阴沟里,但总有人仰望星空"等,大大丰富文章的思想性。

同时,文章网络特色鲜明,小标题"差点得了比尔·盖茨的'病'""人如果不会独立思考和咸鱼有什么差别""百度地图、高德地图……都帮不了你""除了'蓝瘦,香菇',还有……""你,还可以仰望星空"就是明显的网络文字的特色。文中"说好的恋爱、睡觉、出去浪呢?""大千世界,上下五千年,就没有'度娘'不知道的""说人话""我读书多,你别随便骗我"等表达也生动地诠释了网络文字的特点。我们可以想见,这就是来源于大学生网络生活的文字。

日常的网文与辅导员职业能力大赛在规定时间内的命题作文还是有差别的。这种差别不仅体现在知识的储备和素材的选择上,也体现在"行散而神不散"的构思以及简明扼要的叙述风格上。特别是模式化的训练方面,还应参考媒体社评。

三、社会媒体的社论解析

在网文写作培训过程中,我们发现诸如《人民日报》《光明日报》《南方周末》《文学报》等媒体的社论不仅有理论的高度和政治的敏感度,而且还有文字的厚度和温度。文字写作的参考作品汗牛充栋,不一而足,我们试以社论作为其中一个视角。

说说"蛮拼的"①

习近平同志在新年贺词中回顾去年工作时饱含深情地指出："为了做好这些工作,我们的各级干部也是蛮拼的。""蛮拼的"本是一句当下流行的网络用语,经总书记在这样的语境中一说,意义和内涵得到升华,值得深入体味。

"拼"体现了一种生活态度、进取精神。"拼"对于我们来说并不陌生,福建流传的一句俗语"爱拼才会赢",后来被改编成为流行歌曲唱遍全国。细想之下,在中华民族五千年的历史上,拼劲自古有之,延续不绝。古有"精卫填海""愚公移山",以"拼"的精神改变自然环境;后有越王勾践"卧薪尝胆",在逆境中以"拼"成就一番霸业;今有"铁人精神""'两弹一星'精神""红旗渠精神""载人航天精神"……这些都深深打上了"拼"的印记。从一定意义上可以说,一部中华民族的发展史就是一部"拼"的历史。

邓小平同志说过:"世界上的事情都是干出来的,不干,半点马克思主义也没有。"这个"干"字,就蕴含着"拼"的精神。我们今天取得的一切成就,都是上下一心、共同拼出来的。"拼"在不同历史时期中、不同时代背景下虽然有不同表现形式,但其本质是相同的,那就是尽自己最大的力量去努力、去奋斗。

我们的时代是一个拼体力、拼意志的时代,更是一个拼心智、拼创意的时代。一位名人说,在当今时代,力量的大小不在于脖子以下的体力,而在于脖子以上占全部身体10%的大脑的智力。智力的比拼,很大程度上是比谁的知识更丰富、谁的智慧和创意更多。当今时代急需"拼"的精神:从世界范围来说,形势变化越来越复杂,科学技术越来越进步,许多新情况需要熟悉,许多新知识需要掌握,许多新领域需要探索,形势逼人,不拼则退;从全局来说,我国改革进入深水区、攻坚期,没有一股子拼劲,没有敢啃"硬骨头"、敢打"硬仗"的精神,改革就深入不下去;从党员干部来说,只有发扬"钉钉子"精神,坚定信心、砥砺勇气,攻坚克难、奋力拼搏,才能扎扎实实做好本职工作,才能赢得组织和群众信任。那种工作中不拼不干或者盯着"官位"去"拼",不想靠自身实力而寄望于"拼爹""拼关系"的想法和做法,在当今的形势下是越来越没有出路了。

拼劲来自哪里? 来源于坚定的理想信念。习近平同志告诫全党,理想信念是共产党人精神上的"钙",没有理想信念,理想信念不坚定,精神上就会缺"钙",就会得"软骨病"。试想,如果得了"软骨病",哪来的拼劲、又靠什么去拼呢? 坚定的理想信念,始终是党员干部发扬拼搏精神、抵御各种诱惑的决定性因素。从近期落马的一些贪官看,他们堕落的思想根源是相似的,即认为理想信念是虚无缥缈的,于是拼劲沦丧、不思进取,直至追求享乐,大搞权钱交易、权色交易。因此,共产党人要保持蓬勃朝气、昂扬锐气、浩然正气,保持那么一股子拼劲,关键在于坚定理想信念。坚定理想信念不仅体现在思想上,更要落实在行动上,做到"咬定青山不放松,任尔东西南北风"。唯有如此,才能保持那么一股披荆斩棘、一往无前的拼劲,保持那么一股不屈不挠、愈挫愈勇的韧劲,保持那么一股居安思危、续写荣光的心劲。

"靡不有初,鲜克有终""善始者实繁,克终者盖寡"。这是历史上带有普遍性的现象。今后的征程,"道远且阻"。共产党人如何改变这种历史现象? 还是要按照毛泽东同志在新中国建立之初所教导的那样,保持过去革命战争时期的那么一股劲,那么一股革命热情,那么

---

① 《人民日报》2015 年 1 月 14 日 7 版。作者顾伯冲现系中国作家协会会员、中国散文学会理事,长江大学客座教授。

61

一种拼命精神,把革命工作做到底。也可以说,"蛮拼的"只有进行时,没有完成时。

由文章可见鲜明的社论特点:

第一,立意高远,具有很强的政治敏锐度和理论深度。

(1)注明话题的出处。

文章直截了当、旗帜鲜明、正本清源地点明"蛮拼的"的出处,一是来自习近平同志在新年贺词中的原话"为了做好这些工作,我们的各级干部也是蛮拼的",二是来自"当下流行的网络用语"。这体现了作者的政治敏锐度,对辅导员网文写作具有很强的借鉴意义。

(2)阐释话题的内涵。

"拼"的历史背景:无论是"爱拼才会赢"的俗语,还是"精卫填海""愚公移山""卧薪尝胆""铁人精神""'两弹一星'精神""红旗渠精神""载人航天精神",抑或是邓小平所言"世界上的事情都是干出来的","拼"体现了"生活态度、进取精神",而且上升为"中华民族的发展史"。

"拼"的时代背景:无论是"世界范围来说"的"形势逼人",还是"全局来说"的"改革进入深水区、攻坚期",抑或是"党员干部来说"的"坚定信心,砥砺勇气,攻坚克难,奋力拼搏",这是一个"拼体力、拼意志",更是"拼心智、拼创意"的时代。

(3)分析话题的意义。

探讨"拼"的意义关键在于如何去"拼"。文章指明,"拼劲来自哪里?来源于坚定的理想信念""坚定理想信念不仅体现在思想上,更要落实在行动上"。如何保持"拼劲"?文章进一步指明,"保持革命热情,拼命精神"。

第二,逻辑严密,文笔严谨。

正如前一方面所言,从提出问题,分析问题,到解决问题,体现了社评文章的严密的逻辑思路,这是"大逻辑"。文章围绕"'拼'体现了一种生活态度、进取精神""我们的时代是一个拼体力、拼意志的时代,更是一个拼心智、拼创意的时代""拼劲来自哪里?来源于坚定的理想信念"等分论点开展进一步论述,这是"中逻辑"。文章按历史的时间顺序论证"不同历史时期中、不同历史背景下""拼"的本质;从"世界范围"、"改革全局"和"党员干部"三个方面来论证"当今时代急需'拼'的精神";从反、正两方面,从思想上、行动上给予方法论的指导,论据丰富,论证有力,这是"小逻辑"。

同时,文章所引典故涵盖古今中外,说服力强,所论紧密结合中华民族传统文化,紧密结合毛泽东、邓小平和习近平同志的党政方针,紧扣"载人航天精神""改革进入深水区、攻坚期""从严治党"等时代命题,夹叙夹议,文笔严谨,气势磅礴。

经典阅读与文明之根①

夜深人静时,捧一本莎士比亚的剧本细读,让经典的纤指轻轻拨动心灵的琴弦……在这个繁忙的网络时代,不知还有多少人会有这样的阅读经历?

人文经典是文明的土壤,是文明延续的血脉。它饱含着民族文化的精髓,凝聚着民族文化的气质,构成了一个民族、一个社会的价值观与道德观的基础。经典之中,跃动的是文明的灵魂。

一种文明能否长青,取决于人文教育的深度和广度,取决于这个民族的子孙后代读什么

---

① 《人民日报》2015年4月23日23版。作者丁刚现系著名时政评论员、西安外国语大学新闻与传播学院客座教授。

经典,拥有怎样的人文经典阅读经历。

现代社会的通病,往往与经典的远去相关。很多人把几乎所有的闲暇时间都用来应对社交媒体互动,年轻一代花费在电视、客户端和网络游戏上的时间远远超过读书时间,学校课本中仅存的那一点点人文经典,也早就沦落成为考试的工具。目光由此开始变得短浅,精神多了一些浮躁,胸怀也变得越加狭小……

不止一位美国学者认为,美国文明的真正衰落将从年轻人读书时间,尤其是阅读经典时间大幅减少开始。当年轻人被现代科技层出不穷的成果搞得眼花缭乱,他们也越来越相信所有的进步都是技术的。但是,世界历史告诉我们,很多伟大的进步实质上却是人文的。美国《时代周刊》专栏作家斯坦因为美国大学人文教育的衰退而深感焦虑,他在文章中这样写道:"大学新生应当是为了学习伟大的书籍,不应是为了要跟上那些伟大的应用程序而走进校门。"

美国学者马克·鲍尔莱恩则将不再喜欢阅读的年轻人称作是"最愚蠢的一代"。他在同名著作中略带悲伤地写道,那些坚信"书籍早已被互联网所取代"的年轻人,根本不知道他们是在丢弃人类文明的成果啊。

当阅读经典成为奢侈,甚至成为痛苦,文明的光亮也就会变得逐渐黯淡。哈佛大学历史学家弗格森近年来不断提醒人们注意,能够让西方文明避免衰落的关键就在于人文教育。

文明的传承更多的是通过后天继承与培养的。我们不可能服用一种药丸,就一劳永逸地成为某种文明的成员,而只能通过持续不断、潜移默化的人文教育来延续文明的精神,其主要方式之一就是阅读经典,因为一种文明密码的关键部分往往就隐藏在经典之中。

美国专栏作家弗兰克·布鲁尼在《大学真正的价值》一文中写道,他不知道《李尔王》该如何满足劳动力的需求,但是学习莎士比亚戏剧是一个石阶,帮助我们进入一种更敏感、更丰富的存在空间,"大学就应当是这样一座金矿"。

文明是有根的。世界上那些具有影响力的人文学者们,如今有很多都在忙于寻找不同文明的来源,文明的兴衰成为一个世界性的时髦话题。

在全球化的今天,寻找一种文明延续的路径与探索一种文明崛起的道路,已经不是某一个国家的故事,更不是美国或西方的故事,而是一个世界的故事。现在,这个沿着历史长河走来的故事正不断地叩问着我们这些现代人的心灵:当经典越来越远,文明之根还会有多深?

之所以引用这一篇文章,是因为文章在经典阅读与文明传承的立意方面,在核心句的凝练与表达方面,在引用相关学者、作家的材料方面都具有非常强的借鉴意义,具体不再一一列举。此外,笔者始终保留着这样一个观点:阅读是生活的源泉。网络时代,我们依然应该把握网文之根本,在运用新媒体技术开展网络思想政治教育工作的同时,也应该像文章表述的那样,多阅读经典,传承中华民族优秀传统文化,树立起"文化自信"。至于网文的网络表达形式的演绎,如何化生涩、枯燥、费解、烦琐为新鲜、通俗、生动、简单,这需要很大的工夫,笔者借此机会抛砖引玉,以期更多的辅导员同仁参与讨论,并提供真知灼见。

第三章　如何策划辅导员的案例分析

案例分析一词可溯源至西方社会科学领域的案例研究理论和教育科学领域的个案研究理论。"案例研究理论的形成起源于西方社会科学研究领域,其源头大约可以追溯到20世纪初期人类学和社会学的研究",[①]后经发展,逐步成为一套规范的研究体系。案例研究是一种基于经验主义的现实探究,它研究的对象是现实生活中的真实事件和现象。在这一研究过程中,研究者的目的在于通过对诸多现象的分析和研究,归纳挖掘出这一类事物或事件的本质属性和共同属性,从而形成对这一类现象的客观规律科学理性的认识。个案研究是教育科学领域的质化研究和教育叙事研究所采用的具体方法,通过对研究对象的深入考察,分析出普遍规律。案例研究和个案研究都是一种实证研究,在不脱离现实生活环境的情况下研究存在的现象,是一种理论与实践相结合的研究模式,并且都是基于对一个现实案例的分析,研究事件或问题的普遍规律,从而获得这一类事件或问题的基本认识。

对于高校辅导员而言,及时解决学生在思想信念、价值取向、学习生活、社会实践和就业创业中所遇到的现实困惑,并通过对学生个案的分析和处理,归纳出大学生思想、行为和心理活动规律,形成对大学生成长成才规律和思想教育普遍规律的认知,进而对大学生进行富有成效的思想政治教育,不仅是每个辅导员日常工作的重要组成部分,是辅导员的必备素质能力,也是推动工作科学化、专业化的现实需求,更是思想政治教育学科发展的理论需求。

案例分析展现了辅导员解决、处理一个学生问题或事件的思考过程,不仅考查辅导员分析问题、研判问题、解决问题的能力,也在一定程度上考查辅导员的职业意识、职业素质、专业素养以及逻辑思维、口头语言表达等个人综合素养。这一章节,我们将从案例分析的内涵与要求,特点与分类,原则与技巧,案例与解析等方面进行分析和总结,希望一些感性认知、共性经验和规律总结能给大家带来思考与启示。

第一节　案例分析的内涵与要求

一、案例分析的内涵

高校辅导员是高校学生思想政治教育工作的骨干力量,"思想政治工作宏观上是回答培养什么样的人、如何培养人、为谁培养人的问题,微观上是为学生解答人生应该在哪用力、对

---

①　李忠军:《高校辅导员工作案例研究方法与实证》,人民出版社,2010年,第13页。

谁用情、如何用心、做什么样的人的过程,要运用活的理论、引用活的案例、使用活的方法,及时回应学生在学习生活、社会实践、就业创业中所遇到的现实困惑,培养学生理性平和、阳光向上的积极心态,训练学生科学思维方法和思维能力,不断提高学生思想水平、政治觉悟、道德品质、文化素养,促进学生德才兼备、全面发展"①。辅导员科学、合理运用职业知识、专业技能和工作经验,分析青年学生当中出现的思想、行为和心理问题或事件,提出解决思路和办法,并对学生实施思想政治教育,成为大学生健康成长的指导者和引路人,是高校辅导员的职责所在和使命担当。因此,辅导员解决学生问题、处理学生事件的过程实质上是一个对学生实施思想政治教育的过程。接下来,让我们一起对案例分析进行深入探讨。

(一)案例分析的含义

案例分析从广义上来说是一种研究方法,通过一个典型案例形成对现象的基本认识,是辅导员开展工作研究、理论研究的手段和方式。狭义上是指辅导员解决学生问题、处理学生事件的思维过程,是一个有关"学生问题或事件解决"的思想政治教育活动的思维过程。其中,思想政治教育是本质,解决学生问题或事件是核心,思维过程是关键。

(二)案例分析的本质

2004 年,中共中央、国务院发出的《关于进一步加强和改进大学生思想政治教育的意见》指出,辅导员是大学生思想政治教育骨干力量,辅导员要按照党委的部署有针对性地开展思想政治教育活动。2017 年,教育部颁发的《普通高等学校辅导员队伍建设规定》明确指出:"辅导员是开展大学生思想政治教育的骨干力量,是高等学校学生日常思想政治教育和管理工作的组织者、实施者、指导者。辅导员应当努力成为学生成长成才的人生导师和健康生活的知心朋友。"辅导员工作在大学生思想政治教育的第一线,在思想、学习和生活等方面负有思想政治教育、成才指导的职责。因此,辅导员对于案例分析中所呈现的案例,表面上是对事件或问题的解决,实际上一定是对学生产生影响,进而实施思想政治教育的过程,这也是辅导员的案例分析与一般工作人员处理问题的本质区别。在案例的处置过程中,对学生进行潜移默化的影响、言传身教的引导和价值思想的引领才是辅导员案例分析的本质所在。

(三)案例分析的核心目标

案例分析的核心目标是要让案例中的学生在思想、行为和心理方面的问题或事件得到有效解决。辅导员面临的案例都是日常工作当中所发生的一些真实事件,包含了学生的个体问题、群体问题、特殊问题以及学生在思想信念、学习生活、社会实践和就业创业等方面的困惑、矛盾问题。辅导员充分发挥主观能动性,把握教育对象的思想脉搏、成长规律和心理特点,遵循思想政治工作规律、遵循教书育人规律、遵循学生成长规律,运用自身的职业知识,提出有效方法和举措,解决学生的困惑,让学生走出困境,使事件平息平稳,进而展现出辅导员合情合理分析、综合全面研判和精准精确施策的能力。当然,辅导员也从处理典型案例的过程中由认识现象到探索本质,由特殊个例到普遍规律,由解决问题到形成经验,从而达到交流借鉴、总结提升的效果,进一步推动思想政治教育工作的实践探索和理论研究。

---

① 陈宝森:《切实推动高校思想政治工作创新发展——深入贯彻习近平总书记教育工作重要讲话精神》,光明日报2017 年 8 月 4 日,第 11 版。

(四)案例分析的关键

案例分析是一个思维过程,从案例定性、问题关键点的把握、解决思路的提出、具体举措的实施和反思启示的总结等五个维度,为解决具体问题提供了方案。这无不需要辅导员深厚的理论功底、扎实的专业知识、清晰的工作思路、严密的逻辑思维、丰富的工作经验和良好的语言表现力。

二、案例分析的要求

我们认为,一个案例分析的成功与否或者是否达到"言之有理、言之有物、行之有效"的认同感,核心是看是否有效地解决了问题,本质是是否达到了思想政治教育的效果,关键是是否进行了行之有效的思维过程。而有效性(行之有效)是衡量解决问题的关键所在。案例分析的有效性表现在这场针对出现的问题而开展的思想教育活动,在满足案例中学生的需求和实现教育目的时所表现出来的积极和动力特性。有效性的基本前提是构成这场思想政治教育活动的各要素的有效性。"我们可将思想政治教育者、思想政治教育对象、思想政治教育内容、思想政治教育目的、思想政治教育方法、思想政治教育情境作为思想政治教育的要素。"[①]"在思想政治教育活动中,不同的要素担负着不同的功能,因而其有效性也有着各自不同的体现,但就整体而言,思想政治教育要素的有效性,即思想政治教育诸要素所具有的有利于实现自身在理想的思想政治教育活动中所担负的功能的一切属性。"[②]也就是说,思想政治教育的有效性有赖于思想政治教育诸要素功能的有效发挥。

下面,我们将从思想政治教育者、思想政治教育对象、思想政治教育内容、思想政治教育目的、思想政治教育方法、思想政治教育情境等六个维度谈辅导员发挥主观能动性,充分调动诸要素的功能,从而使问题或事件有效解决和思想政治教育有效实施来讨论案例分析的要求。

(一)有理念:专业化和职业化的追求

作为思想政治教育活动者的辅导员是案例分析的主体,是有关"学生问题或事件解决"的思想政治教育活动的谋划者、组织者和实施者,占有主导性地位。因此,辅导员的理念关系着活动的成效。辅导员的理念首先体现在对职业的明晰认识,对自己在分析这个案例、处理这个案例中所具有的主体地位、担负的具体使命和对自己从事职业的深远意义的认识。因此,案例分析要求辅导员将自己"摆进去",体现服务学生、引领学生的核心职能,关键就是要牢牢抓住思想政治教育这个本质,在解决学生面临的实际问题的过程中,关注学生的思想动态,关注学生的发展趋势,并给予相应的引导和指导。这样,分析处理案例就不会背离辅导员的本职,从就事论事到发掘问题本质进行思想引领,体现辅导员职业的特殊性和不可替代性。辅导员的理念另一方面体现为扎实的职业知识素养。辅导员工作在很多人看来,都是靠经验办事,没有理论支撑,一直停留在经验总结的层面,毫无科学性和技巧性可言。其实不然,辅导员工作还是有自身的理论依据和学科支撑,《辅导员职业能力标准》中对辅导员所应具备的职业知识素养做了明确规定,它包含基础知识、专业知识和法律知识。这些理论

---

① 沈壮海:《思想政治教育的有效性研究》,武汉大学出版社,2012年,第61页。
② 沈壮海:《思想政治教育的有效性研究》,武汉大学出版社,2012年,第62页。

为辅导员工作打下了坚实的理论基础,也是推动辅导员工作科学化进程的重要保障。辅导员在案例分析过程中,要充分体现辅导员工作内涵,善于利用这些基础理论去分析问题,依法依规运用政策解决问题,从而使工作举措更加科学、有效,使经验总结更加严谨、规范,使辅导员工作科学性和有效性得到提升,进一步推动职业化和专业化进程。

(二)有目标:教育活动目标的预设

有目标才有方向,才有衡量活动成效的标尺。辅导员在案例分析中,要遵循思想政治工作规律,提前预设目标,即通过这个案例的解决要达到一个什么样的效果,当然,这个目标要可操作、准确清晰,也要有价值,直接面向学生的发展。因此,在案例分析中,辅导员一方面要以化解案例中的问题和事件这些实际问题和矛盾为目的,另一方面要体现大学立德树人的根本育人目标,把学生导向理性平和、阳光向上的积极心态,具有科学思维方法和思维能力,不断提升学生的思想水平、政治觉悟、道德品质、文化素养,促进学生德才兼备、全面发展,实现高校育人的根本任务。

(三)有调研:学生发展规律的把握

学生是辅导员实施思想政治教育的对象,是有生命、有自我意识的存在,辅导员发挥教育的主体作用还要靠教育对象自觉地接受。因此,要时刻强调把教育对象——学生作为思想政治教育活动的主体,要主动积极激发学生的接受意愿和接受力。这就需要辅导员认真分析调研案例中所呈现出来的教育对象的特点,一方面要研究学生的群体特征,如"95后""00后"学生的共同特征;另一方面要研究学生的类别特征,如不同年级、不同学历学生的特点,家庭经济困难学生、学业困难学生、心理问题学生等不同类别学生的特点以及案例中呈现出来的特殊学生的特点,等等。这就需要辅导员在案例分析当中对呈现出来的学生特点予以关注和分析,提高解决问题措施思路和思想政治教育的针对性。

(四)有启发:思想政治教育观念的传递

"思想政治教育内容即在思想政治教育活动中教育者所意欲传递给教育对象的思想政治观念。"[1]案例所呈现的学生问题或事件的思想根源即是需要我们去化解、去引导的思想层面的问题。一方面,辅导员要依据案例所呈现的关键问题,确定对学生实施哪个方面内容的教育,这些观念可以是普遍真理,可以是历史客观事实,可以是先进知识理论,还可以是辅导员对案例中具体事件的认知和想法,并将这些观念传递给学生;另一方面,辅导员在案例分析中显示出来的理念和观点,总结出来的经验和启示,也使其他辅导员同行获得了启发和借鉴。有内容,教育才生动;有观念,教育才有效。

(五)有方法:精准行动策略的部署

案例分析关键是问题的有效解决,而辅导员采取行之有效的方法和措施,不仅要使问题得到解决,还要让思想政治教育活动得以进行,就需要有精准的行动策略。"在思想政治教育活动中,思想政治教育者也正是通过思想政治教育方法这个手段或工具与思想政治教育对象发生教育与被教育的关系。"[2]"思想政治教育方法是思想政治教育者借以调动构成思想政治教育活动的其他诸要素的作用,使之进入激活状态,并最大限度地发挥各自效能,服

---

① 沈壮海:《思想政治教育的有效性研究》,武汉大学出版社,2012年,第80页。
② 沈壮海:《思想政治教育的有效性研究》,武汉大学出版社,2012年,第91页。

务于思想政治教育目的实现的手段。"①因而,一方面,辅导员要充分调动作为教育者、引领者的主观能动性,积极主动地制定行动策略,根据案例对象的特点、学生的心理成长规律和思想教育规律等精准施策,根据预设的教育活动目标,提出与传递的思想教育观念相吻合的执行性、操作性兼具的方法和措施,使案例所呈现出的相关问题得到妥善的解决。另一方面,要教给方法,帮助学生树立正确的方法论,提升学生把握事物现象的本质和明辨是非的能力,培养科学的思维方法。当然,这也要求辅导员在日常工作当中,要多学习优秀辅导员的宝贵经验,多研究学生特点,多积累工作方法,多接触各类学生案例,多了解学生工作领域的专有特点,以具备更丰富的经验,有效应对学生的各类问题和事件。

(六)有载体:特色工作举措的创设

"在思想政治教育活动中,思想政治教育情境为思想政治教育活动的开展、为思想政治教育对象初步印证其所接受的思想意识的正确性等提供具体场合,渗透、体现思想政治教育的目的、内容,为思想政治教育者与思想政治教育对象之间的教育—被教育关系的确立及其教育互动的进行提供着精神的或物质的纽带和载体。"②辅导员对于学生的思想教育,从来都不是"填鸭式"的给予,而是通过一定载体和纽带以潜移默化的方式引导和感染学生。一方面,创设与教育内容相适应的情境环境、周围环境和系统环境,将是案例分析具有辅导员个人工作特色和亮点的关键之处。另一方面是工作情境的分享和辐射,案例分析基于对一个现实学生问题或事件的分析,以问题解决为导向,从而研究事件或问题的普遍规律,获得对这一类事件或问题的基本认识,辅导员所采取的问题解决举措都是个人经验的总结和展示,这就形成了工作情境的分享和辐射。因此,在案例的处理和分析过程,辅导员一方面要思考举措和方法的精准性、可操作性和可借鉴性,另一方面要归纳出处理案例的反思启示,使此类事件的处理形成辐射效应,使工作得到交流,经验得到推广。

"有理念、有目标、有调研、有启发、有方法、有载体"既是辅导员有效处理学生问题和事件的要求,同时也是辅导员开展案例分析的思维过程,需要我们在工作中不断实践,不断积累,以此来提升自身的职业化和专业化水平。

第二节 案例的特点与分类

一、案例的特点

辅导员开展案例分析时,面对的是案例中具有鲜明个性特点的学生群体,处理的是涉及学生教育管理服务等方方面面的事件,这些学生的问题和事件呈现出了一定的复杂性,需要辅导员紧紧立足问题导向,充分考虑案例呈现出来的交互性和涵容性等特点,运用相关专业知识和工作经验,作出正确的判断和合理的分析。

(一)问题性

任何案例都无一例外涉及学生在学习生活工作中发生的具体问题,这些问题可能是某

---

① 沈壮海:《思想政治教育的有效性研究》,武汉大学出版社,2012 年,第 92 页。
② 沈壮海:《思想政治教育的有效性研究》,武汉大学出版社,2012 年,第 95 页。

个学生的个体问题,也可能是群体性的问题,更有可能是个体问题引发的群体性事件。辅导员要始终坚持问题导向、价值导向和目标导向,准确把握案例所反映出来的大学生在思想、行为和心理上的问题,找关键,抓本质,进行深入发现、分析和研究,从而针对问题的解决和事件的平复给出有效的研判、解决和处理。

(二)综合性

辅导员工作对象是人,是思想活跃的大学生,他们在思想、行为方面所反映的问题往往是多种多样的,一个案例反映出的往往不是单一类型的问题,而是各种情况交织的结果,呈现出了多种类型问题交互的多样化特征。同时,大学生也是社会人,家庭环境、社会背景和成长历程对其价值观、思想意识和行为习惯产生了不可估量的作用,他们面临的问题反映出了这些因素的交互作用,呈现出了复杂化特征。因此,在案例分析的过程中,对于各种类型问题交互、交织的案例,我们要在错综复杂的信息中,进行系统综合思考,理清矛盾关键点,找准方向,并寻求相应的支撑支持系统,如家庭、社会、学校各部门等,最终形成教育管理的合力。

(三)涵容性

学生思想、行为所面临的问题是各种现实环境交互影响下的结果,它涵盖了社会、学校的体制体系对学生教育的要求和期盼,其涉及法规政策、制度管理、教育方法、价值观教育和科学认知,涵容了众多学科知识。因此,案例分析需要辅导员有宽广的知识储备,了解马克思主义理论、哲学、政治学、教育学、社会学、心理学、管理学、伦理学、法学等学科的基本原理和基础知识,运用多方面、多学科的相关理论和方法,提出精准、科学、合理和有效的解决措施。

二、案例的分类

对案例进行分类,对学生的问题和发生的事件进行归类,有助于对各类别案例规律性的把握,有助于教育目标和内容的确立,也有助于有效解决思路的达成。一般来说,根据案例所涉及的学生规模,可以分为个人问题、群体性问题和由个体引发的群体性问题。如果根据案例所涉及事件性质,则可以根据辅导员工作内容进行分类,现参照《高等学校辅导员职业能力标准(试行)》,将案例分为八类进行探讨,力争在相关类别案例分析中,找到普遍规律和处理方法,获得工作经验和启示。相关案例分析技巧将在下一节中进行探讨。

(一)思想理论教育与价值引领类

思想理论教育与价值引领类案例是指辅导员在大学生中深入开展习近平新时代中国特色社会主义思想、社会主义核心价值观和中国梦宣传教育,帮助学生树立正确的世界观、人生观、价值观,确立在中国共产党领导下走中国特色社会主义道路、实现中华民族伟大复兴的共同理想和坚定信念,从而把大学生的思想和行为引导到符合党、国家和人民的要求,符合社会发展需求的道路上,使学生形成良好道德品质和文明素养的教育引导类案例。这些案例主要包括学生理想信念教育、爱国爱党爱校教育、公民道德教育、文明素养教育、宗教信仰教育、学生个人成长教育、感恩教育、诚信教育等。

(二)党团与班级建设类

党团与班级建设类案例是指辅导员指导学生开展党支部、团支部和班集体建设,做好学生骨干(入党积极分子、党员、学生干部)培养及队伍建设,调动学生积极性和主动性,激发团队协作意识,提升团队建设能力,充分发挥组织在大学生思想政治教育中作用的组织建设类案例。这类案例主要包括党支部建设、班团建设、学生骨干培养教育、入党积极分子培养教育和学生党员教育管理等。

(三)学风建设类

学风建设类案例是指辅导员了解学生所学专业的基本情况,组织开展专业教育,培养学生学习兴趣,指导学生养成良好学习习惯,规范学生学习行为,组织开展学风建设活动,营造浓厚学习氛围,提升学生自主学习的意识和能力,树立正确学习态度,提高学习质量和效率的学业指导服务案例。这些案例常见的有学习目标缺失、规划不合理、对专业不认同等学习动力问题,有学习动机功利、学习无用论等学习态度问题,有学习自主性不强、学习方法单一、学习效率低下等学习能力问题,还有学风建设举措不多、平台单一和管理教育机制不完善等问题。

(四)学生日常事务管理类

学生日常事务管理类案例是指辅导员引导学生养成理性平和、积极乐观的心理品质和自尊、自爱、自律、自强的优良品格,增强学生解决问题、克服困难、经受考验和承受挫折的能力,有针对性地帮助大学生处理好学习成才、择业交友、健康生活等方面具体事务的工作案例。这类案例主要包括学生人际关系教育、文明寝室建设教育、恋爱观教育、家庭经济困难学生帮扶教育、学生奖助评优评先教育以及遵纪守法教育等。

(五)心理健康教育与咨询类

心理健康教育与咨询类案例是辅导员针对大学生心理健康开展的日常咨询谈话、心理健康教育、心理问题事件的处置转介以及心理问题学生的帮扶等工作,也包含了突发心理危机事件的及时干预、规范处置和科学管理。这类案例常见的有新生适应困难、人际交往障碍造成的阶段性心理焦虑,学业压力、强迫性人格、情绪失控造成的一般性心理困扰,网络成瘾、精神疾病造成的心理危机事件等。

(六)网络思想政治教育类

网络环境的即时性、开放性、平等性、自由性等特征与当代青年大学生丰富多元的思维方式非常契合,在网络环境下成长起来的当代大学生,已将网络视作一种生活方式,融入生活的方方面面。学生在哪里,思想政治教育工作阵地就要到哪里。辅导员以网络为阵地开展思想政治教育,是社会发展、时代进步和学生需求的必然选择。网络思想政治教育类案例是以网络为思想政治教育阵地,运用新媒体的特点和手段与学生进行网上思想教育、互动交流、咨询服务,密切关注学生网络动态和网络舆情信息,研判和处理一些苗头性、倾向性、群体性问题的工作案例,进而达到引导学生树立网络文明行为、形成正确价值观、传播先进文化、弘扬主旋律的目标。这类案例主要包括网络文明教育、网络诚信教育、网络舆情处置、网络危机事件处理等。

(七)校园危机事件类

校园危机事件是辅导员工作当中遇到的具有突发性、不可预测性、不确定性以及具备一定危害性的影响校园安全稳定的事件。这类案例常见的有学生突发伤害事故,学生打架斗殴群体性事件，校园公共卫生事件，学生失踪、自杀等突发心理危机事件，学生触犯刑法的刑事案件以及负面舆情引发网络危机事件，等等。

（八）职业规划与就业创业指导类

职业规划与就业创业指导类案例是指辅导员积极开展就业创业指导和服务工作，为学生提供高效优质的职业咨询、政策解读、形势分析和信息服务，帮助学生树立成熟的职业观、正确的就业创业观的服务指导类案例。这些案例主要包括学生择业观教育、就业观教育、就业帮扶、职业生涯规划、求职技能、创业指导和帮扶等。

当然，我们对案例进行分类，并不意味着学生面临的问题和事件就仅仅归类到上述某一类别中，我们还要注意前文中提到的案例存在着综合性的特征，需要辅导员在实际工作和情况分析中进行综合考虑，作出研判。

第三节　案例分析的原则与技巧

一、案例分析的原则

案例分析的基本原则是辅导员在分析的过程中，要遵守的一些方法和标准，原则的确定对于分析有着一定的指导作用。具体来说，辅导员在案例分析时要注意遵循以下原则：

（一）坚持解决思想问题与实际问题相结合原则

辅导员是开展大学生思想政治教育的骨干力量，是高校学生日常思想政治教育和管理工作的组织者、实施者和指导者。辅导员应当努力成为学生的人生导师和健康成长的知心朋友。在案例的分析和处理当中，有效解决学生问题的同时，实质上还是对人的教育。因此，处理这些事件和问题我们要做到见人见事、有理有情，一方面要解决学生思想、行为和心理上出现的问题，在一定程度上解决学生当下出现的实际问题和矛盾冲突，平息事件的不安因素，另一方面则要通过教育引导，让学生树立正确的世界观、人生观和价值观，从而达到对学生进行思想政治教育的目的。

（二）坚持实现短期目标与长期目标相结合原则

案例分析是针对一个学生事件或问题展开，问题性是基本特征。案例中，辅导员立足出现的问题，提出解决思路和举措，解决学生面临的现实困境，是短期目标。从长期目标来看，辅导员作为学生发展的引路人，更加重要的是要针对案例中所涉及的学生思想根源问题，引导学生开展后续学习生活等发展性规划的思考，在思想水平、政治觉悟、道德品质、文化素养上不断提升，成为德才兼备、全面发展的人才。

（三）坚持规范管理和人文关怀相结合原则

规范管理既表现在辅导员遵循法律法规、规章制度、规则政策，合法、合规、合理地妥善处理学生问题和事件，同时也是辅导员遵循思想政治教育原则、目标和要求，对学生开展教育管理服务的体现。辅导员既要坚守教育管理原则底线，依法依规开展工作，同时也要注重人文关怀，坚持围绕学生、关照学生、服务学生，找到与学生的"情感的共鸣点"，让理性的原则要求通过感性的教育引导，去浸润、感染和熏陶学生，在关心、帮助中影响人、带动人、引领人,让问题解决得合情合理,情理交融。

(四)坚持个案分析与整体研究相结合原则

案例分析要坚持从对个案的分析、解决中,得出关于这一类案例解决的基本范式,同时也要秉承理性的态度和思维方式,对案例进行更深层次的分析思考,总结出相关的经验和教训,由点及面,以小见大,从个案到类型,从特殊到一般,从感性经验上升到理性总结,从而全面把握学生的整体状况,准确把握思想政治教育的规律,不断提高自身的理论知识素养、能力素养和教育水平。这就需要辅导员树立整体系统观,一方面把学生的问题、事件纳入社会发展大势和事件发展全局中,深入分析问题产生的背景、环境以及个案的特殊性,多层次、多角度进行整体思考,另一方面树立构建高校思想政治工作"协同体"的意识,建立各类资源协同保障、各部门协同发力的支撑系统,更加有效解决学生的问题,全面落实"全员、全程、全方位育人"理念。

二、案例分析的基本内容

辅导员开展案例分析,不仅是解决学生问题思路和举措的总结,其对工作的反思启示和借鉴交流才是最主要的目的。基于此,我们可将案例分析的内容分为案例性质背景、问题关键点、解决思路、具体举措和经验启示等五个方面进行阐述。

(一)深入剖析,准确定性

任何一个学生的问题都是在一定的环境背景下出现的,也是各种因素交互影响的结果。深入剖析案例发生的背景,认识问题的根源,并清晰地进行归类定性,是案例处理的关键,这关系到辅导员对教育目标、教育内容的制定,也直接影响到解决问题的思路和举措的精准性。案例的背景分析一般可联系学生个体特征、家庭环境、社会形势和时代特点展开,既要有宏观的认识,又要关照到个案的特殊性。在背景分析基础之上,对案例进行定性,一般有以下方式:一是直接定性,一般用"这是一起关于……的案例"的句式,这是用于归类比较清晰的案例;二是代入原因,一般用"这是一起由于……而引发的关于……的案例"。无论是哪种方式,都需要辅导员深入思考问题的本质,对案例进行准确定性,提出自己对这一类问题、事件的观点和有效举措。

(二)认清本质,抓住关键

在确定案例的性质以后,就要从案例本身所给予的信息当中,提炼出需要关注的关键点,即需要解决的问题,这是辅导员敏锐洞察力和职业敏感度的重要体现。这些关键点可能是亟待解决的问题,可能是引发案例目前所出现的问题的重要因素,可能是引发新问题的导火索,也可能是目前困境可以突破的方向……在理出这些关键问题后,我们还要将这些关键点所引发的问题做好预判,使之成为解决问题思路和办法的出发点。

(三)有理有据,理清思路

一般情况下,问题的解决思路容易跟实施办法混淆,解决思路应该是处理这个事件或问题所依据的原则、原理、理念或者政策法规文件里某个规定和要求,是处理事件的方式方法,指导具体举措的实施并和举措相契合。解决思路是体现辅导员教育理念,综合运用职业知识素养的结果。一般来说,解决思路或是对具体举措的概括,或是教育教学理念,或是教育教学的原则规律,抑或是问题解决的方向。思路清晰,也是解决问题举措有效的基本前提。

(四)对症下药,精准施策

对于问题解决的具体举措是案例分析的重中之重,如何精准施策,使案例中的实际问题和思想问题得到解决?一方面要通过一些有针对性的、具体的、可操作性的做法,使案例中所呈现出来的问题得到解决,而且步骤尽量要详尽、全面、细致;另一方面还要关注发展性的问题,如学生面临的思想困境、情绪困扰、思想政治教育工作困境等,要以关注发展、促进活力为导向,寻找学生行为的刺激点、思想的共鸣点和情感的触发点,通过一项一项具体行动有效解决学生的问题。如果辅导员有一些特色的做法在举措当中亮出来,具有普遍借鉴意义的,也是案例处理成功之所在。具体举措的实施这个环节主要考验辅导员在教育方法、教育规律和工作经验等方面的积累,一般情况下,有经验的老辅导员相对来说具备一定优势。

(五)总结反思,启示提升

任何一类学生事件或问题的处理,总是能带给我们很多思考。由案例出现的问题出发,或反思引发这一类事件的不当因素所带来的经验教训,或思考建立健全工作体制机制预防问题的出现,或强调工作中需要及时关注、重点关注的对象和环节,或对辅导员自身以及思想政治教育工作的启示,或是新问题带来的新举措,这些都可以作为案例的经验启示。当然,从另一个方向来说,启示也可分为以下三类:一是就事论事,即案例本身所带来的工作内容、程序、规范等方面的经验;二是在案例处理过程当中,辅导员应当把工作放在更加关注的问题上;三是案例对于思想政治教育工作进一步完善的启示。案例启示是案例分析比较重要的环节,有启示、有思考才会有改进、有总结,进而有提升。

三、案例分析的技巧

基于以上认识,我们认为,每一类案例反映出来的问题都有其特点和特殊性,问题的本质、处理的方式方法和有效的举措都不尽相同,需要我们按案例的类别展开每一类案例的分析技巧研究。

(一)思想理论教育与价值引领类案例分析技巧

思想理论教育与价值引领类案例,问题的本质往往是学生在思想观念、政治观点和道德规范的认知上出现了偏差,致使自身以往的经验和经历无法应对当前的情况而产生的焦虑与不安,或已有的观点与所遇到的现实情况产生矛盾时的困惑与无知,普遍表现在理想信念缺失、爱国爱党情感淡化、以自我为中心、知行不一、认识偏激、无自控力和诚信缺失等言行失当和行为失范上。处理这类案例的关键是要解决学生在思想观念、政治观念和道德规范认知偏差上的问题,传递给学生符合社会发展需求、符合个体发展需求的良好思想品德和正确价值观,并说服引导学生外化为自己良好行为和习惯。解决问题的主要思路可以归纳为沟通了解、提高认知、内化自省和外化行为,实现思想政治素质的提升。

处理这类案例可以用良好沟通,在熟悉学生家庭情况、个人特长等基本信息,掌握学生思想特点、动态及思想政治状况的基础上建立良好关系,使沟通顺畅有效;用说服教育,即运用交流、启发、动员、教育、批评等方式对热点、焦点问题及时进行教育和引导,提高学生的思想认识,化解学生心中的困惑和矛盾冲突;用行为引导,即通过主题教育、班会活动、党团活动、社会实践活动等方式使思想观念、政治观点和道德规范的认知得以提升,从潜在意识形态转化成可视可查的现实表现。思想政治教育引导类案例的启示和反思一般可以归结为立足提高思想政治教育的针对性和有效性以及提升思想政治教育的吸引力和感染力,使思想政治教育工作在教育目标上清晰、教育内容上健全、教育引导方式方法上创新、教育机制体制上完善和教育平台上丰富,以期达到思想政治教育关于对人的影响和人的塑造的有效结果。

(二)党团与班级建设类案例分析技巧

党团与班级建设类案例的问题本质是由于学生自我教育、自我管理、自我服务的意识和能力不强,学生个体或团队出现了集体观念淡薄、团队意识淡薄、责任意识和身份意识淡薄等现象,从而导致自由散漫、自律性差、团队涣散和作用不发挥等情况。这类案例的关键是要建立组织建设或团队建设机制、解决个体在组织建设或团队建设中的积极作用发挥的问题,从而提升学生的身份意识、集体意识和团队意识,制度规范和情感激励共同推进,最终实现个体发展与组织发展涵容协同。此类案例的处理思路可以归纳为以对个人建设和团队建设目标的共识形成示范力量,以对学生个人和团队的情感关怀形成催化力量,以提升学生个人和团队对工作的热情形成推动力量,有效指导和引导个人和团队的建设和发展。

处理这类案例的具体举措有:第一,提升个人素养,关注学生思想政治素质、道德品质、理论知识等基本素质的培养,使之有实力承担组织建设的责任和使命;第二,强化组织建设,开展组织建设方法和管理实务的培训,使之有科学的组织管理方法;第三,加强依法管理,保障规章制度或公约的落地实施,使之有序化的规范管理;第四,强调个体积极参与,以强烈的集体荣誉感、团队协作精神感召个人或团队参与组织建设,使之有强大的精神力量;第五,推动组织建设创新,探索符合时代特征和学生群体特点的建设方法和路径,使之有生动的吸引力和影响力。这类案例的启示可以概括为个体发展和团队建设都有其必备要素,组织建设或团队建设不仅要有个人和组织相一致的内在驱动力、要有组织建设目标的理性认知、要有行之有效的科学管理、要有公正公开的制度规范,还要有精神和情感的维系。

(三)学风建设类案例分析技巧

学风建设类案例的本质问题是学生难以适应大学自我学习、自我教育和自我管理的方式,出现学习目标缺失、学习动力不足、学习兴趣不浓,甚至产生逃避学习、厌学等情况。学业类案例的关键是要从内因驱动解决学习动力和学习兴趣不足,由外因带动解决学习行动计划落实,从而形成良好学习品质,树立终身学习的意识。解决这些关键问题的思路可以是以兴趣为导向形成学习驱动力,以目标为导向形成学业规划,以行动为导向形成良好学习习惯。

处理这类问题的具体举措可分为四步走:第一,分析问题所在,诱发学习动机;第二,分析所学专业培养计划、专业前景增进专业认同进而引发学习兴趣;第三,依托专业导师示范引领和优秀学子榜样引领激发学习动力;第四,协商确立学业规划,并制定行动方案,进行后续监督落实执行。学习是个系统性工程,学习者、学习环境、学习风气、学习支持系统等良性运作,方可提升学习效果。因此,学业类案例给我们的启示首先是对"工厂式"的教学方式与学生个体学习差异之间矛盾的反思,其次是对学生兴趣学习和专业学习之间矛盾调和的反思,再次是对不同学习环境需求的反思,最后是对指向学生终身学习能力和意识提升的学业观教育的反思。

(四)学生日常事务管理类案例分析技巧

学生日常事务管理类案例的问题本质是大学生对学校组织管理政策和制度的不熟悉或

不理解、自身规则意识不强、解决问题能力不够和生活能力不足,而产生的生活困扰、发展困惑、人际关系迷茫、情绪纠结,甚至是由不满情绪而引发的对抗组织、攻击管理制度和与他人激烈矛盾冲突等不理智的行为。这类案例处理的关键是要找出学生对抗情绪、不理智行为的根源,产生冲突的原因,从个体与集体发展协同的角度和个人意识涵容于大局整体的高度,理解规章制度、生活常识和公德修养对学生发展的意义,从而增进对整体管理的认同感。学生事务管理与生活指导类案例的解决思路可以做这样的思考,以解决学生实际问题来化解不良情绪和行为,以责任和使命来推动个体意识提升,从而实现学生个体的良性发展。

这类问题处理的具体办法可以从与学生建立关系、安抚情绪入手,全方位分析冲突或矛盾的原因所在,使学生认识到自己的不足;解决问题,可以协助学生找到解决实际问题的途径,化解冲突和矛盾;关注发展,引导学生以发展的眼光来认识当前所处的阶段和困难,将关注点转移到有意义的生活和学习上,共同协商未来的发展规划。学生事务管理与生活指导类案例给我们的启示首先是辅导员作为思想政治教育的主导,在组织、调控教育过程、教育内容、教育方法过程中,其规范、科学的管理能力、到位的政策宣传解读和入理入心的说服教育对于教育的成功十分重要;其次是学生这类问题折射出了加强制度教育,引导树立规则意识、生活常识和公德修养教育的重要性;最后是学生的事务管理和生活指导中要融入思想教育,以提升学生解决问题能力、受挫能力以及优秀人格的塑造。

(五)心理健康指导与咨询类案例分析技巧

心理健康指导与咨询类案例常见的有新生适应困难、人际交往障碍、阶段性焦虑、情绪低落、强迫性人格、网络成瘾、心理危机事件等。这类案例的问题本质是学生因学习、生活和人际关系等出现问题产生困扰而引发的情绪不稳定的情况。情绪不稳定一般可分为两种,一种是心理不成熟、性格不完善而造成的暂时性的情绪低落和波动,另一种则是需要转介的障碍性心理问题。因此,此类案例的处理关键是先认清发展性心理问题和障碍性心理问题,根据初步预判找准症结,再作出相应的举措。心理健康指导与咨询类案例的解决思路一般是先考虑解决学生的情绪问题,再解决其现实当中遇到的问题,最后是协助引导未来规划。

遇到这类案例,具体举措一般为:首先要全面了解情况,及时进行预判,初步研判动态发展,作出相应对策;其次是找准症结,逐步开始安抚情绪、稳定局面和解决实际问题的工作;再次是后续关注,调动关注对象的整个支持系统进行持续的关心和帮扶;最后是个人成长规划的协商和制定,针对个人性格、心理素养方面表现出来的问题制定调整行动方案,当然关键还是监督落实。心理健康指导与咨询类案例主要的启示是反思,反思心理健康知识教育普及的机制体制,反思工作队伍的心理健康指导和服务能力,反思心理健康教育网上网下平台建设和促进大学生心理健康水平整体提升的举措。

(六)网络思想政治教育类案例分析技巧

网络思想政治教育类案例与思想政治教育类案例内容是一致的,区别在于网络开放性、突破时空、人人媒体的特性,使思想政治教育在时间和空间上有了极大的延伸和拓展。网络思想政治教育类案例问题的本质一般为由于学生的思想认知偏差以及对新媒体的特点、传播方式和危害影响力认识不足,利用网络或宣泄不满情绪,或发布未经证实的信息,或表达一些诉求,借此来发泄情绪和借机引起关注。网络思想政治教育类案例处理的关键是提醒学生要利用好网络这把"双刃剑",提升对是非曲直的辨别能力,提升依法文明使用网络的意识，也提升学生通过合适的渠道反应诉求、寻求问题解决途径的能力。当然，还有一个关键之处就是辅导员也要善于利用好网络交互性和多媒体特性，积极发声，正能量发声，打造生动的思想政治教育阵地。网络思想政治教育类案例的解决思路一般是先化解网络传播的不良影响，再化解学生网下即现实中面临的问题，后畅通诉求渠道完善教育引导。

一般采取的具体举措有晓之以理，将网络传播的不良影响和网络法规告之学生；再者是动之以情，在把握信息技术的应用趋势、熟悉网络语言特点和规律基础之上，使用博客、微博及微信等新媒体手段与学生沟通，亮明观点；最后是解决学生面临的实际问题，找出其不满情绪的缘由，及时化解。这类案例给我们的启示一般可以从为学生文明使用网络教育机制的建立、快捷畅通的诉求信息渠道的搭建和贴近生活、贴近学生的网络思想政治教育阵地的建设三方面进行分析。

（七）校园危机事件类案例分析技巧

校园危机事件类案例问题的本质是事件存在突发性和危害性特征，处理不当可能会引发较大安全事故或引发群体性事件或危及学生生命财产安全。这类案例应该抓住的关键是稳定并掌控局面，防止事态扩大，阻止其向群体性、危害性的方向发展，将危机事件的伤害面和后续影响降至可控范围，直至危机化解。案例处理的思路可以梳理为：一方面，将化解危机作为首要目标，阻止正在发生或将会发生伤害性的结果，防止事态朝严重方向发展；另一方面，调动学校系统、社会系统和家庭系统共同参与危机事件的研判和化解，形成协同机制。此类案例处理方式强调的是协同联动，发动、协调各部门、各系统的共同协作，共同化解危机。

这类案例的具体工作举措为：第一，遵守原则，启动并执行危机事件处理预案，尽快确认基本情况，及时稳定相关人员情绪；第二，掌握信息，通过学生骨干、密切关系人员等渠道快速了解事件相关信息；第三，初步判断，对事件性质作出初步判断，将相关情况及时向上级领导汇报；第四，及时处置，掌握基本安全知识和预案处理办法开展现场处置；第五，加强教育培训，指导各级学生骨干具备初步应急常识、心理疏导等知识。此类案例的启示更多应该集中在对机制体制的反思和经常性的安全教育，首先是危机事件应对预案机制的建立健全，如危机处置程序、基层危机应急队伍组建等，提升危机实践科学处置能力；其次是经常性的安全教育机制的完善，如知识讲座、网络教育等网上网下教育平台的搭建，有效提升防患意识，预防危机事件发生。

（八）职业规划与就业创业指导类案例分析技巧

职业规划与就业创业指导类案例的问题本质是学生自我认知不足、职业认知不足、信息储备不足、择业能力准备不足而导致对未来的迷茫、对选择的困惑和一定程度上对自我的否定，一般表现为定位不清晰、缺乏行动力、缺乏就业能力、缺乏科学规划和就业诚信意识缺失等。这类案例的关键是要把面向未来视野开阔的职业定位、科学的职业规划和全方位的自我认知同学生责任感、使命感和自我效能感教育相结合，激发学生的发展潜力，进而将这种认知落实到自我提升的自觉行动当中，使其思想和行为上产生预期的变化。职业规划与就业创业指导类案例的解决思路一般可以归纳为集关注人发展的生涯引导与具体就业能力的提升指导为一体，从指导全方位自我探索入手进行清晰自我定位，从目标性职业探索入手进行明晰发展定位，从科学化职业规划入手提升就业能力，从完备行动规划入手提升行动力，让学生深切感受到"幸福是奋斗出来"的人生哲理。

解决案例的举措可以从以下方面开展：一是寻找问题症结，协助学生进行全方位的自我分析，找准自我定位；二是深入目标职业，指导开展就业市场调研、见习实习实践、生涯人物访谈等，提高对目标职业的认知；三是引导科学规划，开展就业创业知识教育和就业创业技能训练，提升规划的有效性和完整性；四是提升行动力和执行力，指导制定完备的职业素养提升计划，并监督计划的实施和成效的评价；五是完善就业创业服务体系，既要建立涵盖就业信息、求职创业通用技巧指导、就业创业政策及流程解读、就业创业典型示范教育的一体化就业服务，也要推动个性化就业创业服务。职业规划与就业创业指导类案例给我们的启示一般为辅导员作为思想政治教育的实施者，有必要提升自身专业化指导和引领能力，如对职业生涯规划教育和就业创业指导服务有效性、针对性、系统性的理性认知和科学化的指导能力等；其次是学生个体差异导致实施分层分类服务指导的必要性；最后是职业规划与就业创业指导最终还是要落实在不断进取、不断提升的生涯教育上。

诚然，以上针对每一类型案例的分析都是基于笔者从事辅导员工作的经历和经验，也结合了身边许多同仁处理学生问题和事件的智慧，提供了问题分析和解决的一般性思路，虽有不到之处，仍希望能给所有辅导员一些启发和思考。当然，需要辅导员同仁们注意的是，学生问题和事件的处理和解决，案例分析的效度和深度，除了参考类别中提到的一般性思路，还需要根据案例的特殊性进行更加精准的把握。

第四节　案例分析的范例与解析

案例分析作为辅导员素质能力大赛中的一个竞赛环节，从第一届开始就与主题演讲、谈心谈话一起列入决赛环节，从第三届赛事开始，和笔试、主题班会一起，放入比赛的复赛，成为每个进入比赛的辅导员必须展示的项目之一，显示出了案例分析在辅导员职业能力素养中比较核心的地位。在辅导员素质能力大赛案例分析环节的比赛上，辅导员对相关案例的分析，或入情入理，或有理有据，或精准施策，或深刻反思，阐述时谋篇布局合理、语言逻辑缜密、表达思路清晰、职业信仰坚定，带给我们很多启示。

成功的案例分析都蕴含着一定技巧、独特思维和经验规律，不仅仅在于准确把握不同性质类别案例的关键要点、精准有效的方法举措和独具特色的现场表达，更重要的还有现场陈述的谋篇布局。谋篇布局就是辅导员在现场表达的内容、形式和方式等方面的设计。一方面，是设计构思内容组织形式，现场阐述有 5 分钟的时间，按一般语速，需要 800～1000 字的内容，还需要在组织结构上进行合理的谋篇布局，按案例性质、问题关键点、解决思路、举措方法和启示反思等五个部分进行，同时也要做到重点突出、逻辑清晰、层次分明。另一方面，是设计现场表现力，论述有理有据，情绪掌控得体，语气抑扬顿挫，言之有理，言之有物，给人以有礼有节、娓娓道来的沉稳气质。有关现场表现力，可以参照本书第七章进行准备。

为更加清晰地说明案例分析的技巧，笔者从历届国赛的案例分析比赛中，根据录音，选取并整理了部分优秀辅导员的案例分析进行详细说明，借此对观点做进一步表述和说明。

案例一：
小毕是大二学生，在高中时结识了一帮社会上的朋友，也因此养成了一些自由散漫的不良习惯。进入大学之后，感觉受到的约束很大，不能步入正常的生活轨道。表现为很少与同学交流，导致心理郁闷，自感一直憋着一股气，并一直膨胀；对学校和专业不满意，认为以后没有任何前途，所以就整天混日子，课上睡觉，课下上网；精神恍惚，产生厌世心理。作为辅导员，你怎么做？

（选自第二届全国高校辅导员职业能力大赛决赛案例分析）

各位评委老师，下面我会从问题关键点、解决思路、实施办法以及对我们日常工作的启示等四个方面进行分析。首先，让我们一起来梳理一下这个案例，从案情的描述中可以看出，这是一个关于心理健康教育的问题，而且涉及对专业的不自信、不满意。其次，解决思路也就是问题的关键点有以下几个：第一，因为他在高中时结识了一帮社会上的朋友而导致形成了自由散漫的习惯；第二，因为这些自由散漫的习惯而不适应大学生活，与同学交流少而导致了心理郁闷；第三，他是因为心理郁闷，尤其是对学校、学院专业的不满意导致了不上课的行为。综合以上几个因素，使得小毕同学产生了精神恍惚和厌世心理。针对以上关键点，我将从以下几个方面来解决问题：第一步，我会和小毕同学主动约谈，了解他的具体想法，具体是对哪些规则觉得有约束，具体对学校和专业有哪些不满意，一方面判断他的心理状况，另一方面对他的心理健康状况做一个初步评判，如果心理健康问题已经比较严重，就要涉及第二步做干预。第二步，在了解到这些基本情况后，第一时间向学院领导和学校心理健康教育中心寻求帮助、支持和指导。第三步，一方面联系小毕所在的寝室同学以及班干部，综合了解一下小毕同学的平时表现，另一方面也请班干部和室友关注小毕的日常生活，首先保证他的生命安全。第四步，因为小毕的问题涉及对约束的不满，对专业的不满，所以需要对他进行后续的引导。一方面，告诉他规则的重要性，我们在讲求规则和纪律的条件下才能施展自己的才能；另一方面，向他介绍一些专业学习的技巧和前景等，使他树立起专业兴趣和专业信心。第五步，在解决了以上问题后，对小毕进行持续关注，包括他后期的一些变化、新的表现和反馈情况等。最后，这个案例给我们的启示有：第一，16号文件（中共中央、国务院《关于进一步加强和改进大学生思想政治教育的意见》）指出，辅导员的工作职责的第三点就是辅导员要做好大学生的心理健康教育，而我们知道，心理健康教育的首要原则是预防为主。我们从案例中可以看出，小毕的问题从高中时就已经产生，而他现在已经大二了，所以我们已经错过了最关键时期，我们在教育中，一定要做到预防为主。第二，小毕产生这个问题有个重要根源，就是结识了不当的朋友，这就启示我们一定要正面发挥朋辈教育的力量。一方面，在大学入学教育的时候就通过优秀的学姐学长引导他们从高中到大学的过渡；另一方面，在平时的学习、生活中，通过班上的同学、朋友、班干部等给他提供正面的引导和支持，使他能形成一个正确的学业观，拥有健康的心理状况。

以上就是我的基本分析，谢谢！

（根据武汉大学徐冶琼案例分析录音资料整理）

这是第二届全国高校辅导员职业能力大赛一等奖获得者徐冶琼老师在决赛案例分析环节时的作答。徐老师是全场唯一一位脱稿进行案例分析阐述的选手，其清晰严密的逻辑、简洁有力的语言、极富感染的表现力，对该案例进行由表及里、由浅入深的分析，有理有据，有理念有举措，既立足问题解决，又关注长期效果，给现场观摩的辅导员们留下了深刻的印象。

第一，由表及里，逻辑严密。该案例是一个关于学生不良行为习惯和学习态度而引起的学业和心理健康交织的问题,徐老师紧紧抓住案例的关键点,由表及里分析了学生产生心理问题和学业问题的原因,寻根溯源方能对症下药。在接下来的解决思路、实施举措和案例启示当中,徐老师也是紧紧抓住了心理和学业这两个方向进行,整篇阐述中心突出,逻辑严密。

第二,有章有法,举措到位。在解决问题的五个具体步骤举措中我们可以看出,辅导员比较扎实的职业知识素养、丰富的工作经验和细致周全的思考,依照大学生心理健康问题处置的专业知识、学生心理特点和学业成长规律等去思考问题的解决方法,比如先确认该生的心理健康状况,借助专业力量进行预判;对该生进行密切关注,借助朋辈力量进行帮扶;关注该生的后续发展,借助专业态度的确立进行学业指导等等,这些措施有理有据,使问题得到了有效解决。

第三,以生为本,体现理念。整个案例分析中,都能体现其工作理念:一是对学生的关心和关注,"首先保证他的生命安全";二是对学生管理教育有原则、有底线,表现在"我们在讲求规则和纪律的条件下才能施展自己的才能",明确指出学生违反规则和纪律的错误,同时也为其发展指出了方向。

第四,沉稳大气,具有表现力。整篇案例分析阐述娓娓道来,重点突出,语言简练,入情入理,言之有物,言之有理。形象上佳,落落大方,沉稳大气,给人留下深刻印象。

案例二:

男生小高来自南方某省的偏远山村,家庭经济十分困难,无论冬夏常年只穿一身衣服,辅导员决定按程序对其进行资助,但该生以自己成绩不够优秀,应把助学金给成绩更优秀的同学为理由多次拒绝了资助,辅导员多次找其谈话,他总是不说话,默默地流泪。据宿舍同学反映,该生内心极度自闭,不愿接受别人的帮助,奉行"再穷也不吃嗟来之食"。作为辅导员,你将如何做?

（选自第二届全国高校辅导员职业能力大赛决赛案例分析）

从这个案例中可以看到,这是一个由于家庭经济贫困而引起的贫困生心理问题的案例。在这个案例当中我们可以看到,这位同学由于贫困,他的内心有深深的自卑情结,虽然他信奉的是我"不吃嗟来之食",但恰恰是这点可以看出他对自己家庭的贫困是难以接纳的。其次,他在人际交往的问题上也存在一定障碍和自闭,这两点是我们在做工作过程当中尤其要关注到的。我在对这个问题的解决思路上是这样想的,要把对于这个同学的思想问题、心理问题和解决他的实际问题结合起来。比如,从思想问题上来说,要让他重新认识贫困这个问题,重新认识在大学里跟同学的人际关系,纠正他认知的偏差;从心理问题上来说,这个同学自卑的情结需要我们通过一些专业的心理辅导,去打开他的心结,让他走入同学当中;从实际问题上来说,他不愿意接受这样的资助,那么可以帮助他找到一些合适的方式,以他能够接受的方式进行资助,同时也要帮助他更好、更快地融入班级同学当中。具体解决方法我考虑了以下几条。第一,要与本人进行约谈,谈话中要引导他重新看待几个问题。首先,贫困不是他的错,因为贫困而得到资助本身也不是丢人的事情,如果我们在得到资助后,再把爱心奉献给社会,培养感恩意识,这不是更好吗?其次,在引导他看待这个问题的时候,要更多给予情感的支持,因为这个同学一讲话就哭泣,说明他内心压抑了很多负面的情绪,我们要给他一个情感宣泄的途径,辅导员要给予他更多情感上的支持和帮助。再者,我要找该生的家长和班主任了解一下他之前的状况,建议他做专业的心理咨询,打开他的心扉。第二,了解该生家里是否发生过一些事情,具体了解情况后,希望班主任和家长能够配合,给这个学生精神上和情感上更多的支持和帮助。第三,联系其室友,走访宿舍,通过室友给他更多的帮助,让他在宿舍里找到更多的价值,同时也告诉室友,这名同学要给予重点关注,如果发现问题,要及时跟老师汇报。第四,帮助他解决实际问题,如果他不愿意接受助学金的话,是否可以尝试一下勤工助学呢?用自己的劳动所得换来劳动报酬,这样他容易接受一些。最后,要对这个同学进行持续关注,成为我们重点关注对象。这个案例给我的启示有两条:第一,大学生的心理健康问题不容忽视,我们要高度关注,在平时要加强大学生的心理健康教育,特别是贫困生是我们要关注的重要群体,很多贫困生是有自卑情结的,这导致他在人际交往和学习方面都存在着比较大的压力,我们要通过各种各样形式新颖的活动,使他们更快地融入大学生活中来,在大学里找到他的自信;第二,我们的教育要真的做到以人为本,学生的问题要及早发现,尽早给予学生及时的关心和帮助,让工作走入学生的内心。

(根据海南大学李洋案例分析录音资料整理)

这是第二届全国高校辅导员职业能力大赛一等奖获得者海南大学李洋老师的案例分析。这是一则家庭经济困难学生因认知偏差而产生了自卑、不自信等心理问题的案例。李洋老师紧紧抓住家庭经济困难学生的自卑、不自信等特点,依照心理教育规律,以解决该生实际问题为切入点,进而解决学生的思想问题和心理问题,抓根源,促发展。

第一,摸清特点,提炼到位。该案例分析,李老师紧紧抓住学生家庭经济困难又不愿接受资助这个矛盾关键点,对学生的心理状态和心理成因进行了深入分析,并对该生目前面临的问题进行了梳理,亮点是从思想、心理和实际三个维度提炼出了认知偏差、自卑情结和资助方式的问题,成为整个案例分析的基调和方向,十分贴切。

第二,功底深厚,分析专业。通篇案例分析可以看出,李洋老师利用心理学知识分析家庭经济困难学生心理状态和心理成因入木三分,体现了其深厚的心理学功底。而采取的举措遵循学生心理发展变化规律展开,帮助学生解开心结后,正视自己的问题,从而解决现实面临的问题,也展现了运用教育规律开展学生引领教育的能力。同时,案例中比较专业的用词,如"认知的偏差""精神上和情感上更多的支持和帮助""情绪宣泄"等词句的运用,也是辅导员专业素养扎实的表现。可见,扎实的辅导员职业知识素养是促进工作成效的源头活水。

第三,思路清晰,理念突出。这篇案例分析充分体现了辅导员"以生为本"的工作理念,一切从学生的立场出发、从学生的特点出发考虑,尊重学生,维护学生的自尊心,重塑学生的自信心,解决思想问题和实际问题齐头并进。辅导员要有自己的工作理念,要有对于职业的一份操守和真诚,才能使工作更加有意义。

第四,语言朴实。李洋老师语言朴实,声音细柔婉转,在陈述这类心理问题的案例中,让人如沐春风。

案例三:

某天晚上男生小邓在女生宿舍楼下摆了一圈蜡烛向某位女生求爱,同学们纷纷驻足给该男生打气,宿舍楼内外一片尖叫欢呼声。但时值秋季,夜晚风大,且蜡烛旁边就是灌木丛,易引发火灾,宿舍人员规劝时遭到该男生拒绝。许多同学不能理解,现场起哄,场面极度混乱。这时你得知了消息,该如何处理?

(选自第二届全国高校辅导员职业能力大赛决赛案例分析)

　　拿到这个案例,我第一时间的感觉就是这个事件是有可能会引发火灾,具有较大安全隐患的危机事件。第二,这个事件已经引起了学生的围观,如果处理不好的话,有可能会引起群体性事件。第三,学生在这个事件过程中表现出的表达爱情的方式,如果我们引导不好,处理不好,也可能会引发较大安全隐患。所以,我认为这个事件具有较大安全隐患,是有可能导致群体性事件的一个突出的危机事件,需要引起我们高度重视,高度敏感。对于解决这个问题的思路我是这样想的,应该要及时早报,多部门联动,防止事态蔓延,控制现场局势,做好事后教育。解决这个危机的具体方法,我认为有以下几点:第一,要树立第一时间观念,第一时间赶赴现场,第一时间向上级汇报,第一时间向多部门报告形成多部门联动,包括信息联动、数据联动;第二,俗话说"打蛇要捏七寸",处理这个事件的关键在于这位求爱的男生和被求爱的女生,他们的关键点更重要的在这个女生身上,所以,我们工作的关键点首先是要展开对当事人——女生的教育,做好她的思想工作,跟她深入沟通,讲明白道理,希望她能够出面,把这位男生带离现场,控制住现场的局面;第三,我们要迅速反应,配合多部门,配合上级指示,调动学生干部,首先把蜡烛熄灭,消除可能引起火灾的隐患,在多部门联动过程当中,保卫部门、消防部门都需要迅速反应;第四,对于围观的学生,我们同样要抓住重点,要在当中辨识出学生干部、党员学生,希望通过他们疏散整个围观现场;最后,我们要做好当事人及因此事而引发的相关教育和情绪的疏导。这个案例给我的启示还是比较多的,比如浪漫本身无事,但浪漫过度的话就可能酿成事故。在这样一个大学生表达爱、追求浪漫的过程当中,我们应该引导他们有事故概念和理性概念。所以接下来,我们应该重点做的工作是通过多种活动载体,如主题班会、个别谈心、群体活动引导大学生如何来理解爱、明白爱和表达爱,寻求适合的表达方式;另外,从求爱引发的危机可以看出,对于辅导员来讲,安全问题始终是我们工作的根基,是我们工作的底线,所谓根深不怕风摇动,只有抓住了这个底线,我们工作才有保障,所以在面对有可能引发安全问题的群体性事件时我们要高度重视。这是我对这个案例的分析,谢谢大家!

（根据华侨大学吴楠案例分析录音资料整理）

　　这是第二届全国高校辅导员职业能力大赛一等奖获得者华侨大学吴楠老师的案例分析。这类事关校园安全的突发事件在现今的校园当中比较常见,处置不当还会酿成群体性事件。吴楠老师牢牢抓住校园安全突发事件的规律,提出了"防止事态蔓延,控制现场局势,做好事后教育"的思路,同时也坚守辅导员本职,由点及面对学生开展有关安全和恋爱观教育,逻辑清晰,有理有据,展现出了良好的辅导员职业素质。

　　首先,由案例关键问题的分析研判推论出案例性质,展现了良好的推理能力。第一,感觉这个事件是有可能会引发火灾,具有较大安全隐患的危机事件;第二,这个事件已经引起了学生的围观,如果处理不好的话,有可能会引起群体性事件;第三,学生在这个事件过程表现出的表达爱情的方式,如果我们引导不好,处理不好,也可能会引发较大安全隐患。这段对于问题产生的关键点分析既有现象阐述又有研判预判,为问题的解决明确了方向,进而也确定了开展思想政治教育的内容,显示出了辅导员对于案例的清晰认识。

　　其次,对于案例处理合规合情合理,展现了扎实的职业素养。一方面,从吴楠老师处理此类危机事件用到的"第一时间"原则、协调多部门联合等方式,不难看出辅导员丰富的处事经验和较强的工作能力。另一方面,吴楠老师善于抓案例中案情的特点和学生的特点,比如在现场处理中找关键人物,让女当事人劝退男当事人,疏散围观学生时发动当中的党员及学生干部,这些举措都是细致分析案情特点后的有效结果。按事件的性质、规律和特点,提出符合规律、符合案情的对策,体现了辅导员对职责范围内各项工作的规律性、规定性的熟知程度,从某种意义上说,这也是辅导员所必备的职业知识。

最后,由点及面,由个案到普遍存在的同类问题的教育引领,展现了坚定的职业信念。由这起突发安全危机事件而引发的对大学生树立理性表达的恋爱观和隐患意识的安全观教育,是吴楠老师经由此案例要达到的思想政治教育目标,也为大家揭示了这一类案例的规律、特点和处理方法,既有现实问题的解决,又有辅导员责任的担当,非常值得学习和借鉴。

案例四:

男生小潘学生成绩优秀,入学后一直打算凭成绩保送研究生。为了能取得更好的成绩,在大三一次期末考试中小潘夹带小抄,被巡考老师发现,学校给其记过处分,其保研资格也被取消。小潘自此心神不宁,夜不能寐,本人和家长多次找辅导员要求撤销处分,帮其恢复保研资格。本来就患有神经衰弱的他状况堪忧,作为辅导员,你怎样处理?

(选自第二届全国高校辅导员职业能力大赛决赛案例分析)

各位老师,各位同仁,我觉得这个案例是一个典型的特殊学生违纪处理的问题,这个问题的关键点有以下几个方面:一是该学生考试作弊,被记过处分;二是该学生是位特殊学生,患有神经衰弱;三是该学生平常表现非常好,具有保研资格,但是就是因为这个原因被取消资格,家长给学校包括学生本人压力。我的解决思路主要是以下几方面。第一,深入沟通,全面了解情况。第二,全面理解学生、家长有这样行为的心情。第三,正确分析存在的问题,特别是对于学生的,这里有这样几个点:一是学生对未来发展存在错误认知,对纪律处分存在侥幸心理;二是对于纪律处分他产生了一些受挫压力,而且这些压力带来了困扰;三是来自家长的压力。实施办法分为四步:第一,先了解作弊事实,要在全面了解作弊事实的基础上,分析作弊行为的后果,要帮助学生充分认识到作弊带给学校以及其他同学的不良影响,要有勇气来承担责任;第二,要主动联系家长,告之学校在作弊处分方面的有关政策和建议,做好诚信教育;第三,由于该学生情况比较特殊,要主动联系心理咨询中心,让他们协助我们一起做好学生诚信方面的教育问题,当然,如果有必要,也要提前做一个心理状况的评估;第四,要重新做好该学生的学习规划问题,因为该学生的学习成绩一直比较好,对他来说,受过处分之后,如何帮他消除不良影响,在接下来的学习过程当中,如何有一个很好的规划、很好的就业方向,这些我们都需要重新帮他进行梳理。经验启示包括三个方面:第一,学生处分程序要严谨,论证要充分,要做好相关档案的收集和管理工作;第二,要做好违规学生的情绪疏导,特别是这一类有特殊问题的违规学生,对这些学生的处理要建立相关的评估机制;第三,要做好日常考试的诚信教育,在学生当中全面做好这方面的教育。

(根据浙江师范大学施佳案例分析录音资料整理)

这是第二届全国高校辅导员职业能力大赛二等奖获得者浙江师范大学施佳老师的案例分析。关于学生违纪案例一般的关键在于受处分后学生情绪、思想教育和发展规划问题,施佳老师紧紧抓住了这三个方面,思路清晰,语言简洁,论证有力,具有理性的风格特征。

第一,原则问题立场坚定。"没有规矩不成方圆",学生管理是有法可依、有章可循的,一旦违反原则性问题,违反规章制度,给学生处分的同时使其受到教育,防止类似违反纪律的事情再次发生，是教育的目的。施佳老师立场坚定地提出让学生"有勇气来承担责任"也是对原则问题的坚持。

第二，关注发展问题。辅导员除了帮助学生解决眼前的矛盾与问题，关键还是要关注学生的发展规划，确定学习、生活的目标。"重新做好该学生的学习规划"，及时把学生从作弊就处分，处分就不能保研的矛盾情绪和死循环当中解脱出来，讨论"此路不通"后的去向和目标，这才是辅导员以生为本理念的体现。

第三，关注思想教育。不论是过程中对违纪学生的诚信教育、防患于未然的规则教育还是处分后对学生的思想教育，都是辅导员借助处理学生问题来实施思想教育和引领的过程，其中要渗透辅导员的教育理念、教育思想，承担好应有的职责。

案例五：

你所带的大三学生向你抱怨，学院和学校最近频繁发通知，要求每班出固定学生去听报告，同学们较反感，有些甚至抵触，对此，你如何应对？

（选自第四届全国高校辅导员职业能力大赛复赛案例分析）

各位评委，各位同仁，大家好！我拿到的案例有几个关键点、关键词，我们不妨来看一下：第一是大三学生，第二是频繁发通知去听报告，第三是学生比较反感，第四是每班派固定人数。这个案例的关键点是学生对于学校组织的活动不认可，比较抵触。解决这个问题，我是采取解决学生的实际问题和解决学生的思想问题相结合、学生的教育和引导相结合、学生的教育和管理相结合的原则。实施办法如下。首先是找原因。针对案例中学生出现的这些问题，我会跟学生进行深入交谈，综合全面了解学生的情况，了解学生反感的原因是什么，是对听报告这种形式的反感，还是对每班派固定人数的反感，又或是对最近组织比较频繁的反感，是他们对于时间、形式、地点、内容等哪一方面不认可。具体原因我想大概有几个方面：第一，大三学生面对课业和未来就业双重压力，时间比较紧张；第二，报告形式比较单一；第三，每班派固定人数；第四，频繁。总有一个原因是矛盾点和学生抵触点，找出具体原因后加以分析。学校组织第二课堂活动是对学生进行思想教育、人文教育，而听报告是一个经典的、传统的方式，也是非常容易使学生受到教育的一种方式，比如我们通过报告对学生进行人文素质教育、形势政策教育、安全教育。第二课堂是学生必修学分，是学生必须参与的，需要跟学生讲清楚，学校组织听报告也是为了提高他们的文化修养、各方面的综合能力以及将来面对社会的应对能力，解决他们的思想问题。然后是从开展方式入手。尽管听报告的形式比较单一，但我们还是可以多样化地进行开展，这样比较容易受学生的欢迎。现在的大学生要求比较高，社团活动也比较丰富，对传统的方式比较抵触、反感，我们可以采用以下方法调动他们的兴趣：第一，在听报告之前对学生进行一个相关主题的预告，提前预热，让学生对话题比较了解；第二，在听报告的过程当中，以增加互动的形式来吸引学生；第三，报告结束之后，通过问卷调查、座谈等形式，第一时间让学生反馈听报告的感受，这样就可以帮助组织者了解选取什么样的人来做报告，内容如何讲到学生的心里，如何提高报告的质量和学生的接受程度。再是从组织工作来看。比如班委在组织工作的时候，是如何将学校的通知下发到学生当中，是如何调动学生的积极性去听报告的。在这个案例中我们可以看到，是频繁向大三学生通知、每班派固定人数，相对来说，这种组织形式比较固定、单一、模式化。我们可以变换形式，在听报告之前三天面向全院、全校的学生通知，让自愿参加的学生报名。有的同学可能喜欢文学,有的同学可能喜欢哲学,有的同学可能对国家时事政策比较感兴趣,让他们根据个人喜好提前报名,我们再根据报名情况进行组织。这种学生自愿报名和学校组织相结合的方式,不至于每次都让每班派人,让不感兴趣的学生参与到活动中来。此外,我们也可以通过其他一些方式来组织。例如,组织其他的班委、班干部、党团干部以身作则,在整个活动中发挥好应有的作用,及时缓解学生的反感和抵触的情绪。从这个案例中,我也得到一些启示。现在的大学生思想活跃、要求比较高,这对我们思想政治教育工作提出一些要求:要把第二课堂活动组织到位,保证让学生受到教育,同时又让学生在这个过程当中真正能够乐于参与;在平时工作中要对班委、班干部进行思想教育,把他们的思想高度统一到学校整体思想战略上来;要融入社会主义核心价值观,使第二课堂真正丰富起来。感谢大家!

(根据杭州电子科技大学夏朝霞案例分析录音资料整理)

这是第四届全国高校辅导员职业能力大赛二等奖获得者杭州电子科技大学夏朝霞老师的案例分析。这是一起关于校园文化活动组织不到位而引发学生意见情绪的案例。夏朝霞老师分析深入细致,能充分考虑学生的具体情况和特点,这样的分析和举措入情入理,既能让学生接受,也具有很强的说服力,可以看出这是一位工作经验比较丰富的辅导员。

第一,善于结合学生的特点看待和分析问题。在这个案例的处理中,可以看出辅导员非常注重分析学生在此次事件当中的心态,也善于结合不同阶段学生的特点对问题根源进行分析,其对学生特点的熟悉程度很让人敬佩。如"第一,大三学生面对课业和未来就业双重压力,时间比较紧张;第二,报告形式比较单一;第三,每班派固定人数;第四,频繁。总有一个原因是矛盾点和学生抵触点,找出具体原因后加以分析",非常准确地指出了大三学生所处的阶段特征,这样才能使问题的处理更加有针对性,成效更显著。

第二,善于开展正面教育。辅导员的工作是具有导向性的,积极向上、正能量是我们要引导学生达到的效果,学生有了意见,发生了问题就去否认活动本身的意义,这不是引导,不是教育。"学校组织第二课堂活动是对学生进行思想教育、人文教育,而听报告是一个经典的、传统的方式,也是非常容易使学生受到教育的一种方式""需要跟学生讲清楚,学校组织听报告也是为了提高他们的文化修养、各方面的综合能力以及将来面对社会的应对能力,解决他们的思想问题",这些观点都旗帜鲜明地对学生进行了正面教育。

第三,善于自省。学生出现问题,可能是个人思想问题,但也可能是思想政治教育活动不完善、不到位的问题。能从推动工作的角度出发,主动发掘策划、组织、成效等方面存在的问题,加以完善和改进,也是提升思想政治工作有效性,焕发活力的关键。

案例六:

学生小李在暑假出国旅游期间,买了一本黑化党的历史、攻击我国领导人的书。回国后,小李将此书带回学校,在班级和宿舍广为传阅,并和同学们热烈讨论。对此,你如何处理?

(选自第四届全国高校辅导员职业能力大赛决赛案例分析)

各位评委,各位辅导员同仁,大家好!我抽到的问题其实是一个学生由于阅读一些不正当的出版物而产生一些思想波动的问题。这在学生当中引起了一些反响。解决这样的问题,我的思路是:第一,先通过学生骨干了解事情的具体情况;第二,把握问题的方向,与学生交流谈心;第三,持续关注,防止在学生当中出现一些理想信念歪曲的现象。当然,解决这类问题的具体方法,我觉得可以总结为立足两个实际。第一个实际是面对"90后"的实际,分析"90后"学生的特点。有一本名为《亲友力》的书,倡导用"90后"的思维去管理"90后"学生,书里提出的几个观点,在这里同样适用:一是软化冲突,二是淡化权威,三是强化边界。我们要了解"90后"学生的特点,他关注这本书,但并没有深入研究,阅读了某些片段就在学生当中传播和讨论,其实这跟"90后"学生在自媒体时代希望获得更多关注有很大关系。我们的学生在网络上通过碎片化的阅读,经过一些浅显的思考,然后就去发表评论,这其实是"90后"学生存在的一个比较普遍的问题。所以我觉得,这样一个问题只是思想上的波动,没有必要把它定性为理想信念的问题。第二个实际是要立足学生的实际。我们的学生去攻击一些英雄人物,甚至是党和国家领导人,其实更多的是学生自信心不足的表现。因为"90后"学生在对这些人物进行贬低和蔑视的过程当中获得关注,进而产生自我满足感,所以,我认为作为辅导员在处理这样的问题时,首先要立足党和国家发展的实际,尤其是对历史的把握。我们辅导员与学生谈话,不能把学生叫过来就批评,而是先要对我们党和国家发展的整个历史了解得更加清晰,整理出脉络,这样在和学生谈话的过程当中,才能做到谈心交流,而不是批判、批评,让学生真心接受,使其摒除、摒弃那些错误的观点,以后也不会再去传播。所以,我觉得辅导员自身能力的提升在这个过程当中起到非常重要的作用,在能力提升之后,再去跟学生交流。对学生关注和讨论的一些热点,我们要把握住,这样才能给学生更有益的教育和引导。此外,要对学生进行持续关注。从案例中可以看出,其实这并不是小李一个人的问题,还有很多同学参与其中。对这种从个人问题到群体问题的处理,包括了解学生整体思想动态,是我们辅导员研究学生个体的重点,从特殊到对整体"90后"学生特点的把握入手,对这个问题的处理会更加清晰。所以,我觉得要充分发挥学生骨干的作用,通过学生骨干掌握讨论的热点,同时辅导员了解情况,给出具体解决方法。同时也要保持持续关注,因为学生的思想波动有可能最终会转化为理想信念的问题。处理这样的问题,我有两点启示,可以总结为两个情怀。第一个,就是要有父母的情怀。我们不能因为小李引发了一个讨论,可能在同学当中有一定影响,甚至对辅导员工作造成影响,就对他有意见,或者在后面其他问题上给予其一些不正当的处理。我们务必要以仁爱之心,像父母关心孩子一样关注他的思想问题,让他健康成长。第二个,我觉得要有历史情怀。因为我们教育学生不只是解决这样一个问题,我们是为未来社会培养人才,所以,在这个过程当中,我觉得更主要的是让学生树立正确的人生观、世界观和价值观。当学生走向社会,再遇到这样问题的时候,能想起来辅导员是用什么样的方式去教育他、引导他、帮助他的。在这个过程当中,他所形成的对问题的深入思考、认识,对历史问题的正确认识,对他未来的职业生涯、工作发展、生活等都会有非常重要的正向影响。所以我们在座的辅导员,在做学生思想工作的时候不能一味批评,或者说只对学生进行处理,而应该是走进学生的内心,了解学生的特点,最终帮助学生,让他们能够把这样一个问题当作他们成长的一次机遇。这同样也是我们辅导员一个成长的过程。这是我的回答,谢谢大家!

(根据中国民航大学李宏宇案例分析录音资料整理)

这是第四届全国高校辅导员职业能力大赛中国民航大学李宏宇老师的案例分析。这是个非常经典的受黑化舆论和思潮冲击的大学生思想政治教育案例,案例的信息非常有限,但同时也给了辅导员巨大的讨论空间。一方面,李宏宇老师从"90后"学生的特点为切入点有理有据地提出了这是学生思想产生波动,需要辅导员密切关注,讲清道理,疏而非堵地进行正确引导,巧妙地将重心从"该不该""行不行""处分不处分"转移到思想教育引领上来。另一方面,李宏宇老师也从历史唯物主义观点出发,牢牢抓住了这个思想利器,授学生以"渔",提高大学生的政治鉴别力。旗帜鲜明,观点独到,功底深厚,这是一篇经典的案例分析实例。

第一,充分研究教育对象的特点,是辅导员开展工作的有效支撑。每个时期,每个时代甚至每个阶段的大学生,面临的社会环境、家庭环境、成长历程和现阶段的问题都不尽相同,研究大学生的群体特征和个体特征,了解他们思想变化的规律,按照规律实施思想教育引领,是我们有效开展思想政治教育工作的强大支点。"他关注这本书,但并没有深入研究,阅读了某些片段就在学生当中传播和讨论,其实这跟"90后"学生在自媒体时代希望获得更多关注有很大关系。我们的学生在网络上通过碎片化的阅读,经过一些浅显的思考,然后就去发表评论,这其实是"90后"学生存在的一个比较普遍的问题",还有"我们的学生去攻击一些英雄人物,甚至是党和国家领导人,其实更多的是学生自信心不足的表现。因为"90后"学生在对这些人物进行贬低和蔑视的过程当中获得关注,进而产生自我满足感"等分析入情入理,深刻理解学生的行为,避免了把学生推向教育的对立面。

第二,充分遵循思想教育规律,是辅导员提升教育效果的必要条件。遇到问题,尤其是学生的思想问题,堵不是办法,严厉的处分也不是目的,要根据思想变化的规律,去积极疏通引导,让正确的价值观逐步内化为学生的思想认识,才能达到好的效果。"我们辅导员与学生谈话,不能把学生叫过来就批评,而是先要对我们党和国家发展的整个历史了解得更加清晰,整理出脉络,这样在和学生谈话的过程当中,才能做到谈心交流,而不是批判、批评,让学生真心接受,使其摒除、摒弃那些错误的观点,以后也不会再去传播",这些观点显示出了对教育规律的认识和理解,做到了思想教育是心灵的碰撞,而不是教化。

第三,充分利用方法论,是辅导员开展思想政治教育的利器。马克思主义世界观和方法论是人类认识世界、认清形势的重要武器,这些方法论为辅导员开展工作,为大学生形成正确的世界观,提升政治辨别力提供了必要的支持。"我觉得更主要的是让学生树立正确的人生观、世界观和价值观。当学生走向社会,再遇到这样的问题的时候,能想起来辅导员是用什么样的方式去教育他、引导他、帮助他的。在这个过程当中,他所形成的对问题的深入思考、认识,对历史问题的正确认识,对他未来的职业生涯、工作发展、生活等都会有非常重要的正向影响。"授人以鱼不如授人以渔,辅导员不仅要教育学生形成正确的世界观,关键还要帮助学生树立认识世界的方法,提高学生的政治辨别力,学会用马克思主义世界观和方法论去思考问题、认识问题,这也是辅导员的重要职责之一。

案例七:

你所在的哲学学院一名海归青年教师最近在专业课堂上大谈意识形态问题,认为当今社会价值多元,马克思主义一元指导已经过时了,我们应该坚持多元思想的指导。学生党支部书记向你反映了此事,你该如何处理?

（选自第六届全国高校辅导员职业能力大赛决赛案例分析）

尊敬的各位评委、各位同仁,大家下午好!我将从案例的性质、案例关键点、解决思路、实施步骤以及经验启示这五个方面进行作答。这是在高校发生的一个关于教师违背相关规定的案例。在这个案例中,有几个关键点:第一,这名哲学学院的教授是海归教授;第二,他是在专业课堂上谈到意识形态的问题；第三，他提到马克思主义已经过时，要提倡多元的意识形态；第四，是一名学生党员向我反映了这个情况。从这几点可以看出，学生党员的素质目前来讲已经有了很大的提升，但是我们教师的思想意识有待进一步提高。解决这个问题，我有以下几个思路：守住一个底线，坚持两个原则，抓住两个关键。这个底线就是要守住"学术研究无禁区，课堂讲授有纪律"的底线，这个底线应该成为每个专业老师都遵守和履行的底线。坚持两个原则，第一个是坚持全方位、全过程、全员育人的原则，大学生思想政治工作不仅仅是辅导员的工作，更是专业老师和各个部门共同协作来完成的工作，所以大家必须重视；第二个是坚持解决实际问题和解决思想问题相结合的原则，实际问题就是这位教师不能再在课堂上讲授相关的内容，思想问题就是要加强教师的思想政治教育工作。抓住两个关键，第一个关键就是要禁止老师再在课堂上发表相关的言论；第二个关键是要进行一些制度和规定的整合，让大学课堂讲授有规可依、有规可循。那么，我将按以下几个步骤实施：第一，对反映情况的同学进行表扬，非常感谢他提供这样的信息，也说明这个学生的党员素质非常过硬；第二，把相关情况反映给学院党委副书记以及学校教师工作部的相关领导，让他们引起重视，也要作出相关的处理；第三，我会跟学院党委副书记一起跟这位老师开展谈话，希望他能够明白，作为一名老师，必须坚守师德师风，不光是要教书，更要做到育人；第四，要让这位教师了解自己所犯的错误，也希望有些学术上的"大牛"跟他进行探讨，能够让他真正从意识上转变这样的行为；第五，我会组织一次马克思主义经典选集的学习活动，让学生们通过学习加强对马克思主义的理解和认识，增强自己的辨别能力和辨别思维；第六，我会组织一次讲座，邀请专家做一次马克思主义现代化价值的讲座，让同学们通过讲座明白马克思主义不光有历史价值，更具有现实价值的引导和意义；第七，我会通过组织主题班会和辩论会的形式把这个问题越辩越明。这个案例有几个经验启示值得我们去学习：第一，大学的思想政治工作不光是做学生的思想政治工作，更应该做老师的思想政治工作，怎么样让老师发挥作用，让他们在各个领域真正起到带头作用，这是我们要做的非常重要的事情；第二，要建立健全教师课堂讲授和学术规范的规定，让他们在学校里有规矩、有纪律，这样才能起到学术引领和带头作用。这是我的回答，谢谢大家。

（根据浙江大学张川霞案例分析录音资料整理）

这是第六届全国高校辅导员职业能力大赛二等奖获得者浙江大学张川霞老师的案例分析。这个有关校园意识形态问题的案例非常特殊，虽不是学生群体意识形态出现了问题，但教师的身份决定了问题较广和较深的影响面。这也极大考验了辅导员的信念和功力，既要旗帜鲜明地指出专业教师存在的问题又要考虑专业教师的身份说服他，既要坚守辅导员的职业信念又要各方协调做好后续工作，可以说，张川霞老师给了我们一个非常好的借鉴方案。

首先，坚守立场，观点鲜明。在意识形态领域，辅导员一定要坚守立场，旗帜鲜明地按照党的教育方针，明白大学的任务，正确理解"为谁培养人""培养什么样的人"的问题。"守住'学术研究无禁区，课堂讲授有纪律'的底线，这个底线应该成为每个专业老师都遵守和履行的底线。坚持两个原则，第一个是坚持全方位、全过程、全员育人的原则，大学生思想政治工作不仅仅是辅导员的工作，更是专业老师和各个部门共同协作来完成的工作，所以大家必须重视；第二个是坚持解决实际问题和解决思想问题相结合的原则，实际问题就是这位教师不能再在课堂上讲授相关的内容，思想问题就是要加强教师的思想政治教育工作。"一个底线两个原则体现了辅导员鲜明的立场。

其次,思路清晰,概括到位。一个底线、两个原则、两个关键点的解决思路,非常清晰地指明了要达到的目标,为有效解决这个问题保障了正确的方向。

最后,系统协调,职责分明。辅导员不是万能的,辅导员作为管理者的角色,管理职能是通过协调学生和学校、社会的相关人员,使学生的培养工作按照学校预设的目标顺利完成。高校育人工作和意识形态的工作,不仅仅是辅导员、学工线的任务,更需要协调各方形成一个"全方位、全过程、全员育人"的局面。

案例八:

学生小郭信仰基督教,经常劝同寝室同学入教,时常带同学到校外参加基督教团契活动。某天晚上,小郭组织了十几名同学在学校教室诵读圣经、做祷告,被校卫队巡逻发现,并予以制止。对此,你该如何处理?

(选自第六届全国高校辅导员职业能力大赛决赛案例分析)

尊敬的各位领导、各位同事,大家下午好!让我们来共同看一下这个案例,这是一起典型的因学生信仰基督教在校内开展宗教活动的案例。针对这个案例,有一个比较清晰的逻辑链条,我的学生小郭因为自己信仰基督教,所以也劝导周围的同学信仰基督教,并且拉他们到校外参加团契活动,这是第一点。第二点,他在校内组织已经开展了十几个人共同参加的宗教活动,被巡逻发现。针对这个比较明晰的逻辑链条,我的解决思路将从以下几个方面展开:第一,坚持教育与宗教相分离的原则,适当处理小郭这件事情;第二,我将摸排学生的情况,协助各方力量,营造一个风清气正的校园环境;第三,我将旗帜鲜明地开展思想政治教育,用我的所知、所学引导学生积极向善。针对这样一个大致的思路,我将从以下几个具体方面来开展我的工作。第一,与小郭谈,与小郭谈什么这很重要。我将与小郭谈他信仰基督教的原因,谈一些信仰的表现,谈一些原则性、基本性的问题,遇到原则性的问题我们坚决不能退缩,我们一定要让小郭明白,校内是严禁进行宗教活动的,教育一定是和宗教相分离的,他的这种行为是错误的,并且他将受到相应的处罚。我要告诉小郭,处罚也是一种教育方式,通过处罚,他能够更明晰自己的所作所为,并且能够得到成长。第二,我将与参加宗教活动的十几名学生谈,和他们谈是否真正信仰基督教,谈真正的马克思主义,谈有神论和无神论的区别,谈宗教信仰和他自己理解的认为自己信和真正信的区别,和他们谈一定要谈到他们的心坎上,让他们认识到他们的想法和做法是比较浅显的,不属于真正的宗教信仰,或者是一定要让他们认识到在校内开展宗教活动是错误的,他们也将为自己的行为付出代价。第三,我将协助各方力量去综合治理,案例中是校园巡逻队发现这一情况的,那我们就需要将事件上报给宣传部门、组织部门,让学校各方重视起来,我们要探究为什么在校园内部会出现这种宗教活动,我们也要警醒自己,校园内的各种思想渗透我们需要警惕,我们更需要时时刻刻关注着学生,体谅学生,让各方的力量为学生的成长添砖加瓦,为营造风清气正的校园环境共同做努力。第四,我将开展大面积的思想政治教育活动,在此之前,我会摸排学生的信教情况,我会摸排学生受小郭影响的情况,尤其是周围重点的学生团体,比如说党员、重要学生干部、积极分子和发展对象,我们要坚持原则但同时也要关心关爱学生,在摸排学生情况之后,开展大面积的思想政治教育,旗帜鲜明地传播理想信念教育,培育和践行社会主义核心价值观,让他们认识到我们年轻人需要做什么。当然,所有这些做完之后,我们一定要注意妥善处理小郭的情绪,也一定要照拂到教育和处分之间的关系。这个案例,对我来说有很多启发:第一,我会更加关注异感人群,这一人群可能是重要学生干部也可能是家庭经济贫困学生,在他们自己的思想还未坚定的时候,容易受到外来思想的侵袭,可能会形成不正确的价值观,我们要了解他们,走近他们;第二,辅导员一定要勇于、敢于坚定自己的理想信念,向同学讲理想信念,这样我们才能营造一个更好的环境,为学生发展努力。谢谢大家!

(根据中国矿业大学马成成案例分析录音资料整理)

这是第六届全国高校辅导员职业能力大赛一等奖获得者中国矿业大学马成成老师的案例分析。意识形态问题一直是思想活跃的大学校园必须引起高度关注的问题,大学生信教并在校园内传教的行为离我们并不遥远。与第一届、第二届大赛基本以学生事务性管理为主的案例相比,关于意识形态领域、价值观层面的案例在后来的几届比赛中地位越来越突出,宗教信仰的案例就是其中一类。马成成老师在对这一类案例的处理当中,其对宗教政策法规的熟知和掌握、对学生对于宗教心态的了解和对教育规律的把握都显示出了较深的功底,也为我们处理这类案例提供了很好的借鉴方案。

首先,对于原则性问题立场坚定,旗帜鲜明。"我将与小郭谈他信仰基督教的原因,谈一些信仰的表现,谈一些原则性、基本性的问题,遇到原则性的问题我们坚决不能退缩,我们一定要让小郭明白,校内是严禁进行宗教活动的,教育一定是和宗教相分离的,他的这种行为是错误的,并且他将受到相应的处罚。"原则即是底线,必须要让学生明白底线在哪里,原则在哪里,什么能做,什么不能做,做了就是违法,这一点必须旗帜鲜明地指出,不能躲躲藏藏、遮遮掩掩。在这个基本共识的基础上,再来谈信仰的问题。

其次,对于学生信教的心态研判到位,分层引导。大学生信教群体中,家庭因素比较多,其中不乏对宗教认识模糊、服从家庭成员的心态,也有部分是对宗教神秘感的探知欲。根据不同心态的学生开展不同内容、不同方式的思想教育,做好分层分类的引导是关键。

最后,对于理想信念的教育坚持不懈,融入日常。"开展大面积的思想政治教育,旗帜鲜明地传播理想信念教育,培育和践行社会主义核心价值观,让他们认识到我们年轻人需要做什么。"意识形态的工作并不是看不见摸不着,在于辅导员自身坚定的信念,在于对学生言传身教时潜移默化的影响,在于教给学生认识辨别的方法和能力。

案例九:

学生向你反映,在某校的微商企业,雇用本班学生为其扫楼发传单宣传,号称在规定时间内扫其微信购物额最多的宿舍楼可以全免单,当晚,引起以宿舍楼为单位的血拼。但之后学生发现,该商家并没有完全兑现承诺,准备网上网下发动征讨。你该如何处理?

(选自第六届全国高校辅导员职业能力大赛决赛案例分析)

尊敬的各位评委、同仁们,大家下午好!我是25号选手,我抽到的是5号题。经过对题干的阅览,我们可以看出这是一个由于大学生年少、单纯、法律意识淡薄而产生利益受损的案件。这真实地发生在我们身边,发生在我们面前,作为辅导员,我们该怎么办?我认为第一,我要召集所有参与本次事件的同学,跟他们进行一次面谈,先稳定他们的情绪,制止他们要在网上进行声讨这件事情。第二,我要和他们了解事件的始末,每一个细节,尤其是他们跟商家是否有合约,是否有合同等实质性的东西。第三,这件事情牵扯到外校的商家,我作为一名辅导员,是学校各部门的桥梁和纽带,这件事情我必须上报学工部、宣传部,对外的事情我们要形成合力,一致解决。第四,我要联系到商家,并且一定要和他们进行面谈,绝对不是电话的形式,跟他们面谈的时候要义正言辞地跟他们进行信息核对,是否有他单方面的合约或者有口头承诺存在。我作为学生的辅导员,我作为学生的老师,我是有必要保护学生,为学生发声的,商家现在不履行自己的承诺,失去了企业的诚信,违背了《中华人民共和国消费者权益保护法》,也侵犯了我们大学生的合法权益。第五,在对这件事情进行两方面的交流过程当中,我们一定要进行合理的解决,两方都要进行满意的回复,对于学生要提出非常严厉、严肃的批评,指明这件事情的错误性和严重性,因为该学生在跟外校企业的合作当中,第一他是否审批了,第二他是否上报了,第三他是否跟老师报备,跟主管学生工作的领导报备,这些都没有,这就是他因为年少、单纯、缺乏法律意识而造成的严重后果。我会和学生说,每个宿舍楼进行血拼,第一名的宿舍楼全部免单。试问大家,剩下的其他宿舍楼呢?怎么办?所以说,你们(学生)在做这件事情的时候,有没有想过父母,他们很久都没有换过新衣,你们还在血拼,他们鞋子都破了,你们还在买乔丹的鞋子,这样的做法合适吗?你们的良心何在?对学生们进行严肃批评以后,我还会召开主题班会。作为一名辅导员,我特别喜欢召开主题班会,我觉得主题班会是非常民主的,在这里,我们老师跟学生能够全部参与进来,我们一起去共商,一起去解决,我们通过主题班会进行反思,以后我们遇到这样的问题该怎么办,从这次事件当中我们受到怎样的经验教训,这是我们日后一定要注意的。同时,现在同学们很喜欢浏览微信公众号,我也有自己的公众号,我会以网文的形式,把这些事情从另一个角度跟学生们进行阐释和说明,希望学生以后能够记住这次经验教训,也希望别的年级、别的专业、别的学院的同学不会犯这样的错误。最后,我有些启示和思考,现在"95后"敢恨、敢爱、敢闯祸,我们作为辅导员一定要有因事而化,因势而进,因时而新的心态,我们要淡定分析,淡定操作,遇到一些事情时,我们绝对不能慌张,也不能意气用事,要帮助学生一起去解决。我们要建立自己的信息舆情队伍,在这件事情发生之前,我首先能知道,同学们在做这件事情之前,我也能事先得知,可以更好地支持他们,帮助他们,引导他们。

(根据25号选手案例分析录音资料整理)

这是一起学生轻信不良商家而引发权益受损的校园安全危机案例。近几年,针对大学生心机单纯、消费力强、吃亏后不会追讨等特点,不法分子和不良商家频频损害学生的权益。这位老师在处理这类案例当中,坚持以学生为本,维护学生的合法权益,同时又不是就事论事,而是从这个案例中发掘了学生存在的思想上的问题,这是让不良商家有机可乘的根源,从而提出了以学生消费观教育为主要内容的思想教育,是这个案例分析的成功所在。

第一,充分发挥辅导员主体性,落实管理者、服务者和教育者的职责。"我要联系到商家,并且一定要和他们进行面谈,绝对不是电话的形式,跟他们面谈的时候要义正言辞地跟他们进行信息核对",这种把自己摆进去,勇于帮助学生解决困境、解决问题的意识,不仅仅是案例分析中要做到,也是辅导员承担职责的一种表现。

第二,贯彻以生为本的理念,维护学生的合法权益。"我作为学生的辅导员,我作为学生的老师,我是有必要保护学生,为学生发声的",帮助学生解决实际问题,维护学生的合法权益是每个辅导员应坚守的工作原则。

第三,寻找问题根源,提升学生的思想认识。牢牢把握通过事件教育人,通过问题引导人的原则,树立从思想认识的角度寻找问题根源的意识,解决思想认识问题的同时也解决了实际问题。"你们(学生)在做这件事情的时候,有没有想过父母,他们很久都没有换过新衣,你们还在血拼,他们鞋子都破了,你们还在买乔丹的鞋子,这样的做法合适吗? 你们的良心何在?"成功将案例从单纯的维权上升到对学生消费观、感恩意识的教育引导上来。

第四,善于结合特色工作,提升教育效果。"现在同学们很喜欢浏览微信公众号,我也有自己的公众号,我会以网文的形式,把这些事情从另一个角度跟学生们进行阐释和说明,希望学生以后能够记住这次经验教训,也希望别的年级、别的专业、别的学院的同学不会犯这样的错误。"把自己平时在做的工作或者有特色亮点的工作举措亮出来,不仅很好地说明了举措经日常工作检验,同时也让大家觉得在工作中你就是一个有理念、有思考、有实践的优秀辅导员。

第四章　如何开展辅导员的谈心谈话

辅导员是高校学生日常思想政治教育和管理工作的组织者、实施者和指导者,是学生的人生导师和健康成长的知心朋友,发挥着思想上引导、工作上指导、学习上关心、生活上帮扶、心理上疏导的作用。"做好大学生的思想政治教育工作,首先要善于与学生沟通和交流,只有这样才能进一步做到有的放矢、因材施教,使思想政治工作的内容入耳、入脑、入心。"[1]大学生思想政治教育沟通的定义为:"在大学生思想政治教育过程中,作为沟通主体的教育者和教育对象以教育内容为中介,借助语言、动作、符号等媒介而进行的以教育者为先导,以教育对象为指向的信息传递、思想交流和情感互动的双向过程。"[2]辅导员谈心教育是大学生思想政治教育沟通的基本形式,是做好大学生思想教育和管理工作的有效途径,它贯穿于学生工作的全过程。

第一节　谈心谈话的内涵与要求

一、谈心谈话的内涵

谈心谈话是高校辅导员通过与学生面对面谈话交流,了解学生思想动态和情绪状态,掌握学生需求和信息,解决学生困惑和问题,从而对学生开展日常管理和思想政治教育的主要方式和手段,谈心谈话的有效开展对高校思想政治教育工作起到了至关重要的作用。谈心谈话不仅为辅导员和学生提供了最直接的交流形式,增进了辅导员与学生之间的信息交流,也是辅导员走进学生内心、成为学生知心朋友的重要途径。因此,建立以学生为主体、辅导员为主导,尊重学生、关爱学生,充分发挥学生主观能动性的交流方式,是辅导员开展谈心谈话的关键。高校辅导员要高度重视谈心谈话的能力,掌握好谈心谈话的技能技巧,为做好学生的思想政治教育工作打下良好的基础。谈心谈话不仅是辅导员的一项日常工作,更是辅导员的一种职业能力,掌握好此种能力将有利于辅导员开展学生教育工作,提升工作效率,以达到良好的育人效果。

高校辅导员谈心谈话借助了一定的心理咨询相关技巧,但又与心理咨询不完全相同,两者之间有相同的地方,也有各自的特点。

---

[1]　张春伟:《高校辅导员谈心谈话工作研究与实践》,《沈阳大学学报(社会科学版)》,2013年第15期,第108至110页。

[2]　王娟:《思想政治教育沟通研究》,中国社会科学出版社,2011年,第78页。

（一）辅导员谈心谈话与心理咨询的共同点

1. 谈话技巧的应用一致。谈心谈话过程中使用的技巧与心理咨询相关技术是一致的，这能有效推进谈话进程，一般使用的技巧有以下五种：

第一，简述语义技术。谈话者用自己的话语简述谈话对象所表达的主要内容，不但可以向谈话对象表明谈话者正在认真地了解他，也可以借此检验谈话者自己是否准确地把握了谈话对象话语中的含义。

第二，情感反应技术。谈话者通过辨认、体验谈话对象言语、非言语行为中明显或隐含的情绪情感，反馈给谈话对象，协助谈话对象察觉、接纳自己的感觉。① 具体使用的句式譬如有"张三，你看起来……，听起来……，似乎你很生气、懊恼、煎熬、气愤……"。

第三，具体化技术。谈话者发现谈话对象有问题描述不清、不全时，以"何人、何时、何地、有何感觉、有何想法、发生什么事、如何发生"等问题，协助谈话对象更清楚、更具体地描述其问题。比如学生谈到"老师，我不想当学习委员了，我觉得我应付不了"，谈话者帮助谈话对象进一步对具体事件进行描述，如"发生什么事情让你有这样的想法，可以和我说说吗？"

第四，共情技术。谈话者在倾听的过程中，设身处地、感同身受地去体验谈话对象的所思所想，然后以准确的语言表达对谈话对象内心体验的理解。

第五，自我表露技术。谈话者讲出自己的感觉、经验、情感和行为，与谈话对象共同分担，以增加彼此的人际互动和相互信任。

2. 谈话的主体一致。谈心谈话和心理咨询都充分尊重谈话对象，以谈话对象为主体，以解决谈话对象的问题为出发点和落脚点，体现了谈话对象的主体性。

（二）辅导员谈心谈话与心理咨询的区别

1. 主导者不同。在辅导员谈心谈话中，辅导员是主导者，牢牢把握谈话的主题和方向，引导学生认同与理解。

2. 目的不同。辅导员谈心谈话的目的是解决学生的问题，对学生进行思想引领，让学生树立理性、正确的观念，当谈话对象的观点、立场存在偏差时，可以明确地提出批评，开展教育。

3. 立场不同。辅导员的政治身份明确，辅导员谈心谈话的指导思想明确，所以辅导员在谈心谈话过程中，有明确的政治立场，旗帜鲜明。

二、谈心谈话的要求

谈心谈话从谈话准备、谈话目的、谈话技巧、谈话成效等层面对辅导员提出要求。一要准确把握大学生思想政治教育理论及政策，善于应用政策、制度、法律法规为学生提供帮助；二要准确分析问题，明确谈话目的，力争解决或部分解决问题；三要贴近学生思想实际，把握学生特征，沟通技巧娴熟，语言贴近学生，谈话具有一定的针对性、艺术性和感染力；四要准确把握谈话主题，运用相关知识具体问题具体分析，谈话过程较为流畅，教育引导效果较为明显。

---

① 程凤：《情感反应技术在心理咨询应用中存在的问题及其对策》，《心理技术与应用》，2014 年第 7 期，第 52 至 55 页。

谈心谈话的要求综合了对理论政策的把握、对谈话主题的分析、对学生的了解、对谈心谈话技巧的运用等,是辅导员工作经验和综合素质的展现。其中基础知识、案例分析部分都对辅导员关于思想政治教育理论和政策部分的知识储备提出了较高的要求,其重要程度不言而喻。接下来,本章将从谈心谈话的原则与分类、技巧与步骤、案例与解析等维度进行分析阐述。

第二节　谈心谈话的原则与分类

一、谈心谈话的原则

谈心谈话是一个辅导员针对学生问题的思想政治教育过程,既要符合思想政治教育的一般原则,也要遵循教育沟通的基本原则。

(一)求实原则

求实原则即坚持实事求是,一切从实际出发,理论联系实际,讲求实效。谈心谈话过程中,围绕具体问题展开,有具体的场景以及学生的现状,这些谈话主题来源于辅导员日常工作,实实在在地发生在学生当中,是学生所面临的现实困惑。辅导员要把掌握的思想政治教育理论和政策,与当前鲜活的实际情况相结合,与具体案例中鲜活的学生特征相结合,从现状出发,解决实际问题。每个案例中学生都有不同的特点,每个学生都有其个人特质,所以在谈心谈话过程中,辅导员一定要完全置身其中,直面具体问题,感学生所感、急学生所急,感同身受,才能实事求是,取得实效。

(二)平等原则

平等原则指谈心谈话过程中坚持平等的理念和原则。它首先是一种理念,指谈话过程中需要意见沟通、平等协商、共同参与;此外,平等原则也指谈话过程中辅导员与学生之间的平等关系。辅导员和学生地位平等,相互尊重,辅导员平等对待学生,才能赢得学生的信任,打开学生的心扉。人格上相互尊重,情感中交融与共鸣,建立良好的师生关系,是谈心谈话顺利推进的前提条件和有效保障。在整个谈心谈话过程中,师生之间的关系始终是平等的。辅导员要以人为本,关爱学生,帮助学生解决具体问题。

(三)主导原则

作为思想政治教育的一种有效方式,辅导员在谈心谈话中需始终发挥主导作用。首先体现在思想政治教育的政治导向,确立马克思主义的主导地位,坚持党的领导。其次体现在思想政治教育的价值导向,坚持社会主义核心价值观,实现它的一元导向与学生个体价值取向多样性的统一。① 在谈心谈话的方向把握上,辅导员要坚持正确的导向。

(四)发展原则

发展原则体现在两个层面:首先,将解决学生的具体问题与解决思想问题相结合,从根本上帮助学生解决问题;其次,以发展的眼光看问题,不仅解决问题,还应围绕思想政治教育

---

① 　教育部思想政治工作司:《思想政治教育原理与方法》,高等教育出版社,2010年,第148页。

的根本目的"立德树人",不断引导学生、启发学生、激励学生,通过谈话激发学生向上、向好的内在动力,从而促进行动,实现学生的全面发展。

二、谈心谈话的分类

辅导员谈心谈话的对象是学生、家长以及与事件相关的社会人,其中学生占主体。谈心谈话的分类与案例分析的分类是相通的,但在具体实施过程中又略有区别,本文采取如下分类方法。根据辅导员日常思想政治教育工作的内容,可分为六大类别:第一类为思想政治类,一般包含政治信仰、理想信念、诚信意识、宗教与法制观念等问题;第二类为党团建设类,主要有党团组织、社团组织、班集体建设和学生干部队伍教育管理等问题;第三类为学业指导与职业规划类,主要包括学生学业、就业、职业发展、创业的指导与服务等;第四类为日常事务管理类,一般包含对学生的综合评价、资助、公寓管理、学生诉求等;第五类为情感人际类,主要表现为恋爱关系、寝室关系、家庭关系等;第六类是违规违纪类,涉及学生旷课、作弊、违章用电、打架等事宜。

(一)思想政治类

思想政治类一般表现为政治信仰、理想信念、诚信意识、宗教与法制观念等问题,具体包含民族学生教育、诚信教育、感恩教育、宗教与法制观、网络思想政治教育等。针对这类问题,既要凸显思想教育的专业性,又要凸显政治性、政策性,要从意识形态高度看问题,态度和旗帜必须鲜明。

我们将结合历年省赛、片区赛、国赛题,破解解题思路。

案例1:据同班同学反映,王某从小信仰基督教,入学后经常劝导同寝室成员入教。平时,也时常参加基督教"青年团契"活动。作为王同学的辅导员,你如何找他谈话?

具体谈话思路如下:

1.表明态度。尊重个人的信教自由,但必须信仰正规合法的宗教,正确区分家庭教会与合法宗教的不同,讲明"青年团契"的不合法性,引导学生务必到正规合法的宗教场所开展活动。

2.教育与宗教相分离。《中华人民共和国教育法》规定,国家实行教育与宗教相分离,任何组织和个人不得利用宗教进行妨碍国家教育制度的活动,不得在学校及其他教育机构内传播宗教、举行宗教仪式,也不得利用学校对在校学生灌输宗教思想,发展宗教教徒。明确高校校园范围内不得从事任何宗教活动,不得在校园范围内宣扬宗教观点。在校园范围内宣扬教义,劝导同学入教,就是传教行为。个人有信仰宗教的自由,别人也有不信仰宗教的自由。任何国家的教育机构都有自己意识形态的底线。

3.了解学生是否存在政策的盲区,可能学生确实不了解相关政策导致犯错的,劝导学生进行学习改正。

案例2:亚运会期间,某学校二年级有100多人报名参加志愿者服务队,并顺利参加了培训,在岗位分配时,大部分同学被分配担任场地志愿者,同时有20多位同学被分配担任城市志愿者,负责道路引导。当天下午有近10位同学要求退出志愿者服务队,理由是既然是志愿者,既可以自由加入,也可以自由退出。面对这种情况,你该如何与他们谈话?

具体谈话思路如下:

1.肯定学生报名参加志愿服务的行为,肯定他们主动服务的意愿和热情,建立关系。

2.了解学生想退出的真正原因,希望的解决方式。

3.对志愿精神进行解读,引领学生进一步认识志愿精神。志愿精神是一种利他主义和慈善主义的精神,指的是个人或团体,依其自由意志与兴趣,本着协助他人改善社会的宗旨,不求私利与报酬的社会理念。中国青年志愿者精神是"奉献、友爱、互助、进步"。此外,培训期间双方已经形成了契约关系,要共同维护。

4.大会需要不同类型的志愿者,不同岗位发挥不同的作用,细心观察主动投入都能学习提升。与学生商讨解决办法,说服学生继续参加。

(二)党团建设类

党团建设类主要包括党团组织、社团组织、班集体建设和学生干部队伍教育管理等问题。针对入党问题,关注学生入党动机是否纯正,是否了解入党程序,保护学生向党组织靠拢的热情,引导学生从思想、群众基础、综合素质方面全面提升,激励其行动。学生干部队伍建设方面,明确以学习为主、在学业与工作之间做好平衡、主动为同学服务、相互团结协作等,学生干部首先是学生,其次才是干部,要学习第一;工作方面要秉持公正原则,要从同学中来到同学中去,争做令人信服的学生干部。

案例1:大二男生小李,在入学军训时就提交了入党申请书,并且有很强的入党愿望。但由于各种原因,在班级推优阶段的民主投票时,他总是不能通过。大二最后一次推优前,他向辅导员表达了他的疑惑,他认为自己学习优秀,为人正直,入党动机纯正,是符合条件的,为什么要通过这种凭人际关系的方式决定他的信仰归属?他对自己坚定的信仰和现实人际关系的冲突充满困惑。一天,他主动向作为辅导员的你寻求帮助。

具体谈话思路如下:

1.肯定学生主动向党组织靠拢的热情和决心,肯定其平时表现优秀之处。

2.与学生探讨为什么想入党,入党动机是什么?

3.党的根本宗旨是全心全意为人民服务,群众基础是发展党员的重要依据,只有良好的群众基础,才能更好地为人民、为同学服务。帮助学生了解入党程序,推优、发展对象调查阶段,都会考察群众基础是否扎实。

4.通过类似案例让学生认识到改变自己能获得同学肯定,向党组织靠拢的过程是不断成长、进步的过程。帮助学生寻找解决方案。

5.引导学生对自己严格要求,从思想上行动上入党;保持定期沟通。

案例2:大一某班,入学时班级凝聚力强,学生活动积极,班委有号召力,但学风不够好,学习氛围不浓厚。一个学期下来,班级学习成绩普遍不理想,班长、团支书的成绩也不好,他们受到了不小的打击,觉得没有起好带头作用,对班级工作也不满意,但又不知如何处理,他们找到辅导员提出请辞。作为辅导员,你该如何做他们的思想工作?

具体谈话思路如下:

1.询问核实,首先找到干部辞职背后的原因(确定谈心的主题:学风建设,这是班团建设与学风建设交织的谈心谈话主题)。

2.对班委的工作要充分肯定,保护其积极性;学风没有建设好,班长、团支书对学风建设重视不够,当然辅导员也有责任(批评与自我批评)。

3.如何把班级学风抓好。分析原因,下一步如何适应大学学习,开展学业指导、学业规划活动,特别是怎样将班级活动与学风建设相结合(教给其方法,解决问题)。

4.如何把班长、团支书自身的学习抓上去,怎样做到学习、工作两不误(学习方法指导、工作方法指导,案例教育——解决问题)。

5.鼓励调整过后,再尝试一下(用事实来教育,做不好再考虑辞职的问题),相信学生能做好。

(三)学业指导与职业规划类

学业指导与职业规划类主要包括学生学业、就业、创业的指导与服务等,涵盖学业指导、考研留学、留级退学、职业规划、个性化就业指导、创业指导等,大致可分为学业类和职业类。针对学业类,主要解决学生的学习动力、学习目标、学习方法等问题。此外,学业类问题常与其他问题相交织,如学业与心理问题,引导学业的同时进行心理疏导;学业与转专业问题,涉及相关转专业政策;学业与课堂纪律问题,涉及校纪校规相关政策。针对不同问题需要针对性地破解。职业类主要涉及求职、创业等个性化的职业指导。老师帮助提供就业信息,分析就业形势,排解就业压力。面对求职选择,老师可以提供建议,但决定权要交还学生本人。

案例1:大一留级男生胡某,原来是高中免试保送生,进入大学后,对新的生活环境不适应,很迷茫。大一学习成绩下降,有多门功课不及格,原来班级同学已升至二年级,但他却留了一级,胡某感到很无助,很迷茫,心情低落,不想去上课,也不愿和同学交流。作为辅导员,你将如何帮助他?

具体谈话思路如下:

这是一起适应不良引起的学业问题,并与心理困难相交织的谈心谈话案例。

1.共情学生处境,帮助学生排解情绪。

2.直面问题,与学生一起明确学习目标。从精神上鼓励学生,分享与他有类似经历的榜样人物的成长故事,让学生看到改变的可能。

3.寻找合适的学习方法,制定行动方案。如结对帮扶,寻找一对一帮助他的同学,带着他走出学习的困境;对学生提要求,须按时上课;压任务,参加某一集体活动,让他能走出去接触同学、融入集体。

4.持续关注学生,欢迎经常交流。

案例2:5月初,周六凌晨4点左右,一阵手机铃声将某高校机械工程学院辅导员李老师惊醒,一个女生带着哭腔说:"李老师,我是2013届毕业生小丽,我已经应聘好几家单位了,都因为我是女生不要我,我感到很迷茫,睡不着觉,毕业设计也没有心思做了……"李老师边听边安慰她别着急,并约她8点去办公室聊聊。如果你是李老师,将如何做工作?

具体谈话思路如下:

这起谈心谈话案例给我们几个关键信息:凌晨4点,说明学生睡眠不佳,压力很大,精神状态差;工科类专业,女生就业不占优势;毕业设计还没有完成。这是学业、就业和心理问题相交织的谈心谈话案例。谈话过程中要帮助学生解压、提供就业信息帮助就业、鼓励学生积极开展毕业设计完成学业。

1.充分理解学生的就业焦虑,帮她疏导、排解情绪。

2.与学生一起分析职业兴趣、职业目标和就业方向,找到合适的职业定位,提供适合她的就业信息,可帮忙进行就业推荐,给予学生切实的帮助。

3.劝导学生开展毕业设计,按时完成学业。路一步一步走,饭一口一口吃,通过每天的努力来解决当下问题。必要时可帮忙联系毕业论文导师、班主任等,给予其学业指导。

4.学生若感觉压力太大睡眠质量不佳,可帮其联系心理老师进行发展性的咨询。心理老师会长期关注她,保持与她交流。

(四)日常事务管理类

日常事务管理类一般包括对学生的综合评价、资助、公寓管理、学生诉求、医疗及商业保险等。针对学生综合评价,熟悉各类评优政策,把握公开公平公正原则,引导学生以学业为重,明确长远发展目标。针对资助问题,辅导员应熟悉并掌握各类家庭经济困难学生的"奖贷助补减"政策,鼓励学生合理使用各类政策以缓解经济困难,勉励学生重视学业,学业优秀不仅可以获得更多的奖励支持,也可改变自身和家庭的命运。针对公寓管理、文明寝室建设,介绍文明寝室建设的初衷和当前成效,建议学生了解相关政策,管理好自己的生活,努力适应规则,养成良好习惯。

案例1:女生小陈父母重病,家庭收入难以支付平时的生活费用,本人学工科较吃力,成绩较差拿不到奖学金,除了助学贷款,她还想打工补贴日常用度,于是她找到了一份家教,每周一、三、五晚上7点至10点到离学校25公里远的某家庭教初三孩子数学,单程要换三次车,还要沿河边步行10分钟,缺乏安全保障。你发现这种情况后,找她进行了谈话。

具体谈话思路如下:

1.安全第一,父母和老师都认为她的平安是第一位的。

2.介绍各类助学政策,帮其争取校内勤工助学岗位;介绍助学金相关政策,能保障其基本生活;父母重病,必要时可帮其申请临时困难补助。

3.提高学业成绩,方为可持续发展之道。提高学业成绩可申请奖学金、学费减免,争取更多经费支持;更重要的是能增强自身的就业竞争力,方能从根本上改变自己和家庭的命运。与学生协商提高学业成绩的方法。

4.如有困难,及时沟通。

案例2:大二学生小郑不断与周围同学抱怨学生寝室安全卫生检查安排不合理,而他的举动似乎也引起了不少老师和同学的关注。作为年级辅导员,你准备找小郑同学谈谈。

具体谈话思路如下:

1.肯定其日常表现,拉近关系。

2.倾听小郑的诉求,采纳或代为转达其中合理的建议;表达寝室安全卫生检查的目的和当前成效。

3.与小郑沟通寻求合理表达诉求的渠道,正确解决问题的方式方法。告诉学生抱怨不能解决问题,反而会让别人对其有不好的印象;办法总比困难多,遇事常想办法,通过合理的渠道去解决;改变你所能改变的,适应不能改变的,如果制度、条例尚在完善的过程中,个体要学会调整好自己,努力去适应。

4.希望成为小郑的良师益友,经常交流。老师会长期关注、关心他。

(五)情感人际类

情感人际类包含恋爱关系、寝室关系、家庭关系、师生关系等。在恋爱关系中,要自尊自爱,一段感情成功与否,不是看是否牵手,而是由恋爱品质而定。很多时候牵手不代表成功,分手不代表失败,关键看是否完成了两件重要的恋爱心理任务。第一,是否更了解了自己;第二,是否培养了爱人的能力,学会在恋爱关系中成长起来。在寝室关系中,换位思考是关键,教育学生经常站在他人的角度考虑问题,推己及人,采取积极的行为,努力改变自己。

案例1:某生小杨性格内向,为人老实,学习努力,但是大二暑假后,刚一开学就经常旷课,精神不好,情绪低落,还时有夜不归寝等行为。经过调查发现杨某已经怀孕了,而男朋友没有正当职业,收入不稳定,在发现怀孕以后两人经常吵架,生活也处于混乱状态。作为她的辅导员,你如何帮助她?

具体谈话思路如下:

1.关心关爱她,肯定认可她平时的良好表现。

2.关于怀孕一事,询问她的打算。如果双方已达法定年龄,打算结婚生下孩子,按学校规定必须休学;如果不打算生下孩子,建议尽快做决定采取行动,方能及时止损。"两害相权取其轻,两利相权取其重",看小杨倾向于哪一决定,有何顾虑,和她一起分析。

3.遇到人生大事,建议联系其父母,请父母来校协商。

4.在老师心中,她始终都是好学生。年轻时总有挫折,跌倒了要站起来,相信她的未来依然美好。

案例2:男生小钱经常很晚才休息,玩电脑游戏到深夜,敲打键盘、点击鼠标的声音在夜深人静时更显得刺耳,严重影响了宿舍其他同学的休息,其他同学找到辅导员,一致要求小钱搬出宿舍。你作为辅导员,在做好其他同学工作的同时,准备找小钱谈话。

具体谈话思路如下:

1.了解游戏对他的影响,每天打多长时间,对本人学习生活是否造成影响。

2.让小郑反思在寝室相处中自己的行为是否影响了室友,劝导其换位思考。

3.约定行动,小郑作出改变,老师定期关注。

(六)违规违纪类

违规违纪类涉及学生旷课、作弊、偷窃、违章用电、打架等事宜。处理分为两步,第一,指出违反校纪校规、法律法规的条款,如何处置,有何后果;第二,分析补救措施,鼓励学生立足当下,积极面对,认识错误之后调整心态,采取积极行动,让学生认识到人生难免遇到挫折,要以此为转机,重新站起来。

案例1:学生小胡学习成绩比较优秀,期末时碰到了好朋友小刘,小刘因害怕考试不及格挂科,找小胡帮忙。在考试现场,小胡主动把答案用纸条传给了小刘,当场被老师抓个正着。按照学生管理规定两人都被处以严厉的处分。成绩优异的小胡痛苦万分,内心十分焦虑,害怕影响到自己的声誉,甚至失去了继续努力学习的积极性。小胡找到年级辅导员希望能帮助他走出困境。

具体谈话思路如下:

1.肯定其主动寻求帮助的行为,老师分享自己对此事的看法,认为他虽然犯了错,也受到相应的处罚,但改正之后依然是好学生。

2.以具体案例、他人的故事作引导,鼓励其保持学习积极性,提高抗挫折的能力;介绍学校相关政策,表现良好有可能撤销处分。

3.探讨今后如何帮助同学,哪些事可为哪些事不可为。

4.鼓励其以实际行动赢得大家的好感,保持自己的声誉。

案例2:宋同学,男,大二本科生。一天晚上,宋同学违反宿舍管理规定,在宿舍使用违章电器。当宿管员上门检查时,他猛然关门拒检,并迅速将违章电器藏匿。宿管员敲门后,他迟迟不肯开门,开门后又拒不配合,态度十分恶劣。宿管员当晚报告了辅导员。第二天,你约宋同学到你办公室,请问你如何与他交谈?

具体谈话思路如下:

1. 老师已掌握相关情况,说明使用违章电器的后果。同时了解学生为何知其不可而为之,是否有苦衷。

2. 与管理员的沟通是否存在误解,听听学生的想法。

3. 商讨学生如何向管理员致歉,日常生活中应以平和的态度待人。

4. 已违反校纪校规,将按照相关规定来处理此事。今后好好表现,有弥补的机会。

以上对各类型学生谈心谈话案例的谈话思路仅仅是我们根据日常工作经验和赛事当中积累的一些想法作出的分析,供大家参考。在具体的学生谈心谈话中,需要根据实际情况灵活应用,以达到良好的效果。

第三节 谈心谈话的技巧与步骤

有效的辅导员谈心谈话往往涉及一些方法与技巧,本节将重点讨论谈心谈话的策略、技巧和步骤。

一、谈心谈话技巧

谈心谈话过程中,可以借鉴、采取一些谈心谈话技术,增强谈话的有效性和艺术性。

(一)建立关系

谈话的进入阶段,不要着急直奔主题,保留一点时间建立关系。辅导员对学生的情况了解得越充分,越有利于建立良好的谈话关系,也体现出辅导员对学生的尊重。建立关系的方式有赞美、鼓励、肯定,或谈谈学生近期的表现或者成果等,体现对学生的关注或欣赏,拉近彼此距离,为接下来的谈话打下良好的基础。

(二)明确主题

辅导员与学生的谈心谈话,有两种情况,一种是辅导员发现问题主动找学生谈心谈话,一种是学生主动找辅导员寻求帮助。谈心谈话的初始阶段,要明确双方谈话的主题,明确为什么谈、谈什么、谈话想要达到的效果。对事件进展的时间轴进行判断,是已经发生的事件、正在发生的事件,还是可能发生的事件,对不同时间轴事件采取不同的应对方案。

(三)注意倾听

认真倾听才能走入谈话对象的内心世界,了解他的症结所在。建议使用3F倾听法,要听到学生在语言背后的意图、动机:第一,听清事实(fact),客观地接受对方谈话中的信息,不用自己的想法和固有观念对对方的话进行评判;第二,听清感受(feel),感知对方表达时的感情,体验对方的感受;第三,聚焦(focus),倾听讲话背后的含义,了解其目的。

(四)善于发问

在谈心谈话过程中,辅导员要善于向学生发问,发问是发现问题、聚焦问题的一种交流方式。一般发问分两类,第一类对不愿主动说的学生要诱导他发言,第二类用征询的口吻适时让对方有回应的机会。

当遇到谈话瓶颈,或谈话对象陷入纠结、表达困难时,可以尝试强有力问题工具箱:奇迹式问题、假设问题、度量式问题、时间维度发问技巧、空间维度发问技巧等。强有力问题有五大特征:第一,通常都问"什么";第二,引领行动;第三,目标导向而非问题导向;第四,关注现在和未来,而非过去;第五,包含强有力的假设。

(五)恰当举例

辅导员要善于举例子,通过案例以温和的方式将意思表达给学生。举例要切题、简短,故事点到即可,目的是引出道理,强化论据,增加说服力。举自己的例子或同学的例子会更亲切,更有说服力。

(六)提供帮助

谈话过程中将解决思想问题与解决实际问题相结合,既讲大道理又能帮助学生解决困难,或帮助其出主意,或承诺联系部门、组织、别的人员帮助解决问题。

(七)适当批评

如果学生确实犯了错,辅导员通过谈话核查清楚事实的,应利用思想教育专业的知识和技能展开说服教育,理直气壮地指出其错误,与学生开展思想交锋。

(八)巧妙打断

对滔滔不绝、东拉西扯、跑题偏题,甚至蛮不讲理的学生,要找准机会打断他的发言,不能完全顺着对方的思路进展下去甚至落入"圈套",要掌握主动权。

(九)把握时间

一次有效的谈话需要把握时间,最好进行延续性结尾,或体现对学生的关心,进一步跟踪该谈话对象,将工作做细做深做实,或由点到面继续关注该类事件,体现出工作从个体到整体的布局和考量。

二、谈心谈话步骤

完整的谈心谈话一般可分为五个步骤:建构关系、理清问题、明确目标、制订行动计划、延续性结束。抽丝剥茧,层层递进,从而有效地解决问题。

(一)建构关系

谈心谈话之初,辅导员应与学生建立关系。辅导员应根据学生的性格特点、与学生的熟悉程度、交流主题不同而采取不同的方式。老师与谈话者建构关系采取 SOLER 技术:坐或站时面对对方(sit)、开放的身姿(open)、适当前倾(lean)、保持良好的目光接触(eye-contact)、自然放松(relax),以这样的态势语言与学生交流。

建构关系可采用以下几种形式:

单刀直入型(应对为主):"这段时间,老师有观察到……"(技巧一:主动出击,引出话题)

曲线迂回型(主动为主):"老师这里有几张我们当初一起打篮球的照片(技巧二:关注兴趣,拉近距离)……/老师给你带了点水果……"

信任型:"很欣慰你信任我与我来探讨这个问题;你能来找我聊,说明你意识到这一点,老师很欣慰。"(技巧三:信任为先,启发交流)

赞赏型:"最近的篮球比赛,你获奖了,真为你高兴。"(技巧四:鼓励为主,体现关注)

(二)理清问题

谈话过程中谈话者会受情绪影响,或者干扰因素较多,辅导员与谈话者要抽丝剥茧式拨开迷雾,理清问题的症结所在。探讨个人的行为、情绪上表现出来的问题,其实质是深层的认知模式的问题,包括个人内心信念(belief)、假设(assumption)和认知图式(schema)等。这是比较艰难的一步,学生可能当局者迷,或者为了掩饰错误不够坦诚,辅导员要循循善诱、因势利导或直指错误,这步的完成度高,后面的工作将进展顺利。

理清问题可采用:

具体化:"是什么时候发生的事情? 发生了什么让你有这样的看法?"(技巧五:开放提问,准确倾听)

共情:"你男朋友提出分手,让你感觉到很伤心。"(技巧六:立场一致,产生共鸣)

聚焦:"老师从你的描述中发现,其实你纠结的地方在……"(技巧七:直截了当,点明中心)

政策导向:"老师要明确告诉你,你这样的行为是违反校纪校规的。"(技巧八:政策为先,明确立场)

(三)明确目标

理清问题的目的是确定目标,明确谈心谈话的方向和要点,就谈话目标与谈话对象确认、达成共识。我们知道,解决问题需要一个过程,谈话目标可能是谈话者接受某种观点或谈话者承诺改变某种行为。

明确目标可采用两种方法,立即性技术(技巧九:大胆假设,分析可能)和聚焦(技巧十:聚焦核心,直接发问)。句型可采用"你谈到这个问题很关键,我们一起共同来探讨……我们来分析一下,假如你勇敢去做了……""你最想解决的问题是? 你最想探讨的问题是? 你最想达成的目标是?"等等。

(四)制订行动计划

确定目标之后,要将目标分解到具体的行动方案中。这是辅导员的主场,辅导员可以提供建议、列出行动步骤,与学生协商在一定的时间内完成。为了达成目标,辅导员还应给予谈话者精神上的鼓励和支持,如列举身边的优秀案例,让学生从身边人身上吸取能量,暗示学生自己也能做到;或为其寻找盟友,找到人际关系中的支持力量;或为其提供技术或者资源方面的帮助,以资源、政策、技术助推学生。

行动计划可采用以下几种形式:

1.榜样人物:"以前有一个同学……"(技巧十一:举例说明,榜样示范)

2.自我暴露:"我曾经也遇到过类似的情况,我是这么做的……"(技巧十二:敞开心扉,设身处地)

3.提供方案:"老师送你三个锦囊,做时间管理表、打篮球、读书。"(技巧十三:锦囊妙计,直指行动)

4.提供资源:参加课题/协会,推荐某位老师。(技巧十四:提供资源,充分借力)

5.引经据典:"晴的时候雨也是晴,雨的时候晴也是雨。我建议你……就如同这杯水,盛满水的时候你会因为折射看到一根弯的筷子,倒掉水的时候你才能看到一根直的筷子。我

建议你……"(技巧十五:引经据典,导出行动)

(五)延续性结束

谈话时间有限,针对谈话的不同进度采取不同的结束方案。如谈话进展顺利,问题基本解决,辅导员可进一步鼓励学生,帮助其进一步增强信心,强化行动力;如针对谈话对象的问题解决了,但是还涉及周围的人群,可设计与他人沟通的时间表或者召开主题班会的时间,体现出从点到面的工作思路;如问题没有解决,还需要进一步沟通洽谈;若谈话已圆满结束,辅导员可引名言警句等鼓励学生。

延续性结束可分为几种类型:

1.期待型:君子约定。(技巧十六:锦上添花,强化动力)

2.计划型:"你说的这个问题很重要,下周我们开个班会,跟全班同学……"(技巧十七:由点到面,考虑周全)

3.未完待续型:"马上要上课了,我们今天的谈话就到这儿,下一次面谈的时间是……"

4.金句提升型:吕思勉"平心"。(技巧十八:有始有终,余音绕梁)

以上技巧和步骤在辅导员素质能力大赛的谈心谈话环节当中,应用比较普遍,笔者从比较完整的角度,对谈心谈话进行了流程式的分析。在日常工作当中,辅导员需要根据学生的实际情况,进行灵活应用,进而达到最佳效果。

第四节　谈心谈话的案例与解析

本书提及的谈心谈话,是在日常工作积累的基础上,针对大赛而开展的专项训练。针对辅导员素质能力大赛而言,谈心谈话是大赛的一个重要项目,主要考查辅导员对相关政策、学生特征、学生成长成才规律的了解、把握,及对学生教育引导的能力。作为比赛的环节,按近几年的赛制,参赛选手需提前10分钟抽取题目,根据题目要求,以情景再现的方式开展谈心谈话,一般限时为6分钟。本章节主要通过分析历年优秀参赛辅导员的谈心谈话案例,并就辅导员的备赛技巧,进行相关解析。

一、谈心谈话备赛技巧

(一)仪表仪态准备

谈心谈话是整个大赛过程中唯一坐着进行展示的比赛环节。主题演讲环节要求能镇得住场子,谈心谈话环节的仪表则力求端庄亲切,所以在准备服装、发型等仪表事宜时要将比赛的庄重性与谈话环节的亲民性结合起来考虑。此外,比赛过程中的坐姿、肢体语言、态势语言、语音语调等也都要兼顾,要适当使用肢体语言,善于发挥语言轻、重、缓、急对语句效果的影响,呈现出落落大方、端庄稳重、亲切自然的形象。

(二)比赛内容准备

1.备政策。辅导员需全面学习、掌握、巩固相关文件政策,这是谈心谈话的基石,备好政策方能使谈话有章可循、有据可依,辅导员方能坚持原则、把握方向。

2.备类型。谈心谈话可以归类,每一类别的谈话都有一定的解题思路和注意事项,赛前要对各类别进行梳理,做到心中有数。

3.备学生。所谓读万卷书不如行万里路,谈心谈话环节亦是如此,常学常思更要常练习。针对同一道题目,不同学生会有不同的解读,日常工作中要多留意,甚至为了备赛多多模拟,针对学生的不同"挑战"能稳稳接住,针对学生的肆意阐发能及时刹车,针对学生的不满情绪能及时化解……提高临场应变的能力。

4.备表达。6分钟的时间限制对辅导员的表达提出了很高的要求,提问要聚焦,紧紧围绕主题;提供的方案要切实可行,并形成一定的体系。因此,掌握一定的谈心谈话技巧很有必要,并尽量兼顾谈心谈话的艺术性,让学生和观众欣然接受、如沐春风。

(三)比赛高分策略

优秀的谈心谈话案例具备如下共同点:谈话过程流畅;辅导员与学生从交锋到达成共识;辅导员或幽默或真诚或温情,有个人魅力。如何在谈心谈话环节脱颖而出,取得高分?关于现场展示笔者谈四点看法。

1.抓住本质,坚守立场。辅导员拿到题目之后迅速破题,并且在谈话过程中,不论学生如何阐发,辅导员要始终明确问题的本质,围绕核心发问、沟通,不能被学生牵着走。辅导员要始终占据主导地位,抓住问题的本质,守住自己的立场。

2.掌握政策,要点全面。比赛时辅导员要把该类问题的相关政策都梳理出来,对于政策有充分的理解和把握,并且要点尽量全面。很多题目是综合型的问题,涉及几个点,都要兼顾到,一一破解。最好还能发展性地解决问题,或体现出从帮助学生解决短期问题,到为他的成长目标谋篇布局;或体现出从解决一个学生的问题出发,从点到面的全局性视角;或体现出从解决问题到预防问题的思路,有预见性地开展工作。

3.有交锋,有共识。针对具体问题,辅导员与学生可以立场不同,观点不同,谈话过程有交锋。前半场让学生多说,在学生表达他的观点中了解他的想法和症结所在。后半场辅导员多表达,引导学生,说服学生,提供合理建议,双方从交锋到共识,方能火花四溅。

4.有智慧,有情感。谈心谈话过程中,辅导员不仅解决问题,还要通过语言展示自己的智慧、真诚和爱心。辅导员要有自信,有气场,以理服人、以情感人,赢得学生信任,帮助学生解决问题。

全国高校辅导员职业能力大赛对每一位辅导员而言都是非常重要的赛事,我们可以短期为备赛做很多准备。但功夫更在平时,一方面要做日常工作的有心人,从工作点滴中积累经验和智慧,到比赛舞台上经受检验。另一方面,在备赛过程中积累的大量知识和案例,又将进一步促进工作能力的提升。

二、谈心谈话比赛的案例与解析

为进一步加强对谈心谈话的理解,笔者深入分析历届比赛谈心谈话环节的高分视频,选取了历年全国辅导员能力大赛总决赛中的高分案例,进行解析。

案例一:

一名大三的男生,喜欢一位女生很久了,但是一直不敢表白,近段时间他上课的时候老走神,对集体活动也没有兴趣参加,他不知道要不要向对方表白,于是来找辅导员谈心。

生:老师,请问您有空吗?

师:我现在有空的,请坐。

生：谢谢老师。

师：你找我有什么事情吗？

生：就是我最近很纠结，睡觉也睡不着，吃饭也吃不进去，上课老是集中不起精力来，晚上也不想学习，真是不知道自己为什么会出现这种情况。

师：其实啊，你的情况啊，我已经有所察觉了，我问一下你，是不是喜欢上班上某个女生啦？（笑声）

生：老师您太厉害了，您怎么知道是这种情况啊？（鼓掌并伴随笑声）

师：其实啊，我不仅知道，我也知道你是一个有目标有追求的学生，你不可能因为情感的问题而受挫。我想问你一个问题啊，今天你来找我的最主要原因是什么？

生：老师，我就是很纠结，真的不知道这种纠结的情绪应该如何缓解，您既然猜出了我的问题，能告诉我如何去排解我这种纠结和郁闷吗？

师：也就是你正在考虑到底该不该向她表白？

生：老师，您太厉害了！您怎么又知道了呢？（鼓掌并伴随笑声）

师：我想问你一个问题，你为什么喜欢这个女孩子啊？如果这里老师告诉你，在大学的时候我们以学习为主，暂且把这段感情给放弃你愿意吗？

生：老师，跟您说实话，我确实是很喜欢她，确实是很喜欢她。

师：那我想问一下，喜欢她，你直接表白不就可以了吗？你在害怕什么？

生：我害怕自己不够优秀，害怕自己被她拒绝。

师：好，我想我们俩已经进入今天这个谈话的重点部分，我现在告诉你啊，你去跟她表白，老师支持你，（笑声）如果……（被打断）

生：老师，有很多同学都跟我说过这句话，但我不知道，行不行。

师：听老师我说两句。如果说你跟她表白了，不外乎这两种情况：第一，成功了；第二，失败了。如果说这次你表白成功了，老师首先恭喜你，但是我要提醒你一下。就好像我们眼前这个杯子一样，如果这个杯子里面装的是一杯水的话，你看到的一定是一杯水，如果是一杯牛奶的话，你看到的一定是一杯牛奶，我只有把水和牛奶全倒空了以后，你才看到它是杯子。换句话说，如果你成功了以后，处于热恋中的你，可能就放弃了自我，可能就不知道自己该干什么。所以我想如果你成功了，只要把学习放在第一位，始终提醒自己的目标、理想是什么，就不会有问题。

生：李老师，您说的道理我都懂，但是我不敢去面对她拒绝我的情景。

师：如果她拒绝你了，这种可能性也是存在的。她如果拒绝你了，老师就以过来人的身份告诉你，我们要放下。有这么一句话，往往放下一粒种子以后，我们收获的是一棵大树，如果我们放下一份执着，我们会收获一份自己，收获一份自在。所以说，只要我们看得开、放得下，我相信啊，我们不难看到快乐的春莺在歌唱，快乐的泉溪在歌唱，快乐的鲜花在开放。所以说我的意见是什么，那就是，失败了，放开点。成功了，把学习和感情处理好，都没有问题。再说了，我觉得你非常优秀啊。

生：谢谢老师的鼓励。但是李老师我还有一个问题想问您，老师您碰到这种情况是怎么处理的呢？（笑并伴随掌声）

师：当时我的处理方式啊，和我刚才讲的一样。首先第一个，我告诉自己，只要是我喜欢的，我就要去表白，成与败我不管，首先我去表白，重点是我表白了之后，自己的内心要调节好。就像我刚才说的一样,如果我失败了,那我就把她放开。如果我成功了,我就会权衡好学习和感情,让自己变得更加优秀,让她感觉选我是对的。

生:(若有所思)选我是对的?

师:对,你觉得呢?

生:李老师,我觉得您说的有一定道理。

师:相信我。

生:相信您! 我可以去试一下。

师:你可以去试一下。

生:李老师,但是我觉得即便我成功了,后面也会有问题向您请教。

师:放心,随时找我,I'll be here with you!(笑并伴随掌声)

生:李老师,以前真没想到您还是一个感情方面的能手!(笑并伴随掌声)

(根据第一届全国高校辅导员职业能力大赛决赛选手录音资料整理)

这是第一届国赛中现场欢笑声不断的一例谈心谈话,参赛选手是安徽工程大学李恒奎老师。面对是否向心仪的她表白这一问题,男老师和男同学之间的谈话非常有趣。在该案例中,老师牢牢地守住了几点:

1. 与学生并肩。这是一个不太自信并比较苦恼的学生,老师的肯定鼓励对他很重要。该案例中老师了解学生的现状,理解学生的苦恼,鼓励学生去行动,始终跟学生在同一战线,抽丝剥茧地帮学生排解情绪,"知心朋友"的角色演绎得很好。

2. 给学生引领。老师与学生同一立场又"高"于学生,始终提醒学生不论成败,学习是第一位的,要把握学习与情感的平衡。

3. 辩证地思考。表白有可能成功,也可能失败,正视现实,对两个方面都进行了分析,帮学生一起梳理各种可能性,有一定的思想准备和应对方案。

此外老师的身体态势充分接纳学生,不断点头鼓励学生;语言优美,令人如沐春风;整体从容大方,自信幽默,气氛融洽。

案例二:

小宋是一个开朗活泼的大二男生。家在农村的小宋父母年迈,奶奶常年瘫痪在床,最近,父亲又摔断了胳膊,让原本经济困难的家庭又雪上加霜,父母想让小宋退学照顾家庭。因此,原本自强不息、好学上进的小宋近日无精打采、寝食难安。辅导员老师知道后,决定周末到小宋家去家访一次,跟小宋的父母好好聊聊。

父:您好,请进。

师:您好,请问这里是小宋家吗?

父:哦,您好。您是小宋老师,对吗?

师:嗯,对,我是小宋的辅导员——李老师。请问您是小宋的父亲?

父:嗯,我是小宋的父亲。请坐。

师:是这样的,今天到您家里来呢,是因为我听说好像前段时间您的胳膊受了伤,是吗?

父:对,前段时间做了活,胳膊受了伤。

师:所以我今天特别来慰问一下你。怎么样,现在还好吗?

父:这个……本来做农活嘛,就是体力活,现在胳膊受了伤,肯定是没办法去工作了。家里又比较困难,供小宋上大学一直是……但是我想吧,再苦也不能苦孩子,所以供小宋上大学一直是我们坚持的事,可现在家里又有奶奶……

师:这一次你受伤,也花了不少钱吧?

父:对啊,我这一次受伤,光医药费就已经花好多钱了。现在他妈妈在干活,我在家里休息。

师:小宋之前在学校一直都是很开朗的,我知道可能是家里的一些事情对他造成了一些影响。

父:对,我想孩子呢,先是好好学习,完了之后呢,来报答父母一下。也是他先跟我提出来,说自己不想上学了,想回家帮忙干活。

师:小宋放弃自己的学业……但家里的经济负担确实是很重。可现在如果就这样退学的话,对他的人生来说其实是一个非常大的转折。对于你们家人来说,这也是一件非常重要的事情。所以我希望呢,我们的父母是否能慎重地考虑一下这个问题。

父:这个……我,说实话。(吞吞吐吐)供他读到大二,虽然我们家非常辛苦,但我一直没有放弃他读书的这个念想。但是,到了最近,由于我的胳膊受伤了,家里的经济负担实在是太重了,实在是没有办法。而且小宋也是说他愿意回家帮忙,我也是做了一个非常慎重的考虑的。

师:我是这样想的,确实经济的困难对于你们家庭来说是难以承受的。我在想,我们可不可以这样,我在学校这边呢,帮小宋争取一下,近期我们学校有一些特殊的生活困难的补贴,为他争取一些补助,让他顺利渡过这个难关。在经济上面呢,你们家里是不是也可以和政府这边,申请一下相关的补贴,暂时渡过经济困难的时期。如果家里实在是很需要帮忙的话,我也可以帮他在学校里面办理个一段时间的请假手续,让他回来之后还可以继续学习,好不好? 因为退学这个决定实在是太重大了,不要轻易下决定,好不好?

父:一方面呢,我自己作为父亲也非常担心;另一方面呢,小宋也是一个非常孝顺的孩子,自己感觉非常愧疚,觉得实在没有办法来照顾我们。所以我现在也非常纠结,不知该怎么办。我自己想让他上学,让他退学的话呢……

师:我想是这样的,我们家庭、我们老师一起来鼓励、来陪伴这个孩子的成长,一起渡过难关。然后今天我过来呢,代表我们学院给家里送来了一些慰问金,请您收下。

父:好的,谢谢您。

(根据第二届全国高校辅导员职业能力大赛决赛选手录音资料整理)

这是一个辅导员与家庭经济困难学生家长沟通的案例。辅导员在同理、共情方面做得比较到位,目的也比较明确,帮助小宋渡过难关,尽量不让小宋退学。沟通过程中,辅导员介绍了学校的临时困难补助政策、建议家长申请地方的补助、帮助办理请假手续等,让小宋能渡过难关,继续学业。最后的慰问金是亮点,体现了家校互动中的人文关怀。

这个案例有几点改进之处:

1.辅导员应全面介绍国家关于家庭经济困难学生的各项优惠政策,国家不会让一个家庭经济困难学生因为经济原因上不起学,学生在上学期间的经济压力是有办法解决的。

2.辅导员通过列举毕业生的出路,让父母相信优秀的小宋完成学业之后可以通过知识改变自己的命运,也改变家庭的命运,让父母对未来充满期待。

3.小宋的心声可以借辅导员之口来表达,他自强不息、积极上进,很可能不想退学。建议父母在做决定的时候,也要充分考虑子女的想法。

如果能围绕这三点进行沟通的话,谈话会更加全面,家长也会获得更多力量,有助于谈话达到预期效果。

案例三:

大三男生小吴因长期低头学习、缺少锻炼而得了颈椎疾病,经理疗有所康复,但现在长久看书容易头昏头晕,学习效率低下。由于生病治疗和休息,已影响托福和 GRE 的考试,还落下了一些功课。现在想要弥补,他却感到身心疲惫,坚持学习既疲劳困顿又担心颈椎疾病加重。他由此灰心失望,情绪低落,甚至觉得人生没有意义,于是向辅导员寻求帮助。

师:你今天过来找我,我也挺高兴的。我前几天也了解了一些你的情况,希望能帮到你。

生:不是老师,您听我说。我最近头痛、脖子痛,吃也吃不了,睡也睡不香,都瘦了一圈了。前两个月考托福,我本来以为可以考到一个不错的分数,结果却很不理想,可是马上又要考试了,您说怎么办啊?

师:别着急,小吴,别着急。你看,你也姓吴,我也姓吴,你就像我的弟弟一样,我就像你的姐姐,你叫我楠姐就行。你过来找我,说明你足够的信任我,我真的非常高兴。你看,关于毕业后的去向,有些同学还不是很明确,可你已经为出国做了这么久的准备,一直这么努力,我也是挺高兴的。

生:可是您看,我现在一看书就头晕。看不了书,怎么出国?从小到大,我就像《中国合伙人》里的邓超一样,我就想出国,如果出不了国,我就觉得人生无望,天空是灰的。我就是平时睡觉吧,也觉得好烦好想哭啊……

师:别急,别急,小吴。我问你一个问题啊,你出国想做什么?

生:出国,出国就是为了出国。这只是人生的一个理想嘛,走到哪一步看哪一步嘛。可是,我现在都没有走到那一步,我的家庭又给我那么多压力。您说,我现在是想看书,可我一看头就晕,一晕就要睡觉,一睡觉又看不了书。看不了书,就考不好,我的学习效率就下降,就出不了国,那我的天空都是灰的。(叹气、伤心)

师:好的,小吴,不要激动,不要激动。是这样子的,我作为过来人呢,觉得人生有高潮,也有低潮,总会面对一些挫折。那么面对这些挫折呢,我们要做到"既来之,则安之",你说是吗?

生:老师,我知道。可是您看我现在想看那么多的书,那么多的书堆在我的桌子上……(打断)

师:小吴,你别急,先听我讲。你看,你现在为了出国,也是为了将来过上一个好的生活。那么好生活需要什么呢?需要我们拥有一个健康的身体。可你现在身体健康出了一些问题,我特别能够理解你的心情。但凡事都有轻重缓急,我们常常说身体是第一位的。假如说我是你的家人,我现在非常担心你的身体健康是否有保证,然后再来看学习……(打断)

生:老师,我知道身体是很重要,可是您看我现在这样,看不了书,出不了国,以后找不到好工作,维持不了生计,难道吃低保吗?

师:我知道啊,我觉得你现在的这个推断……

生:我现在已经很瘦了,那到时候吃低保,您说我家人看到我得多担心啊。

师:我是这样觉得,你先不要着急,先放轻松,有一句话说得很好,"办法总比困难多"。所以你先不要把自己定在这一局部问题上,你刚才的这些推断:能不能出国……现在我们还在慢慢地调整,我们可以先树立起来一个科学的学习方法,注重事情的轻重缓急,先把自己的身体调整好,暂且放缓一点学习节奏。你先别着急,先这样试试看。下个星期我再来找你谈,好吧。

生:好的,谢谢老师。

(根据第二届全国高校辅导员职业能力大赛决赛选手录音资料整理)

这是一例难度较大的谈心谈话题,集身体健康、未来发展、情绪困扰于一体,错综复杂。题目中给了大量的信息点:生病,准备出国,身心疲惫,情绪低落,人生没有意义。起因是生病与出国准备之间的冲突,但已经发展到严重的情绪困扰,可能需要心理疏导的程度。

值得我们学习的点:

1.谈话过程中老师始终抓住主线:身体第一位;放缓学习节奏、减轻学习任务;调整心态,办法总比困难多。

2.谈话过程中对时间的把握值得我们学习借鉴,前三分之一让学生表达,在三分之一处问了一个很好的问题"你出国想做什么?"来明确学生的目标,从学生的回答中能够看出他处于一种执念中,目标并不清晰;到后半场的时候老师收回主动权,合理地打断他,把想表达的充分表达出来。最后这段非常漂亮,并做了延续性的收尾。这样的处理得到了评委的认可。

美中不足的是,老师与学生似乎是两条线,交叉不够,学生一直处在自己的情绪之中,老师还没有帮助学生解决问题。建议:

1.面对能量这么低的学生,采用焦点解决技巧,来托住学生的能量场;

2.以优秀学长的正面例子,来给学生加油,让他看到希望。

备赛选手可以多多试练这道典型题。

案例四:

据反映,你所在的院系学生会外联部部长小孙,最近打算邀请"占中"活动的学生会骨干到学校做一场关于民主选举的演讲。你作为辅导员,了解到相关情况后,如何与小孙进行谈话?

师:小孙,最近是不是特别忙啊? 你好像都瘦了。

生:是啊,我也那么觉得。

师:坐下,坐下。

生:谢谢老师。

师:刚刚忙完学院的外语节是吧? 你最近又在忙什么呢?

生:嗯,老师,我正想跟您说,最近我们正举全部门之力,策划了一个非常非常好的活动。我们请的是"占中"活动的学生会骨干来给我们做一个关于民主的演讲。老师,其实我之前也听过他们演讲,真的讲得特别好。这次活动一定会有非常好的效果的,老师您相信我,真的。

师:嗯,好的。老师首先要鼓励你。我问你有什么活动,然后你就正大光明地告诉老师,这点非常好。其实,我们现在有个制度叫"一会一报"。老师之前跟学生会的所有学生干部都说过,任何一个要请学校外面的人来做演讲、报告的活动,都应该提前上报学校进行审批。

生:对,我正打算汇报给老师。

师:老师觉得你这一点一直做得特别好。另外,小张,你其实是一个特别热情的学生。

生:谢谢老师!

师:从你刚才那么慷慨地向老师介绍这个活动,听得出来,其实你对这个活动抱了很大

109

的希望,是不是?

生:对,而且我们也费了很多的精力。我们现在其实也挺不容易的,但是我们都觉得这样做是值得的。

师:嗯,而且老师觉得你们都很有能力,你就是适合这样组织的人。

生:嗯,谢谢老师!

师:对了,老师想跟你探讨一个问题。你看我们和学生会的好多同学,一起组织了那么多的活动,主要目的是什么呢?

生:可以丰富学生的课余生活,扩大大家的知识面,然后开拓大家的思路,让大家跟社会有所接触吧。

师:嗯,你说得特别对。而且老师也跟你们一再地强调一个问题,那就是我们的活动一定要给同学们一个正当的引导,对不对?习总书记不是也说"年轻人要扣好人生第一粒扣子"吗?我们可能不能帮每个人去扣好他的扣子,但是我们也不能起反作用,对不对?

生:嗯,对。

师:说到年轻人一定要扣好人生第一粒扣子。那你刚刚也提了,你请的是"占中"学生会组织的成员,对不对?那么老师想请问你,你对"占中"活动怎么看啊?

生:老师,虽然我们请的是"占中"的这些人,但是,那也代表的是民主啊。现在社会主义核心价值观不也需要"民主"吗?我觉得这个演讲活动特别合适。

师:老师理解你,而且真的觉得你十分的热情和积极。尽管我们现在非常提倡民主,但我们也一定要看清是谁来跟我们讲民主。你刚才说邀请的是"占中"学生会的成员,那老师现在有两点疑惑:第一,对于"占中"的行为我们应该怎么看?第二,他们仅仅是学生会的成员,那他们有没有资历来跟我们谈论这个问题呢?

生:但是我听过他们的演讲,我觉得确实对我们的启发是很大的。而且老师您不觉得现在的我们已经是成年人了吗?我们应该多接触一些不同的声音,培养我们自身明辨是非的能力。您不能只告诉我们什么是对,什么是错,对吧?

师:嗯,我赞同你的说法。其实从老师的观点来看,如果你邀请香港一些高校的同学来交流学术、科研的话,老师会特别支持。但是你现在邀请他们来做关于"民主"的讲座,老师还是希望你要慎重。因为他们的"占中",在老师看来,是一种过激的行动,是吧?他们的行为不光老师个人不认可,其实香港民众也是不赞同他们这样做的。所以他们的出发点、立场,难免会导致他们在跟同学们交流的时候,带上一些主观的色彩。

生:老师,我觉得其实现在的很多同学,对这件事情也是一知半解。那我们正好可以把他们请过来,听了他们的演讲之后,再跟同学们说我们要怎样好好批判他们呀,这样不好吗?

师:可你觉得他们可能会批判自己吗?

生:那我们是有理由去批判他们的呀,我们可以跟同学们说,你们看他们是怎么讲的,这样是错的,对吧?

师:那现在,老师可以给你一个备选方案:我们学校的"网络讲堂"中有一位教授,你应该听说过,就是我们学校的"四大名嘴"之一。他对中西方的民主都有很深入的研究,而且他前几天就做了一个有关香港"占中"的讲座。我想如果你真的是十分想了解"占中"以及民主选举的话,不如请这位教授来给大家分析一下。这样会不会更好一些?

生:那老师,您看这样行不行。就是既请教授,又请学生会骨干,让他们双方进行辩论。

这样是不是会更有看点？

师：他们两者的立场是不一样的。就是说，学生会的人是"占中"的组织者，都说"当局者迷"，对不对？而教授则是从客观的角度来看待这个问题的，我想他的角度可能更有助于我们全面、深入地了解这个问题。

生：所以老师您还是建议我们先不要组织这个活动了，对不对？

师：对。另外，老师也会帮你们联系那个教授的，我想他会给大家做一个全方面的解读。

生：嗯，好的。那我回去还要和学生会的同学们解释一下。

师：好。如果你遇到困扰，老师可以帮助你解决。

生：那我先去试试吧。

师：好的，我也希望这件事情不要打击你们组织活动的热情。

生：好的，谢谢老师！

（根据第四届全国高校辅导员职业能力大赛决赛选手录音资料整理）

从第四届大赛开始，涉及时政、热点问题的谈心谈话题目越来越多，对我们辅导员提出了更大的挑战。这是时政类的典型谈心谈话案例，谈话老师是第四届全国高校辅导员职业能力大赛总冠军、燕山大学的段磊老师。通过这段谈话，足见段老师的功力。

1.建立关系。段老师给予学生足够的肯定，充分信任学生，建立起稳固的师生关系，为谈话打下良好的基础。

2.平等对话。在通篇与学生的沟通过程中，我们看到都是平等的对话和协商的语气："但是我们也不能起反作用，对不对？""那老师现在有两点疑惑""这样会不会更好一些？"老师的观点明确，但是态度满分，在平等协商的语境中让学生更易接受建议。

3.立场明确。从"一会一报"开始，到邀请本校老师开讲，段老师对制度的把握、对该事件所持的观点是非常明确的，牢牢把握住思想政治教育的阵地。

4.富有情感。这是有温度的对话，最后阶段主动联系教授、帮助学生解释、保护学生热情，都体现了辅导员心系学生的态度，令人暖心。

案例五：

学生小黄，因喜爱计算机技术，热衷于打理自己的微博。他的微博粉丝很多，已经达到了一定规模。但是由于把全部心思都用在了微博上，他荒废了学业，也不与人交往。作为他的辅导员，你如何与他谈心。

师：小黄，最近出名啦，在玩什么呢？

生：也没什么，就是该上课的时候上课，在寝室里该学习的时候学习，该休息的时候睡觉。

师：我看了你的微博，你的微博现在粉丝很多啊，我也是你的粉丝啊。那你现在不仅是在网上出名了，在线下也出名了，课也不用上，是不是啊？

生：嗯，不过这是偶尔吧。

师：老师今天叫你过来呢，其实是想和你商量一件事情。不知道你有没有看过学生守则，就是旷课达到多少节课就会有处分了，所以你知道这个界限吗？

生：嗯，知道。

师：好的，那老师就放心了。老师希望你不仅能遵守学校的校规，另外也能主动认识到学习的重要性，因为最近大家都说总见你在上网打字啊。

111

生：这个……其实我好像也没那么久吧。

师：那现在是不是新浪微博给你的满足感比较强呢？

生：对。

师：你投入的时间和精力也比较多对吗？

生：对，我现在的粉丝已经达到几千万了。

师：那你能跟老师讲讲你的学习成绩怎么样吗？

生：我就是上课的时候去上课，然后其他的时间就做作业，玩微博。

师：可能你自己还没意识到，在其他同学都在努力读书的时候，你花在学习上的时间真的太少了。而且你现在正处在学习的黄金时期，课程非常紧凑，并且都是一些核心课程。你的绩点已经在班级下游了，你自己是怎么想的？

生：其实老师，我觉得这个绩点不太重要。因为我想我们现在这么辛苦地学习，以后也是为了找工作。现在已经有很多厂商来联系我了，让我给他们打广告。那只要他们给我很多钱，我以后就可以不用去找工作了。

师：老师在给你们开班会的时候，一再跟大家强调：要有长远的眼光。老师给你准备了几个你最喜欢的企业，新浪、网易、腾讯，你看看他们的招聘公告。

生：嗯，老师，我知道了。

师：除了你的那些基本技能，沟通能力同样也很重要，比如：面对面的交流。

生：老师，我在网上那么多粉丝，也经常搞互动，这也是一种交流，所以我觉得没问题。

师：这是一种认识。但是老师觉得，你去面试的时候，跟人家面谈，你的谈吐、气质、思维，其实都是很关键的。另外，现在你的精力是有限的。老师很肯定你在新浪微博上所取得的成绩，也不是希望你不去看新浪微博，但是你需要把你的时间和精力花在更有价值的事情——学习上面。

生：老师，我的学习是不是很差？

师：这样吧，老师给你三个锦囊。第一，下周我们的优秀校友，也是你最喜欢的那个互联网企业的CEO，他正好回来要办一个讲座。因为他曾经是我的学生，老师给你开个小后门，带你去跟他进行面对面交流，让你知道如今的互联网企业真正需要的是什么样的人才，也帮助你更好地认识他，可以吗？

生：嗯，这个我非常愿意，谢谢老师！

师：另外一个锦囊就是，老师给你个任务，你收集一些数据，去打理我们的年级微信平台，为我们的同学做一点事情，可以吗？

生：我试试看，尽力吧。

师：老师很看重你的能力。一方面，应用你的专业知识，能把微信平台做得更好一点；另一方面呢，同学们也有很多关于后台的问题，老师希望你能解决一下，比如同学们在想什么，想跟你聊什么？可以吗？

生：可以的。

师：然后，大概一个月之后吧，咱们再举办一个线下的交流会，让同学们面对面地聊。可以吗？

生：好的。

师：第三个锦囊呢，就是周末的班级春游，你可一定得去了哦。你上次就没去，是吗？

生:嗯,好的。

师:那么老师给你的这三个锦囊呢,如果你能欣然接受的话,老师会很开心。老师其实非常看好你,觉得你接受新事物的能力很不错。只是在现在的关键时期,你在时间、精力的分配上可能出现了一些小问题。那么今天的谈话,我们就快要结束了,希望你有一个更好的认识。咱们下周再聊,好吗?

生:好的,谢谢老师!

师:嗯,老师看好你。你永远要记得:作为学生,行走的力量在哪里。你的兴趣是一条腿,而学习则是另一条腿,只有两条腿共同走路,才能走得更远。老师会注视着你,永远为你鼓掌,好吗?

生:好的,谢谢老师!

(根据第四届全国高校辅导员职业能力大赛决赛选手录音资料整理)

这是第四届全国赛决赛谈心谈话环节的高分案例。这道题贴近我们日常的教育管理工作,题目中我们采集到三个主要信息:全部精力打理微博、荒废学业、与人交往少,第一个是该生的关注点,第二、三是要解决的问题。

在谈话过程中,老师始终围绕主线展开,把握主动权。这次谈话有三个亮点:

1. 长远的眼光。学生打理微博的过程中获得了一些收入,所以他对自己的现状比较满意。老师提出了长远的眼光,辅助手段是几家互联网公司的招聘信息,把学生说服了。

2. 三个锦囊。从榜样人物、打理微信、参加班级活动三个层面对学生提出要求。第一个对学生很有吸引力,从榜样人物的角度,引导学生明确对未来的目标,从而激励学生。

3. 行走的力量。兼顾学业和兴趣才能走远,起到升华的作用,最后这段表述非常出彩。

这个谈话案例将解决学生当前问题与解决学生长远发展紧密结合,既有高度,又切实可行,过程中节奏把握得当,师生互动非常好,谈话效果确实入脑入心。

案例六:

学生小华参加了某国外志愿服务组织,想在暑期赴非洲某国开展环境保护方面的志愿服务活动。但是据你了解,开展活动的地点没有安全保障,且该志愿服务还要收取小华高额的费用,你该如何与小华谈心谈话?

师:小华,坐,老师找你有点事。是这样啊,我看你的微信里转发了国外的一个志愿服务组织的招募图片和相关信息。然后你好像是想趁着假期,加入这个组织进行志愿服务,是吗?

生:是的,我想参加这个组织。首先……

师:好的,我觉得你有这样的志愿服务精神,是非常可贵的。因为现在很多同学都只顾着忙自己的事情,而你有这种担当,有社会责任感,非常好。因为志愿服务在奉献自己的同时,也可以提升自我,服务社会。这种精神我觉得非常可贵,值得肯定。只是老师又觉得呢,志愿服务可能不光需要精神和热情,也需要理性的方法。我不知道你同不同意我的这个看法?

生:嗯,对。

师:那这样啊,我看了这个国外的服务组织,也在网上好好地搜索了一下,在国外的相关网站以及国内一些权威的志愿服务网站上,我都没有搜索到这个志愿组织的相关资质证明,所以我觉得这是比较值得怀疑的,你有没有考虑过这方面的问题?

生：老师，对于这个活动，我之前也在网上找过。那些正像您说的，在我们国家正规的志愿服务网站上可能没有。但是，我也从侧面了解到，这个活动是正规的。可能是因为这个国家和我们国家的关系正处于紧张的状态中，所以就没有挂出来。

师：我觉得你了解的这些信息也有待进一步核实。还有就是你说的地方，那里好像是非洲地区几个国家的一个交汇地啊，环境也特别的原生态，是吧？然后城市的各种设施都非常不完善。另外呢，附近可能还有战乱的波及。在你看来，这可能是一个挑战。但我觉得，现在你还是一个志愿服务的初级选手，你的知识储备也比较少。因此，这个活动可能对你的人身安全也有挑战。我有个同学毕业之后在国家的一家大型国企工作，也有参与非洲的援建项目，但在他们出去之前都会经过非常正规的培训。因为非洲的气候和我们这里不太一样，必须要学习保护自己的相关知识。但是我看这个机构却没有提供这方面的信息，所以我对它也深表怀疑。而且，我觉得你不是刚刚开始志愿活动嘛，那么有挑战性的地方，是不是也不太合适？

生：嗯，谢谢老师关心我。可我真的喜欢挑战，而且我觉得，上大学是"读万卷书，行万里路"。我觉得这次远行对我来说是一个非常好的学习机会，虽然只是作为一名志愿者，但我想要去争取这样的一个机会，想去尝试。

师：你说得很好，"读万卷书，行万里路"，需要理论，也需要实践，而且实践确实能丰富我们阅历，提高我们的能力。但是这个实践有个前提，那就是要保护自己，如果连自己都保护不了，那还怎么提高自己呢？对不对？现在这个问题还没有解决——如果在你的安全问题都得不到保障的情况下，其他是不是都是空谈？而且你看这个组织，它的收费这么贵。按照国内国外一般的惯例，志愿服务虽然说不会提供报酬，但是也不会收取这么高额的费用啊，是不是？

生：嗯……对。

师：咱们这样啊，我觉得，这个问题可以向相关部门再咨询一下。我觉得也完全有理由怀疑这个机构是打着志愿活动的幌子来行敛财之实的，是不是啊？

生：嗯，老师我先说一下吧。我觉得您说的都有道理。但是，这个志愿活动对我来说真的很有吸引力。老师，您知道切·格瓦拉吗？

师：切·格瓦拉，知道。

生：他跟卡斯特罗一起领导古巴战争，最后夺取胜利，他为了第三世界人民的解放而放弃了一切。相对来说，我的这点费用都不算什么。而且，老师您知道吗？最近一次的撤侨，我们国家也是竭尽全力。我相信，如果真的发生了什么事情的话，我们国家一定会来解救我的。

师：你有这个想法是可以的。而且，格瓦拉，他确实是鼓舞了一代青年。但不是每个人都能成为他的，我们应该从自己生活的实际出发。我建议你不如从学校的实际生活开始。你不是想做志愿服务吗？能不能从班级活动、校园活动开始呢？比如你能不能先策划一次关于我们班级人文环境保护的志愿服务活动？首先证明你的精神和热情，然后提高你的能力呢？你想过没有？能不能先从班级活动开始，从一点一滴的小事中慢慢地朝着那个方向前进呢？

生：嗯，谢谢老师。我觉得您给了我一个很好的建议，但是我……

师：嗯，这样吧，也快上课了，等到课下结束之后呢，咱们再深聊。我也会介绍你认识一下我们学校的志愿者协会、爱心协会的同学。可能同辈之间的交流,更有利于把咱们的这个想法落到实处。好的,那你先去上课,咱们之后再接着聊,好不好? 等会儿,我们再一起去见见这些同学。

生:好,谢谢老师。

(根据第四届全国高校辅导员职业能力大赛决赛选手录音资料整理)

这是一个关于志愿服务主题的谈心谈话,信息点主要有三个:国外志愿活动、没有安全保障、高额费用。老师谈话过程中,始终紧扣主题,步步引导,把学生挂在空中的、无视安全保障的满腔热情,慢慢引导到理性、可操作的行动方案中。

1.老师把握主动权。该案例中,80%的时间都是老师在表达,老师对志愿服务有充分的知识储备,言之有理、言之有物。

2.合理打断学生。开篇和最后的时候,两次打断学生,不被学生牵着走。开篇时通过自己的语言来说出关于志愿服务的普遍道理,赢得学生的认同。最后的打断时机抓得非常好,"但是……"眼看谈话结束时间临近,学生却出现"但是"这样转折的语言,老师打断学生之后做了一个更加落地的表述,做了延续性、看得到实效的收尾。

3.接住学生提出的"挑战",为我所用。学生提出"读万卷书,行万里路",老师接上"有个前提,那就是要保护自己";学生提出"老师,您知道切·格瓦拉吗? ……他为了第三世界人民的解放而放弃了一切",老师回复"不是每个人都能成为他的,我们应该从自己生活的实际出发。……从班级活动、校园活动开始"。将学生的"挑战"巧妙化解,为我所用,始终往老师设定的主线中引,这样的交锋也充分体现出老师的智慧。

案例七:

大四学生小孙,信仰基督教,面临毕业,她看中了一家国企,并希望前往应聘。但是该企业的招聘条件中有明确的规定:必须是中共党员。为了能够得到心仪的岗位,小孙找到辅导员老师,提出想要入党的想法。你作为她的辅导员老师,该如何与她交流?

师:哎,小孙。

生:老师好。

师:你要毕业了,工作找得怎么样了? 来,请坐。

生:现在就是找了一家国企,但是他们的用人条件就是得是党员,所以老师您看我能不能入党啊?

师:嗯,老师知道你是信仰基督教的呀。

生:嗯,对。

师:那你对中国共产党了解吗?

生:还行,挺了解的。我信仰的基督教的教义是"感恩、仁慈",这跟共产党的"为人民服务"也并不冲突呀。

师:是这样的,小孙。在提出入党申请之前,老师要先跟你明确一点:我们共产党员的信仰就是马克思主义,我们是坚定的马克思主义的信仰者。所以如果你想提出加入中国共产党的申请,首先你不能信仰基督教。其次,你刚才也提到了基督教的教义可能跟中国共产党有一些相似之处,对吧? 我们中国共产党代表的是中国工人阶级的利益,代表的是中国人民的共同利益,是全心全意为人民服务的,但它在本质上跟西方的基督教还是有区别的。

生:那您说,我现在该怎么办呀?

115

师：老师知道你现在遇到了这个困难，对吧？但是我们在遇到这种政治原则性问题的时候，不能把两个事情混为一谈。我们先把你工作的事情放到一边，来说一下关于入党的问题。刚才老师已经强调了，你要入党的话，就不能有这种基督教的信仰。其次，你也应该有坚定、纯粹的入党动机。

生：我没有目的性，也没有动机不纯呀。

师：你不能说因为要找工作，而且这个工作的要求是共产党员，你就要加入中国共产党，这样的话，你的入党动机其实是不纯正的。

生：没有啊，老师，我就是本身有"为人民服务"的想法，我觉得加入中国共产党特别好呀。

师：那刚才老师跟你讲的大前提，你应该已经懂了，是不是？我们中国共产党的党员是肯定不能有宗教信仰的。

生：嗯。

师：其次，你觉得如果可以放弃自己的宗教信仰，并且有纯正的入党动机的话，中国共产党也欢迎你这样的优秀青年加入。但是我们中国共产党在吸纳党员的时候，还是有一系列严格的组织程序的。从你递交入党申请书开始，我们组织会派相关的人员跟你谈话，这期间你还要经过培训成为积极分子，再到发展对象，直到最后我们接收你为预备党员。这中间是有一个很严格的组织程序的。如果你是现在临时提出的话，我们可以接受你的申请，但是也得在后期的教育培养考核中，进一步看看你的信仰是否坚定，以及入党动机是否纯正。

生：那老师您的意思就是说我现在快要毕业了，已经来不及了，是吗？

师：老师不是说你来不及，只是说如果你真的想加入中国共产党，并且你放弃了基督教的信仰，在组织原则允许的前提下，你可以递交入党申请书，我们学校可以先对你进行谈话。但是后期入党的这个过程你是不能急躁的。

生：可是您看我这个要得特别急，我就得赶紧有一个党员身份，要不然我的工作可咋办呀？

师：你看，这老师就得批评你了。你这不还是入党动机不端正吗？你不能说因为你要得急，现在就要加入中国共产党，我们就马上把你吸纳进中国共产党。刚才关于入党的问题，老师已经跟你讲得很清楚了，是吗？关于你找工作的这个问题，老师也想跟你谈一谈。我们是否可以跟这家公司商量一下，适当地放宽对于政治面貌的要求？如果实在不行的话，老师也可以给你介绍其他的资源。你也可以找其他企业去面试一下。我们不一定非要把希望都寄托在这家企业上，你说对吗？

生：可现在工作多不好找呀。就好不容易有一个合适一点的，您看这个……

师：是这样的，我们学校包括现在整个国家，对就业帮扶提出了很多的政策。例如，学校的就业处会对咱们的简历进行完善，对我们的面试技巧进行培训。至于就业信息方面，学校也会给大家提供优质高效的就业资源。你可以把你的简历发给我，然后把你的需求，想去的地方、行业，以及自己的预期薪资告诉我。如果老师这边有合适的企业，就可以给你推荐，你觉得呢？

生：那我觉得这样也行。这样的话入党这件事就不会那么着急了，可其他职业会不会也需要这个呀？

师：嗯，那我们就要看企业的具体需求了。每个企业可能会根据自己岗位的特质来规定一些需求。这个老师可以帮你规避掉,我们再找一些其他的企业。关于入党的问题,老师刚才讲了,有很严格的组织程序,毕竟我们要考核两年呢。考核你是否真的明确党员权利和义务,是否真的对中国共产党有深刻的了解?如果这几点你觉得自己坚信的话,你可以再来找老师,我们再来聊一聊。那个时候,你可以再递交入党申请书,然后我们再对你进行发展和培养。你觉得可以吗?

生:那好的,谢谢老师,麻烦您为我做这么多事情。

师:那你后期把简历发给老师。

生:嗯,好,谢谢老师。

(根据第六届全国高校辅导员职业能力大赛决赛选手录音资料整理)

这是一个具有宗教信仰的学生为找工作而要求入党的案例,题目中给的关键信息有三点:宗教信仰、要求入党、就业。老师要清晰掌握入党和就业的相关政策。谈话中理清了如下问题:

1. 宗教信仰与加入中国共产党之间的冲突:有宗教信仰的学生不得入党。

2. 纯正的入党动机:不能为了就业而申请入党,入党是坚定的政治信仰,动机需纯正。

3. 入党步骤:帮助学生了解入党的流程。

4. 精准的就业帮扶政策:体现以生为本、服务学生的本心。

入党是原则性的问题,老师的立场要坚定,对学生该说明时说明、该鼓励时鼓励、该批评时批评。就业是管理服务工作,老师要热情周到,服务到位。这次谈话中辅导员将入党和就业两个问题分开来谈,思路清晰,一一破解。

案例八:

最近,中美贸易摩擦愈演愈烈,学生小丁通过翻墙软件大量查看境外非法网站,并在国内微博上发表了"关于中美贸易战内幕"等帖子,里面引用了很多国外媒体对中国的负面虚假报道。你将如何与他谈话?

生:老师,您好。

师:你好。今天找你来是这样的。我看到你在微博上发的关于中美贸易战的一些信息。老师很欣赏你这种关注时事的精神,那请你跟老师说说呗。

生:您是说这个事啊。我是觉得自己作为学生,应该关注国内的一些情况,我们要站在全球的视角上来关注这个问题,剖析这场贸易战对我们国家以及对全球的影响。

师:嗯,说得好。可是老师发现你发的这些内容,有些是我们国内网站上没有的,那么你是从哪儿看到这些信息的呢?你又是怎么看到的呢?

生:这是我从国外的一些网站上看到的,在谷歌上搜到的。

师:那你是怎么知道这种途径的呢?

生:这是我同学教我的一个小技巧。在以前看世界杯的时候,我们可以通过VPN(虚拟专用网络)等搜索到国外网站的一些信息。

师:好的,老师知道了。那就是说,因为有同学介绍你搜索国外资料的方法,所以你发现了这样的信息。但老师跟你说啊,关心时事老师是非常支持的,这也是很值得肯定的一点。但你可能不了解的是,我们国家相关部门发了文件,明确指明现在的VPN等上网软件是被禁止的,而且涉嫌违法。

生:啊,是吗?

117

师：你没了解过吗？

生：嗯，我不知道。

师：那你现在知道了吧。老师在这里想告诉你，关心时事是好事，但你获取信息的渠道要合法合理。刚才你说还有同学在用这个东西，那你现在知道了这可能涉嫌违法，你会怎么办呢？

生：那我回去提醒他们。但是我觉得自己在网上发表的那些观点，应该没有问题啊。

师：老师欣赏你这种关注时事热点的精神。但是老师在这里跟你确认一件事，就是刚刚那件事情真的涉嫌违法，所以你和你的同学都不要再使用了，明白了吗？

生：好的，我回去跟他们说一下。

师：好，这就对了。那我再跟你说说贸易战的事情吧。你是怎么理解这件事呢？咱们一起来分析探讨一下吧。

生：我觉得中美贸易战不管是对我们国家还是对全球来说，都是一件不好的事情。但是其中可能也存在其他原因，比如国内的很多人只看到部分的情况，却不了解这一事件的全过程。因此我觉得自己有必要提醒大家，去了解、知道，并客观地对待这一事件，这样我们在贸易战中才不会吃亏。

师：哦，你这样做的目的也是为了保护我们国家自己的利益，是吗？

生：嗯，对。

师：嗯，好。那么在你了解了这么多信息后，老师考考你，好不好？世界上产业链最全的国家是哪个？

生：应该是中国吧。

师：那老师再考考你，我们中国对于美国的进口产品，也采取了反击措施，对不对？那我们近期采取的一些措施是针对哪些种类产品的，你了解吗？

生：比如说一些农产品，一些附加值比较低的东西。

师：那美国禁止我们的进口产品呢？

生：一些高科技产品吧。

师：对。那么我们再聊一聊，美国为什么要对中国采取这样的措施呢？你又是怎么看待这种贸易摩擦的呢？你认为这一事件背后的原因是什么呢？

生：我觉得可能是美国怕我们国家的发展速度太快了。

师：美国到底害不害怕我们国家的发展速度太快呢？我想，这个问题可能还有待商榷。那么你了解美国近期召开的一个会议吗？

生：不太了解。

师：在美国近期召开的这个会议上，特朗普总统和其他几个国家的领导的关系怎么样呢？其实啊，你也要从大局来看。所以老师觉得你关注这一事件没有错，但我们要采取更好的方法去关注。那么，通过怎样的渠道关注这一事件才更加合理呢？怎样关注才能对这一事件有更客观全面的了解呢？你觉得呢？

生：我觉得也是。但我觉得在很多国内网站上都看不到客观的评价。

师：哎，这就涉及方法问题了。看不到客观的评价，是因为没有客观评价呢，还是看不到呢，或者是没有找到呢？那么，老师教你几个方法怎么样？

生：好的。

师：嗯，那现在我们已经是大学生了，咱们跟社会上的那些人关注到的信息是不一样的，所以呢，我们应该更加关注学术上、理论上的观点。那这些观点具体是怎么样的呢？

生：我当时在国外网站上也是去寻找那些比较客观、合理的，偏重学术上的观点。

师：对啊，可是老师发现你那些偏政治性的观点，很多是说关于"内幕"的东西。你是上哪儿知道这些"内幕"的呀？而且你看的那些网站都是违法的。

生：这个我也不太清楚。

师：所以，获取信息的渠道是十分关键的。如果你获取信息的渠道不正确，信息内容本身又存在问题，而你再将它传递出去了，那不是把问题扩大化了吗？老师一直很鼓励你们关注时事，并且能够有自己积极主动的思考能力。因此，还是要多看看我们那些正规合理的网站，同时要注意维护自己的形象，可不要把那些不合理的帖子再留下去了。

生：好的，谢谢老师。那我回去就把那些帖子都删了。

师：对，删掉之后再发表正确的观点，而且你要用更准确、科学的方法，发表正确的观点。另外，刚好今天下午我们学院有一场关于中美贸易摩擦的专家讲座，老师和你一起去听一听，看看人家真正从学理上的角度，是怎么来分析这一事件的，老师也鼓励你发表这方面的一篇论文，你觉得怎么样？

生：老师，你觉得我可以吗？

师：咱们今天去试试呀。

生：好的，谢谢老师。

师：好的，那咱们一起走吧。

（根据第七届全国高校辅导员职业能力大赛决赛选手录音资料整理）

这是一则关于网络思想政治教育的谈心谈话案例，辅导员老师对事件主题有充分的了解和认知，谈话过程中辅导员占主导地位，同时做到平等对待学生，循循善诱，达到理想的谈话效果。

1. 辅导员对政策的准确把握。在谈话过程中，学生涉嫌违法行为，辅导员老师有一定的知识储备，能准确指出学生的不妥行为，帮学生及时改正。

2. 从保护学生的角度推心置腹交流。老师不仅关注当前谈话的学生，从关爱学生的角度出发还能兼顾其他学生，自然地流露出对工作全局性的把握和对学生的关心爱护。

3. 以疏导的方式循循善诱。以提问的方式帮助学生拓宽视野，找到合适的方法，尊重学生、信任学生、鼓励学生，不仅解决当前问题，更鼓励学生通过合理、科学的方式进一步研究，保护学生的探索热情，站在立德树人的高度开展思政教育，成效良好。

专家点评一：上海市辅导员职业能力大赛评委点评

谈心谈话环节许多选手带给了我们精彩的表现，但部分选手表现出的不足主要有以下几点。

第一，老感觉谈不到点子上，有劲儿使不出来。比如学生伤害事故责任问题，相关责任认定的规定并没有谈到；比如网络事件，也没有谈到网络文明相关规定；再比如家庭教会案例，没有把家庭教会的性质点出来，这些都需要辅导员加强相关方面的职业素养。

第二，自己改变题目。有的辅导员老师没抓住题目的核心意思，自己增加或者减少了设定的条件，这些方面都是会失分的。

119

第三，没有直面问题，没有解决问题。如校园内不许传播宗教、女大学生就业受歧视等问题，在条件允许的情况下，要试图帮助解决学生关心的实际问题。

第四，共情问题。谈话时要站在学生角度看待问题，但共情需要把握一个度，需要的是内心的自然流露。

专家点评二：朱广生评委心得——发表于微信公众号"第一辅导员"

从参赛和担任评委的经历看，我觉得答好谈心谈话的几个关键步骤如下：

一是要迅速破题。谈心谈话其实跟案例分析有一定的相似性，就是辅导员拿到题目后，要迅速破题。要解决什么问题→其产生的原因是什么→解决问题的关键在哪儿，落实最后一条是谈心谈话的根本，这根牛绳子一定要紧紧抓住，贯穿始终，以求实效。

二是要整体上把握主动。这里说的把握主动是掌控局面的意思，这非常关键，没能有效掌握场面是许多辅导员犯的最大错误，直接结果就是导致规定时间内没有有效完成谈话。比如有些辅导员喜欢提问题，但我想如果你没有苏格拉底问答式的智慧，建议问题不要提太多，否则一来一回，时间就没有了，最后只能快快来句：好，我们下次再谈。可惜！六分钟的谈心谈话时间，辅导员应该掌握四分钟左右的主导权，就是你不能被学生带着走，而是要主导这场谈话。怎么主导？前面破好题后，就要把解题核心牢牢贯穿在四分钟时间里，要在总体上呈现辅导员说学生听，而不是把主导权交给学生，变成学生说我们听。某种意义上讲，谈心谈话实质也是一场辅导员与问题学生的话语权博弈，我们把话语权攥在手里，才能变成是我们展示的舞台。

三是要掌握一定谈话技巧。迅速破题后，有了整体把控场面的意识后，接下来就是正式开始谈心谈话了，怎么谈？掌握一些谈话技巧还是非常必要的。我认为谈话的开展可以按照这样一个逻辑步骤：善于切入→学会倾听→及时认同→解决问题。首先是要善于切入。不少辅导员一开场就干巴巴开口了：小李，这次找你来是……太生硬。不妨换作先是拍拍学生的肩膀让其坐下，或是开瓶水（或倒杯水）给学生，或是坐下来先拉拉话，如表扬一下学生最近在某方面取得的好成绩（没有？编还不会吗）等，这些开场都会产生好的效果，会一下拉近彼此的距离，营造良好的谈话基础。接着要学会倾听。听学生讲，怎么回事。有些辅导员比较"聪明"，一坐下就说："小李啊，我们都知道这个事了……"评委们听了都满头雾水。这种方式也是打断了谈心谈话的整体流畅性完整性。第三是要及时认同。有些辅导员一听学生开口就反驳，或者一听学生观点不对就要驳斥，这种方式非常不好。谈话过程中辅导员微笑、点头，或者用"是""我理解"等话语对学生的倾诉及时表示认同是非常必要的，这都是为你的下一步解决问题打下良好的基础。你认同学生，学生感情上心理上才会接受你。所以，只要不是那种立场原则性的错误，我们不妨放宽心，认同学生、听学生说。最后是解决问题。该听的听了，该酝酿的酝酿了，好的基础打下了，接下来就是要解决问题了，这个就是我们主导的环节。学生在这个过程中可能会有一些疑问甚至抗议，但我们一定要坚定立场、稳如泰山，牢牢把控场面，把我们破题时解决问题的核心四线贯穿到底。问题的解决上，我们尽量做到不仅治标并且治本，不单就事论事，并且触及根本，触及思想，触及灵魂，提升我们的谈话到思想性说理性的层次和高度。这就是马克思说的，理论只要彻底，就能说服人。如此一来，高分自然不在话下。

第五章　如何准备辅导员的理论宣讲

　　理论宣讲,是党的理论武装工作的重要组成部分,是新时期传播党的理论创新成果、武装和教育基层干部群众的有效途径。① 党的十八大以来,理论宣讲就经常出现在新闻报道中,出现在各级各类学校中,出现在老百姓的街头巷尾。其实,中国共产党的宣讲制度由来已久。

　　建党以来,党的理论教育和理论武装工作常抓不懈,上党课、做宣讲、搞调研等都是重要的教育形式。在革命战争年代,农民协会宣讲和农民宣讲团是开展政治宣传、移风易俗和破除迷信的重要方式,农民协会宣讲包括了定期宣讲、巡回宣讲和临时宣讲等丰富的形式;在社会主义建设时期,宣讲制度得到进一步发展,毛泽东思想宣讲团、工业学大庆宣讲团、普通话宣讲团等开始涌现,基于宣讲的政治宣传实践探索不断深化;在改革开放以后,宣讲制度逐渐趋于成熟,理论宣讲更多地承担起宣扬党在新时期的基本方针、政策,普及科技、文化、卫生、法律知识,传播积极健康进步的社会文化观念等任务,特别是党的重要会议之后,中央宣讲团和地方各类宣讲团都会分赴各地,深入社区、街道、乡镇,针对各地实际,深入浅出、高屋建瓴地宣讲中央出台的重大方针、政策,为民众答疑解惑。② 党的十九大以来,全国上下都掀起了学习宣传十九大精神的热潮,教育系统专门成立了"百人宣讲团",组织开展了全国高校一千名辅导员学习宣传贯彻党的十九大精神"校园巡讲"和"网络巡礼"活动,在高校中引发良好效应。

　　高校作为意识形态工作的前沿阵地,肩负着学习研究宣传马克思主义,培育和弘扬社会主义核心价值观,为实现中华民族伟大复兴提供强大人才保障和智力支撑的重要任务。因此,高校需要坚持不懈用党的创新理论成果武装师生头脑,不断增强师生的政治认同、思想认同、理论认同、情感认同,引导老师为大学生"扣好人生第一粒扣子"。作为开展大学生思想政治教育的骨干力量,高校辅导员需要练好"理论宣讲"本领,因时制宜地向学生传播党的理论,开展思想理论教育和价值引领工作。

　　围绕辅导员理论宣讲能力的提升,为了更好地突出以赛带练、以赛代训,不断提升高校辅导员的理论水平和专业素养,全面提高辅导员工作的针对性和亲和力,走进新时代的辅导员素质能力大赛也进行了改革。从第七届全国高校辅导员素质能力大赛开始,"主题演讲"环节改为"理论宣讲"。根据大赛指南,理论宣讲环节主要考查辅导员对马克思主义理论、习近平新时代中国特色社会主义思想、党的十九大精神等的学习宣传阐释能力,以及对大学生

---

① 人民网:《基层理论宣讲的实践探索与创新路径——以山东省潍坊市奎文区为例》,2017 年 9 月 22 日。
② 唐冬冬:《中国共产党宣讲团制度研究》,博士论文,南京大学,2017 年。

开展理想信念教育、中国特色社会主义和中国梦宣传教育、社会主义核心价值观教育过程中的理论宣传阐释能力,注重考察理论宣讲的政治性、思想性、理论性、政策性、导向性。

应该说,较之于主题演讲,理论宣讲对参赛辅导员提出了更高的要求。不仅要具备扎实的理论功底,更需要在有限的时间内围绕主题搭建框架,形成讲稿,还需要追求宣讲的现场感染力。笔者结合参加辅导员素质能力大赛的经历,从内涵与要求、培训与技巧、范例与解析多个方面展开讨论,希望能够提供思考与启发。

第一节 理论宣讲的内涵与要求

一、理论宣讲的内涵

理论宣讲是高校辅导员的重要职责,是辅导员需要掌握的基本功,更是辅导员开展思想政治工作的有效途径。习近平总书记在全国教育大会上指出,思想政治工作是学校各项工作的生命线。因此,辅导员开展理论宣讲,把党的创新理论宣讲好,使之武装全体大学生,是培养德智体美劳全面发展的社会主义建设者和接班人的应有之举。

(一)理论宣讲的定义

《辞海》中关于宣讲的解释是:对众宣传讲述。理论宣讲即是对众宣传讲述理论,一般需要通过口头语言来进行讲述,具有人际传播、组织传播和大众传播的特点。需要注意的是,宣讲源于演讲又不同于演讲,宣讲具有更强烈的组织色彩和意识形态属性。

作为辅导员素质能力大赛的重要项目,主题演讲演变成理论宣讲,我们可以通过对两者的对比来更好地把握理论宣讲。理论宣讲和主题演讲有很多相同的地方,它们都是以语言为主要手段,以体态为辅助手段的一种语言交际活动。作为比赛项目都有规定时间、规定程序、规定地点、规定题目、现场评分。而两者最大的不同,在于理论宣讲更加强调理论性和政治性,需要对国家的政策或者社会热点等进行精准解读,宣讲主题可以涉及国家在经济、政治、文化、社会、生态建设等方方面面,比如第七届浙江省高校辅导员素质能力大赛中理论宣讲的题目:

马克思主义闪耀着穿越时空的真理光芒

初心是中国共产党人砥砺奋进的动力源泉

以开放之姿发出号角,让全球共享中国发展红利

党的建设永远在"路上"

伟大民族精神是实现中国梦的强大精神动力

又如第六届四川省高校辅导员素质能力大赛中理论宣讲的题目:

2018年是中国改革开放40周年,1978年,在邓小平同志倡导下,以中共十一届三中全会为标志,中国开启了改革开放历史征程。从农村到城市,从试点到推广,从经济体制改革到全面深化改革,40年众志成城,40年砥砺奋进,40年春风化雨,中国人民用双手书写了国家和民族发展的壮丽史诗。请向学生宣讲中国改革开放40年的重大成就。

主题演讲则不然,它主要考察辅导员对思想政治工作的理解、逻辑思维和语言表达能力,演讲主题更多的是聚焦在辅导员日常工作和思想政治教育领域,比如第六届浙江省高校

辅导员职业能力大赛中主题演讲的题目：

当思政教育遇上互联网

扣好人生的第一粒扣子

教育，要让每一个生命舒展

如何教会大学生理性的选择

为学生点亮理想的灯、照亮前行的路

(二)理论宣讲的特征

理论宣讲并不是一个新生事物，长期以来，都是我党开展思想政治工作的有效途径。由于宣讲对象和宣讲内容的差异，高校辅导员的理论宣讲工作有着自己独特的特点。对于高校辅导员素质能力大赛中的理论宣讲而言，它具有政治性、思想性、理论性、政策性和导向性。

第一，政治性。作为一项党的理论宣传活动，理论宣讲任何时候都姓"党"，在党言党，在党信党，在党为党，在党爱党，这也就决定着理论宣讲的首要特征就是政治性。习近平总书记在全国宣传思想工作会议上明确指出："坚持党性，核心就是坚持正确政治方向，站稳政治立场，坚定宣传党的理论和路线方针政策，坚定宣传中央重大工作部署，坚定宣传中央关于形势的重大分析判断，坚决同党中央保持高度一致，坚决维护中央权威。"要深刻认识到，高校辅导员作为中国共产党执政的坚定支持者，在理论宣讲的过程中必须毫不含糊地坚守宣讲立场的政治性。要始终维护马克思主义在意识形态领域的指导地位，坚持用马克思主义基本原理分析现象，用党的基本路线、基本理论、基本纲领、基本经验和基本要求阐明观点，不断增强"四个意识"，坚定"四个自信"，做到"两个维护"。严格遵守宣讲纪律、严守宣传规矩，始终做到政治上坚定、思想上同心、行动上同向。

第二，思想性。理论宣讲不是对涉及宣讲主题相关政策原文的简单重复，必须结合宣讲者自身的理解，向听众传达一定的主旨和观念，暗含启发意义，做到"言之有物"，这就是理论宣讲的思想性之所在。一方面，宣讲者必须对宣讲主题进行精准解读，阐明主题背后所蕴含的中国共产党治国理政思想，比如坚持以人民为中心的发展思想、坚持社会主义办学方向的教育思想等。另一方面，宣讲者需要基于自身的世界观，对宣讲主题进行二次解读，以贴近听众的语言和实际来传达主题思想，以理服人，以情化人，更好地统一思想，凝聚力量。出色的宣讲者能把理论讲深讲透，把党的方针政策讲清楚讲明白，在人们失望的地方播下希望的种子，在思想模糊的地方播下光明的种子，在人们怀疑的地方播下信任的种子。

第三，理论性。顾名思义，理论宣讲离不开理论，理论宣讲的实质是用理论掌握群众，是推进马克思主义大众化的重要手段。马克思指出，"批判的武器当然不能代替武器的批判，物质力量只能用物质力量来摧毁。但是，理论一经掌握群众，也会变成物质力量"。因此，必须高度重视理论的作用，增强理论自信和战略定力。理论宣讲是宣传党的理论和路线方针政策的重要途径，旨在让更多的群众深刻了解马克思主义理论在中国大地的继承和发展，也是提升中国特色社会主义理论自信的重要手段。对宣讲者而言，只有具备扎实的理论功底，对党的理论做到真懂真信，认真学习，深刻领会，掌握真谛，融会贯通，才能真正悟懂弄通马克思主义理论和中国特色社会主义理论体系，让党的理论焕发出庞大生机活力，让理论宣讲效果深入人心。

第四，政策性。理论宣讲的一项重要内容就是不断创新宣讲形式，用群众喜闻乐见的方式向群众解读党的方针政策。近年来,党和国家高度重视高校思想政治工作,相继出台了《关于加强和改进新形势下高校思想政治工作的意见》《普通高等学校辅导员队伍建设规定》《高校思想政治工作质量提升工程实施纲要》等重要文件,全国高校思想政治工作会议的召开更是为高校思想政治工作的开展指明了方向,提供了制度保障。为了确保各地高校能够深刻领会政策精神,确保每一项政策落地生根、取得实效,则需要开展不同层次的政策宣讲会。综合全国各地高校辅导员素质能力大赛,理论宣讲的主题包括了政策性文件、会议精神和习近平总书记重要讲话的原文,由此可见,高校辅导员在平时的工作中要特别注重对各类政策文件的精准解读,及时更新和掌握最新政策文件,把牢政策方向。

第五,导向性。理论宣讲的目的在于向听众传达正确的思想和先进的理论,促进全体人民在理想信念、价值理念、道德观念上紧紧团结在一起,为服务党和国家事业全局作出更大贡献。习近平总书记在全国宣传思想工作会议上指出:"要牢牢把握正确舆论导向,唱响主旋律,壮大正能量,做大做强主流思想舆论,把全党全国人民士气鼓舞起来、精神振奋起来,朝着党中央确定的宏伟目标团结一心向前进。"因此,讲什么、不讲什么、重点讲什么都应该有着慎重的思考。高校辅导员是先进思想文化的传播者、党执政的坚定支持者、学生健康成长的指导者,在开展理论宣讲的时候应该有鲜明的导向性,要引导学生正确认识世界大势和当代中国,正确认识中国特色和国际比较,正确认识时代责任和历史使命,正确认识远大抱负和脚踏实地,早日成为担当民族复兴大任的时代新人。

(三)理论宣讲的意义

经过七年的探索和经验总结,高校辅导员素质能力大赛已经发展成为引领高校辅导员能力提升的重要舞台。从第七届国赛开始,"主题演讲"环节改为"理论宣讲",这不仅是高校辅导员素质能力大赛科学化发展的体现,也对参赛辅导员提出了更高的能力要求,更加契合了新时代高校辅导员的职业发展需要。

1. 理论宣讲是高校辅导员开展思想理论教育和价值引领的重要途径。教育部 43 号令《普通高等学校辅导员队伍建设规定》明确提出了高校辅导员工作的九大工作职责,其中排在首位的就是思想理论教育和价值引领。具体来讲,就是要引导学生深入学习习近平新时代中国特色社会主义思想,深入开展中国特色社会主义、中国梦宣传教育和社会主义核心价值观教育,帮助学生不断坚定中国特色社会主义道路自信、理论自信、制度自信、文化自信,牢固树立正确的世界观、人生观、价值观。在实际工作中,辅导员对学生进行价值引领的途径有很多,除了主题班会、社会实践、读书报告会等,理论宣讲也是重要的途径。辅导员因时制宜地开展理论宣讲可以有效培养学生的家国情怀和责任担当,帮助学生"扣好人生第一粒扣子",努力成为担当民族复兴大任的时代新人。

2. 理论宣讲是高校辅导员做好新时代高校宣传思想工作的有效手段。《关于进一步加强和改进新形势下高校宣传思想工作的意见》指出,做好高校宣传思想工作,加强高校意识形态阵地建设,是一项战略工程、固本工程、铸魂工程,事关党对高校的领导,事关全面贯彻党的教育方针,事关中国特色社会主义事业后继有人,对于巩固马克思主义在意识形态领域的指导地位,巩固全党全国人民团结奋斗的共同思想基础,具有十分重要而深远的意义。高校辅导员是高校宣传思想工作队伍的重要组成部分,必须不断提升自身的研究阐释能力,在创新网络宣传方式的同时,也不能丢了理论宣讲这个"武器"。要胸怀大局、把握大势、着眼大事,以更开阔的思路、更合适的契机、更有效的方法推进理论宣讲工作,做到守土有责、守土负责、守土尽责,推动习近平新时代中国特色社会主义思想深入人心。

3.理论宣讲是高校辅导员专业化职业化发展的内在需求。《普通高等学校辅导员职业能力标准(暂行)》进一步充实丰富了辅导员工作的专业内涵,引导辅导员系统学习职业相关理论知识、法律法规、政策制度等,为辅导员主动提升专业素养和职业能力指明了路径和方向。在高校辅导员的专业化职业化发展过程中,理论素养一直是一块难啃的"骨头",它不仅决定了辅导员职业化发展的高度,也决定了大学生思想政治教育的质量。可以说,一个善于开展理论宣讲的辅导员一定要具有深厚的理论素养。作为全国性的辅导员素质能力大赛,将"理论宣讲"作为常规比赛项目,具有鲜明的导向性。辅导员的职业成长过程中,不仅要努力具备思想政治教育工作相关学科的宽口径知识储备,还要善于融合外化,通过理论宣讲等途径来检验成色,不断促进自身的职业发展。

二、理论宣讲的要求

要想做好理论宣讲,首先需要回答三个问题,即宣讲什么、对谁宣讲、如何宣讲。"宣讲什么"聚焦在宣讲内容,也是需要向观众传达的精神要义所在,是宣讲的灵魂,宣讲的重点聚焦在党的理论和党的路线方针政策,以及习近平新时代中国特色社会主义思想。"对谁宣讲"聚焦在宣讲对象,一般而言,高校辅导员的宣讲对象是青年大学生、高校教师和思想政治教育工作者。"如何宣讲"聚焦在宣讲方法,要根据不同的主题和对象来进行合理选择。

(一)政治站位要高

理论宣讲旨在凝聚人心,深刻阐释党的科学理论,使青年大学生增强"四个意识",坚定"四个自信",坚决维护习近平总书记党中央的核心、全党的核心地位,坚决维护党中央权威和集中统一领导。坚定执行党的政治路线,严格遵守政治纪律和政治规矩,在政治立场、政治方向、政治原则、政治道路上同党中央保持高度一致。因此,理论宣讲首先要体现政治性特征,严守政治纪律,宣讲的立场和观点必须是正确的,绝不能走偏走歪。作为宣讲者,要不断加强理论学习,提高政治站位,引导帮助青年学生牢固树立对党的科学理论的信仰、坚定走中国特色社会主义道路实现"中国梦"的信念、增强对党和政府的信任、增进对以习近平同志为总书记的党中央的信赖。

(二)逻辑思路要清

确定理论宣讲的主题之后,谋篇布局就显得尤为重要。应该说,清晰的逻辑框架是一场高水平的理论宣讲必不可少的元素,体现在内容各环节之间的相互联系和相互补充,前一环节为后一环节做铺垫,后一环节又是前一环节的发展,层次井然,有条不紊,承前启后,相互联系。值得注意的是,理论宣讲具有理论性,在对理论进行阐释的时候既要兼顾逻辑性,又要兼顾正确性。比如在谈到伟大梦想、伟大斗争、伟大工程和伟大事业的时候,就要牢牢把握四者之间的关系,它们紧密联系、相互贯通、相互作用,其中起决定作用的是党的建设伟大工程。又比如在谈到文化自信的时候,可以从中华优秀传统文化、革命文化和社会主义先进文化三个层面去阐述。清晰的宣讲逻辑可以帮助听众快速地抓取宣讲内容,避免云里雾里,从而取得良好的宣讲效果。

(三)语言表达要精

作为与听众面对面的现场交流,理论宣讲对语言表达有很高的要求。语言是表达思想的载体和工具,再正确的理论,再深刻的思想,如果离开精美、流畅的语言表达,都无法传递给听众。要想提高理论宣讲的感染力和吸引力,一方面,理论宣讲的语言要做到通俗易懂、形象生动。毛泽东在延安整风运动期间曾强调:"人民的语汇是很丰富的,生动活泼的,表现实际生活的。"理论宣讲也是如此,要用心思考,讲故事、说事例、接地气,学会用通俗易懂、生动形象的土话。另一方面,理论宣讲的语言要站在前列、紧跟时代。要结合时代特征,准确把握新形势下的话语体系,善于把老话讲新。比如十九大报告中关于全面从严治党成效的论述:"坚持反腐败无禁区、全覆盖、零容忍,坚定不移'打虎''拍蝇''猎狐',不敢腐的目标初步实现,不能腐的笼子越扎越牢,不想腐的堤坝正在构筑。"这些语言表述具有鲜明的时代性,有新意,有层次,有力度。

(四)表现形式要活

有人说:"这个世界上有两件事最难,一是把别人的钱赚进自己的口袋,二是把自己的思想装进别人的脑袋。前者做好了,是老板,后者做好了,是老师。"一名好的理论宣讲者,要善于根据听众群体的特点,采用最能适合听众接受知识的宣讲结构形式,努力把抽象的理论讲实在,把艰深的理论讲通俗,把枯燥的理论讲生动,生动活泼、形象直观、深入浅出,让人折服。可以贴近生活实际,从身边的小故事出发来以小见大;可以立足地域特色,从传统的文化元素中淬炼提升;可以运用互联网+,从网言网语中洞察万象……归根结底,我们要深刻理解理论宣讲的主题,牢牢把握宣讲主题的核心要义,充分挖掘相关主题的素材,不拘泥于形式,不拘泥于套路。而且,只有情真意切、话由心出,讲出的东西才能打动人。所以理论宣讲要想获得价值认同,走心才是最重要的。

第二节　理论宣讲的原则与技巧

一、理论宣讲的原则

理论宣讲旨在把党的创新理论讲好,从而达到聚人心、暖人心、得人心的效果,推进中国特色社会主义事业的发展。但是,如何宣讲好党的创新理论? 如何让党的创新理论与丰富生动的社会实践对接? 如何让党的创新理论在青年学生心中生根开花? 这就需要把理论宣讲当成一门学问,认真把握其中的辩证关系。中共湖南省委党校副校长吴传毅老师提出了理论宣讲需要把握的六对辩证关系①,值得我们认真思考和借鉴:

1.注重"传"与"释"的关系。理论宣讲的"传"是指传导传递。传导传递党的创新理论要求精准,要求讲好"普通话",不能自说自话。在讲好"普通话"的基础上再讲"地方话",即在精准传导传递党的创新理论的同时寻找与地方实践的连接点;传导传递党的创新理论要求注重语言艺术。语言传导传递是一门艺术,能否把握好这门艺术,传导传递效果会有很大不同。作为宣讲者,要把自己的宣讲当作艺术作品来琢磨,在语言的裁剪和表达上下功夫。理论宣讲的"释"是指宣讲党的创新理论不是做"二传手",不能照本宣科,而必须进行理论上的阐释。传导传递过程就是阐释过程,阐释过程就是理论概括过程,就是逻辑演绎过程。这就

---

① 吴传毅:《理论宣讲需要把握的辩证关系》,《学习时报》,2017 年 12 月 8 日,第 6 版。

要求宣讲者平时要注重理论涵养。

2. 注重"专"与"全"的关系。理论宣讲的"专"是指宣讲既要以专业理论作支撑，又要有所侧重。没有专业理论作支撑，宣讲就会成为对文件内容的简单重复。党的政治报告抑或党的重大决定内容十分丰富，宣讲者不可能"全面开花"，而是要有重点，即根据不同听众确定宣讲重点。因材施教是教育的基本原则，理论宣讲也应遵循这一原则。理论宣讲中的"全"是指必须把党的政治报告抑或党的重大决定的基本原则、基本精神、基本框架讲清楚。如果宣讲者只宣讲报告中的某几个方面内容，没有给听众一个整体框架，那么听众对报告中的具体内容就难以进一步理解和掌握。理论宣讲不能因"专"而不要"全"，也不能因"全"而不要"专"。

3. 注重"新"与"旧"的关系。理论宣讲的"新"包括多种含义，具体包括对创新理论产生的时代背景阐述要新、对支撑创新理论的基础理论解析要新、对创新理论素材选择要新等。"新"体现了与时俱进的精神实质。理论宣讲的"旧"是指对创新理论的源与流要讲清楚。党的创新理论具有继承关系，"新理论"新在哪里？与"旧理论"相比较，有哪些继承和发展？不讲清楚这些关系，听众就难以透彻理解。处理好理论宣读"新"与"旧"关系，要求宣讲者具体掌握史学知识。宣讲经济创新理论需要掌握经济史；宣讲政治创新理论需要掌握政治史；宣讲党的建设创新理论需要掌握党史；宣讲中国特色社会主义理论，需要掌握科学社会主义基本原则；宣讲马克思主义中国化，需要掌握马克思主义基本原理、基本观点和基本方法。

4. 注重"实"与"虚"的关系。理论宣讲中的"实"是指理论宣讲要讲出创新理论的时代意蕴，讲出创新理论的问题导向，讲出理论与实践的连接点。不能把创新理论讲成空洞的口号。理论讲得空洞，就不会有力量。理论宣讲中的"虚"是指要讲出创新理论的价值归旨，讲出创新理论的方向指引。这些问题不讲清楚，思想疙瘩没解开，行动就会迷茫。宣讲中"实"与"虚"的关系实质上就是理论联系实际的过程。只讲实际、不讲理论，不是理论宣讲；只讲理论，不联系实际，理论就不接地气。处理好理论宣讲"实"与"虚"的关系，要善于运用党的创新理论解剖事实、分析现象，让理论与实践融为一体。

5. 注重"深"与"浅"的关系。理论宣讲的"深"是指理论宣讲的深度。理论讲深讲透才有说服力；理论推演逻辑愈缜密，愈能抓住人。只有深刻的理论才能阐释丰富多彩的社会实践，只有深刻的理论才能直抵人心，只有深刻的理论才能成为前行的动力。要做到"深"，理论宣讲者需要有较高的理论造诣，需要掌握多学科的知识，需要熟练地运用学术研究成果，用学术讲政治。理论宣讲中的"浅"是指"浅出"，即通过通俗简单的道理把创新理论讲清讲透。所谓大道至简，任何看似深奥的理论，某种程度上可以说都是最为简洁的思想。理论宣讲中"深"与"浅"的关系实质上就是深入浅出，这就要求宣讲者真正把党的创新理论内化为自己的知识结构，融入自己的知识体系，努力做到深入浅出，举重若轻，只有这样才能收到宣讲的理想效果。

6. 注重"雅"与"俗"的关系。理论宣讲的"雅"是指宣讲要讲究规范性、体现科学性和一定的权威性，让听众感觉到报告有思想有深度有厚度。理论宣讲的"俗"是指接地气，用听众听得懂的故事和语言来宣讲，拉近宣讲者与听众的距离。宣讲只有贴近听众，才能抓住听众、打动听众、感染听众。这就要求宣讲者在练好理论基本功的同时，深入社会实践，关注网络信息，做好调查研究，掌握社情民意。

以上的六对辩证关系，深刻揭示了理论宣讲需要把握的原则。做好高校思政工作，要因事而化,因时而进,因势而新。理论宣讲也是辅导员开展思政工作的有效方式,可以提升思政教育的亲和力。精准通透的理论宣讲可以达到春风化雨、润物无声的效果,使得思想政治工作不再是板着脸说话,而是活了起来、扎下根来、长出花来。

二、理论宣讲的技巧

理论宣讲是第七届全国高校辅导员素质能力大赛新增加的项目,由往届大赛的主题演讲环节演变而来。作为高校辅导员职业中备受关注的黄金赛事,笔者认为,理论宣讲环节的设立使得辅导员大赛的科学性更加鲜明,示范性更加全面。其一是契合了时代发展的主题。党的十九大召开以来,全国上下都在学习贯彻落实习近平新时代中国特色社会主义思想和党的十九大精神,各条战线都必须多措并举来宣讲新理论,传播新思想,才能让党的创新理论"飞入寻常百姓家"。其二是强化了辅导员的责任担当。辅导员是开展大学生思想政治教育的骨干力量,是大学生成长成才的人生导师和健康生活的知心朋友,必须提高政治站位,学思践悟习近平新时代中国特色社会主义思想,在学懂、弄通、做实上下功夫,成为合格的理论宣讲者,潜移默化地做好学生的思想理论教育和价值引领。

由于大赛是第一次设立理论宣讲环节,没有过多的经验可以借鉴,所以,全国的参赛选手基本都是摸着石头过河,精心准备,大胆探索,力求将理论宣讲做到完美。结合参赛经验,笔者总结出理论宣讲需要注意的"四个精"。

(一)主旨解读要精准

作为一种面向大众的现场宣讲活动,理论宣讲对宣讲者提出了很高的要求,最核心的是需要准确把握宣讲的主题,即希望传达给观众的精神要义。可以说,主旨要义是理论宣讲的"灵魂",只有牢牢扭住理论宣讲的主旨要义,做到精准解读,才能确保宣讲效果不走形、不变样、不打折。

主旨解读要有高度。讲什么、不讲什么、重点讲什么,都透露着立场、观点和方法,只有提高政治站位,始终坚持马克思主义指导地位,掌握和运用辩证唯物主义和历史唯物主义的世界观和方法论,以发展的联系的眼光分析和解决实际问题,立足中国国情,结合时代特征,放眼全球视野,才能精准把握党的创新理论和习近平新时代中国特色社会主义思想的深刻内涵。

主旨解读要有广度。着力在培养全局思维上下功夫,分清本质和现象、主流和支流,既看局部也看全部,不断拓宽视野,达到"见一叶而知秋"的境界。比如党的十九大报告中指出,中国特色社会主义进入新时代,我国社会主要矛盾已经转化为人民日益增长的美好生活需要和不平衡不充分的发展之间的矛盾。我们可以从社会生产、社会需求和矛盾的主要方面等不同角度来解读主要矛盾的变化,力求全面而具体,加深对新矛盾的理解。

主旨解读要有深度。高质量的理论宣讲除了接地气,还要有营养,蕴含着一定的理论深度,这样才能让宣讲精神在听众心中生根发芽。比如宣讲新时代的新矛盾,除了需要从多个角度解读主要矛盾变化的依据,还需要阐明主要矛盾变化的丰富内涵,准确把握这种"变"与"不变"的唯物辩证法,做到"两个必须认识"和"三个牢牢把握",在为国家发展取得极大成就欢欣鼓舞的同时,也要头脑清醒地认识到中国所处的新方位和新征程。

(二)谋篇布局要精巧

在拿到宣讲主题,精准解读主旨之后,就要开始构建理论宣讲的结构框架。系统、有序的逻辑结构既能帮助宣讲者快速地理清思路，也可以促使听众更有效地吸收宣讲内容。逻辑结构是理论宣讲的"生命线"，它体现着宣讲者的逻辑思维，决定着理论宣讲的质量。从组织形式上说，一次五分钟的理论宣讲非常相似于一节微型党课，可以参考"导入——阐述——结尾"的结构来进行宣讲。

在导入部分，力求切口小、引子足。在比赛过程中，宣讲者根据宣讲主题的内容可以灵活选择合适的导入方式，围绕"中国特色社会主义进入新时代"的宣讲主题，我们举例进行说明。第一种是开门见山式，简明直接地点出主题。如"习近平总书记在党的十九大报告中作出重要论断，经过长期努力，中国特色社会主义进入了新时代，这是我国发展新的历史方位。"第二种是抛砖引玉式，用一个故事来突出主题。比如，可以用绿皮火车到高铁的发展历史为缩影，来呈现党的十八大以来取得的卓越成就，从而引出中国特色社会主义进入了新时代。第三种是归纳总结式，用众多的事例来引出主题。比如，可以列举经济、政治、文化、社会、生态等领域五年来取得的成就，然后总结出中国特色社会主义进入新时代的论断。

在阐述部分，力求挖掘深、逻辑强。这部分是理论宣讲的核心环节，也是体现宣讲者理论功底和宣讲水平的关键之处。要善于把学理分析和实证分析结合起来，把理论讲彻底、讲通透，才能深入人心，引起共鸣。比如阐述"中国特色社会主义进入新时代"可以按照为什么、是什么、怎么样的思路来展开，分别阐述新时代的判断依据、新时代的本质内涵、新时代肩负的新使命，这样就能比较系统全面地介绍新时代。比如阐述"构建人类命运共同体"可以按照历史、理论、实践的角度来展开，分别阐述人类命运共同体的历史渊源、本质内涵和具体构建举措，让听众能够真正理解人类命运共同体的意义。

在结尾部分，力求升华高、情感真。通过前面的阐述，听众对宣讲主题有了一定的了解，在宣讲的尾声就需要进行总结和升华，提高宣讲效果。一方面，可以就宣讲内容本身进行提炼，帮助听众掌握重点信息。另一方面，可以在总结的基础上，对宣讲内容进行升华，发出一种号召和呼吁。比如宣讲"中国特色社会主义进入新时代"的主题，就可以立足高校辅导员的身份角色，如何在新时代展现新作为，更好地为祖国发展培育新人而展开。

（三）内容呈现要精粹

宣讲的逻辑框架构思好之后，接下去就是要填充宣讲内容，根据宣讲主题遴选合适的材料来支撑观点。宣讲内容就是理论宣讲的"血肉"，是听众汲取养分的来源。因为理论宣讲的时间简短有限，所以宣讲内容的选取要做到精粹，既简单纯粹容易理解，又能精准地支撑观点。一般而言，我们可以选择政策原文、典型故事、数据等形式的内容。

要牢记政策原文，这也最考验宣讲者的理论积累，既需要点明宣讲主题出自某个政策文件，还需要在现场把上下文背诵出来，要求极高。特别是某些政治性强的文字，需要原原本本、一字不差地背诵出来，比如入党誓词、高校教师行为准则等。

要学会讲故事，通过典型的故事来阐述观点，就能让听众坐得住、听得牢、记得深，真正达到入脑入心的效果。比如在宣讲"马克思主义信仰"主题的时候，可以讲述陈望道先生翻译《共产党宣言》时把墨汁当红糖吃的革命故事；在宣讲"绿水青山就是金山银山"主题的时候，可以讲述湖州安吉余村从卖矿石到卖风景，从靠山吃山到养山富山的故事；在宣讲"构建人类命运共同体"主题的时候，可以讲述中国实施"一带一路"倡议促使高铁走出国门的故事。

要善于让数据说话。客观的数据具有强大的说服力，直观清楚地提供论据，让听众信服。比如在宣讲十八大以来我国经济建设取得的成就时,我们可以引用十九大报告中的相关数据来阐述,"经济保持中高速增长,在世界主要国家中名列前茅,国内生产总值从 54 万亿元增长到 80 万亿元,稳居世界第二,对世界经济增长贡献率超过 30%"。需要注意的是,在引用这些数据的时候,需要确保数据的准确性,不能有出入。

(四)语言表达要精彩

作为一种现场的宣讲项目,精彩的宣讲语言可以渲染气氛,引人入胜。宣讲语言就是理论宣讲的"外衣",是将宣讲内容呈现给听众的最直观外在形式,也是现场评委的加分点,因此,宣讲者要在增强宣讲语言的感染力上下功夫。

宣讲语言要接地气,多说家常话,少用官话套话,善于打比方。恰当的比喻可以让枯燥的理论知识变得生动鲜活起来,易于观众理解和接受。比如阐述全面从严治党的成效,可以引用十九大报告原文:"巡视利剑作用彰显,实现中央和省级党委巡视全覆盖。坚持反腐败无禁区、全覆盖、零容忍,坚定不移'打虎''拍蝇''猎狐',不敢腐的目标初步实现,不能腐的笼子越扎越牢,不想腐的堤坝正在构筑,反腐败斗争压倒性态势已经形成并巩固发展。"这一段话里使用了很多形象的比喻,充分体现了重拳惩治腐败的力度和成效。

宣讲语言要有节奏性,将平实与激昂结合起来。在讲述理论知识点的时候,语言要平实,避免高谈阔论,要根据听众的认知规律和心理特征来细致讲解,语速要适中,娓娓道来。在对理论进行升华的时候,要善于使用排比句。一系列的排比句能够增强宣讲的气势,积累情绪,从而增强听众的感情共鸣。比如:"历史车轮滚滚向前,时代潮流浩浩荡荡。历史只会眷顾鉴定者、奋进者、搏击者,而不会等待犹豫者、懈怠者、畏难者。"通过叠字和排比,发出了充满力量的呼吁。

宣讲语言要有真感情,只有情真意切的宣讲才能打动人心。宣讲者要在弄懂悟透的基础上,结合自身的知识储备和成长经历,能够从自身的角度对宣讲内容进行解读,增加感情认同,才能更好地传播主旋律,弘扬正能量。

第三节　理论宣讲的范例与解析

一、学习宣传落实十九大精神宣讲稿

2017 年,为贯彻落实中央关于推动十九大精神进校园、进网络等"七进"的要求,教育部组织开展全国高校一千名辅导员学习宣传贯彻党的十九大精神"校园巡讲"和"网络巡礼"活动,旨在动员广大辅导员和青年学生学在一起,讲在一起,悟在一起,让身边人讲述身边事,用身边事教育身边人,促进自我学习,深化自我教育,实现自我成长。活动由线下、线上两个环节组成。"线下巡讲"由教育部组织 30 名优秀辅导员组成全国报告团,分成 6 组奔赴 31 个省(区市)开展示范巡讲,各省(区市)组织本地区 30 名优秀辅导员到省属高校开展区域巡讲;"线上巡礼"在人民网、光明网等媒体开设"辅导员双巡"活动专题,进行在线学习交流,推动实现学习宣传全覆盖。

其中有很多的宣讲稿都值得我们学习和借鉴,这里分享本书作者之一、浙江师范大学施佳老师 2017 年 12 月 13 日在浙江师范大学所做的宣讲——《实现伟大梦想,高水平谱写浙江发展新篇章》。

各位老师、各位同学：

大家下午好。我是来自浙江师范大学的施佳，今天我宣讲的题目是"实现伟大梦想，高水平谱写浙江发展新篇章"。

有人做过这样的比喻：如果把美国为代表的西方民主制度比作"政党拳击赛"，那么中国共产党的执政就是一场"百年接力赛"，实现中华民族伟大复兴就是这场百年接力赛的终点和目标。

改革开放近四十年来，我们党绘就了经济总量高位跃升的"中国轨迹"，创造了人民生活水平大幅跨越的"中国奇迹"，不断书写着破解种种改革发展难题的"中国答卷"，极大彰显了中国特色社会主义的伟大力量。党的十九大更是为我们的新时代描绘了新愿景：

第一个阶段，2020年到2035年，在全面建成小康社会的基础上，再奋斗十五年，基本实现社会主义现代化。

第二个阶段，从2035年到本世纪中叶，在基本实现现代化的基础上，再奋斗十五年，把我国建成富强民主文明和谐美丽的社会主义现代化强国。

这是新时代共产党人向人民的庄严承诺。

一、"两个一百年"：新目标引领新征程

第一，"两个阶段"符合中国共产党人理想与目标的历史逻辑。

改革开放初，邓小平同志提出"三步走"战略构想，党的十三大明确了"三步走"的战略目标：第一步，实现温饱；第二步，达到小康；第三步，到21世纪中叶，达到中等发达国家水平。党的十五大、十六大、十七大在此基础上对目标不断进行细化和具体化，对"三步走"战略进行系统更新和升级。

2012年党的十八大明确提出"两个一百年"的奋斗目标。党的十九大在"三步走"战略目标和"两个一百年"奋斗目标历史构想基础上，提出"两个阶段"的新目标。这可以说是"三步走"战略的加强版升级版。这个目标把基本实现社会主义现代化提前到2035年实现，从时间上来讲整整提前15年，体现了中国共产党执政的信心和决心。

新的奋斗目标将党的十七大党章中的目标增加了两个字、修改了两个字。第一，增加了"美丽"对应生态文明建设，由此形成中国特色社会主义事业"五位一体"的总体布局。第二，将"国家"修改为"强国"。

上周我们学院带着党员干部集体前往安吉，参观考察"两山理念"起源地天荒坪余村。在余村的文化礼堂里，我们参观了当年会议的旧址，观看了余村的新旧变化展览。学院搞环境治理的副院长和地理系主任给我们上党课，带我们温故了改革开放近四十年的发展。从"靠天吃饭"到"人有多大胆，地有多大产"，从盲目疯狂追求GDP到"绿水青山就是金山银山"，余村经历了"听天由命的无奈""人定胜天的傲慢"，终于迎来了"天人合一的宁静"。大家看最后那张照片上的"招牌石"，背面写着："今日余村，百姓富裕，社会和谐，经济繁荣，以实际行动谱写了绿水青山就是金山银山的美丽画卷，充分证明这一科学论断的旺盛生命力。……以此勒石，永以记存。"落款是余村党支部、村委会。这是我们新时代的石头记。现在的余村已不再是当年的余村，已经成为大家争相前往的"圣地"。

2018年5月18日、19日，全国生态环境保护大会在北京召开，中央政治局常委、中央政治局委员悉数出席。习近平总书记在会上发表重要讲话强调,生态环境是关系党的使命宗旨的重大政治问题,也是关系民生的重大社会问题。

"美丽中国"是多么诱人的字眼,但是她的背后有辛酸、有苦楚,是急功近利后的痛定思痛,是过度开发后的否定之否定。所以,这两处修改给我们带来的不仅是蓝天白云、绿水青山,更是一种自然的回归、理性的回归。

第二,"两个阶段"是中国共产党人探索与实践的必然选择。

党的十九大报告指出,党的十八大以来的成就是全方位的、开创性的,变革是深层次的、根本性的,解决了许多长期想解决而没有解决的难题,办成了许多过去想办而没有办成的大事,中华民族正以崭新姿态屹立于世界的东方。

60多年前,著名学者梁漱溟先生曾问:"中国以什么贡献给世界?"60多年过去了,中国的答案是响亮的。

第一,生存性贡献。(1)我们国家用7%的耕地养活了占世界22%的人口,解决了占世界总人口约四分之一的人的吃饭问题。2017年10月的报道说,袁隆平先生的超级杂交水稻平均亩产1149.02公斤,创造了世界最新、最高纪录。(2)改革开放这些年来,中国从世界上一个贫困的农业国,跃升为世界第二大经济体,实现6.5亿人脱贫。世界银行的报告赞叹:中国在如此短的时间里使得如此多的人摆脱贫困,对于全人类来说这是史无前例的。到2016年底,全国还有4300多万贫困人口,按照2020年全面决胜小康一个都不能少的要求,每年至少要脱贫1000万人以上。

第二,发展性贡献。国际货币基金组织和世界银行的统计数据显示,2013年至2016年,中国对世界经济的贡献率平均为31.6%,超过美国、欧元区和日本贡献率的总和。(1)十九大期间,美国《华盛顿邮报》发文感慨:美国喜欢将本国描述为"山巅之城",是其他国家仿效的榜样。但如今,中国正成为一颗让全世界仰望的"北极星"。(2)据俄罗斯塔斯社报道,近40年来,中国在改革开放中确立了世界主要生产国的地位,"中国制造"遍布世界各地。中国对外投资已经超过外国对华投资。(3)德国《明镜周刊》刊出了印有中文汉语拼音"xing lai!"("醒来!")的红色特别封面。文章称,中国已站在世界中心,中国的崛起正在改变世界格局。

第三,文化性贡献。英国历史学家汤因比在他初期写《历史研究》这部大著作的时候,并没有非常重视中国。到他快去世的时候,他得出一个结论:世界的希望寄托于中国文明和西方文明的结合。他认为西方文明的优点在于不断地发明、创造、追求、向外扩张,是"动"的文化。中国文明的优点在于和平,就好像长城,处于守势,平稳、仁和,向内修炼,是"静"的文化。现在许多西方学者都认为,地球就这么大,无止境地追求、扩充,是不可能的,也是不可取的。今后更需要接受中国的哲学,要平衡、要和谐,民族与民族之间要相互协作,避免战争。他们认为中国的平衡、和谐、协作的哲学思想、人格心理可能是解决人类问题的关键钥匙。

二、"两个高水平":新实践谱写新篇章

那么,"两个阶段"会给浙江带来哪些变化呢?

第一,"两个高水平"是贯彻习近平总书记"更进一步、更快一步"重要要求的战略安排。习近平总书记对浙江实现"两个一百年"奋斗目标寄予厚望,要求"在提高全面建成小康

社会水平上更进一步,在推进改革开放和社会主义现代化建设中更快一步,继续发挥先行和示范作用"。遵循这一要求,省第十四次党代会确立了"两个高水平"的奋斗目标,省十四届二中全会明确提出到2020年高水平全面建成小康社会;从2020年到2035年,高水平基本实现社会主义现代化;从2035年到本世纪中叶,在我国建成富强民主文明和谐美丽的社会主义现代化强国的新征程中继续走在前列、勇立潮头。

浙江是中国革命红船的起航地、改革开放先行地、习近平新时代中国特色社会主义思想的重要萌发地。习近平总书记在浙江工作时,亲自擘画了"八八战略",今天看来与统筹推进"五位一体"总体布局、协调推进"四个全面"战略布局在精神上实质上内涵上是完全契合、高度贯通的。

他提出的"腾笼换鸟、凤凰涅槃""念好'山海经'""绿水青山就是金山银山""既需要立足浙江发展浙江,又必须跳出浙江发展浙江""实现全面小康一个乡镇也不能掉队",这些论述其实就是对创新协调绿色开放共享的新发展观的最好阐释。

秉持这些重大理念,习近平总书记在浙江推动建设的"法治浙江""平安浙江""美丽浙江",都上升为"法治中国""平安中国""美丽中国"等国家战略,在十九大报告和党章中得到充分体现。

第二,"六个浙江""四个强省"是贯彻习近平总书记"永无止境""要谋新篇"重大要求的战略决策。

省委遵循习近平总书记"干在实处永无止境,走在前列要谋新篇"的重大要求,作出建设"六个浙江""四个强省"的战略决策。即:富强浙江、法治浙江、文化浙江、平安浙江、美丽浙江、清廉浙江和改革强省、创新强省、开放强省、人才强省。

(一)"富强浙江"契合建设社会主义现代化强国的部署

2016年,浙江生产总值占全国6.2%,经济总量与居全球第18位的土耳其相当;浙江城乡居民人均收入已经分别连续16年和32年位居全国省区第1位。

车俊书记、袁家军省长亲自出席第四届世界浙商大会,省政府发布大湾区建设路线图,围绕杭州、绍兴、宁波等城市,投资1.5万亿元,构建十大任务、十大平台、百个项目,努力将大湾区培育成为世界级创新型产业集群、现代金融高地、现代科创中心。包括西湖大学和浙江电影学院都将落地。到时,我们可以和全球三大知名湾区旧金山湾、纽约湾和东京湾比肩。

(二)"法治浙江"契合全面依法治国的部署

跑断腿、磨破嘴,打不完的电话,盖不尽的公章⋯⋯很久以前,群众和企业办事"一直在路上"。浙江省用"最多跑一次"给"一直在路上"画上了圆满的句号。德清人民很厉害,为了宣传"最多跑一次"的改革精神和改革方式,出品原创歌曲《最多跑一次》。"一件事,跑一次,成功只需要你的名字。"很带劲! 所以,全国首个"最多跑一次"省级地方标准,全国首家互联网法院,全国首个省、市、县三级法院统一司法公开网站等都出现在浙江大地上。

(三)"文化浙江"契合建设文化强国的部署

近年来,《温州一家人》《鸡毛飞上天》《青恋》等一批以浙江为题材的电视剧在央视热播,广受关注、广受好评,影片中刻画的温州人、义乌人、湖州人形象,向全国人民展现了解放思想、敢为人先、求真务实的浙江精神。温州人被誉为"中国犹太人",经济学家钟朋荣曾将"温州人精神"概括为四句话:白手起家、艰苦奋斗的创业精神;不等不靠、依靠自己的自主精神;

闯荡天下、四海为家的开拓精神；敢于创新、善于创新的创造精神。这些精神就是浙江文化的内核。

浙江的网络文化也很繁荣，网络小说《后宫甄嬛传》《仙剑奇侠传》等先后被改编成现象级影视作品。我特别想推荐《后宫甄嬛传》，因为作者流潋紫就是在浙江师范大学在读期间完成网络小说创作的，《人民日报》《求是》都刊发了她的影评文章。她被誉为浙江80后作家群的领军人物之一，现在担任浙江省网络作家协会副主席。她还是我的嫡亲师妹。

（四）"平安浙江"契合建设平安中国的部署

我爱看美国警匪片，感觉美国FBI比英国007强。但是2017年6月份，北大女硕士章莹颖在美离奇失踪，让我大跌眼镜，我感觉美国的联邦调查局并没比我们的公安强，章莹颖的家属为此还写信给特朗普求助，据说白宫没有回应。后来尽管几经波折，但还是不了了之，我们只能是扼腕痛惜。为了提醒要出国的同学，我查了些资料，了解到每十万人中杀人犯的人数，美国是4.88人，中国是0.74人。无论是白天还是晚上，我们的安全指数都比美国高。而我们浙江更被公认为全国最安全、社会公平指数最高的省份之一，是"平安中国"示范区。

（五）"美丽浙江"契合建设美丽中国的部署

2016年6月18日，央视《焦点访谈》用了足足8分钟时间，向全国人民重点介绍了金华农村垃圾分类经验。6月19日，《人民日报》刊发关于金华金东区的文章《垃圾围村不见了》。金华为何频频露脸中央电视台、《人民日报》呢？因为这只"网红"垃圾桶——中国好垃圾桶。一般我们将垃圾分为可回收、不可回收、有毒垃圾等，有的时候就算是我们这些具有大学本科学历的人，都不敢随便乱分垃圾，分不太清楚。金华人将垃圾桶分成"可腐烂"和"不可腐烂"两类，效果特别好，因为能烂不能烂，连村里80多岁的老奶奶都分得清。2018年2月18日，网易新闻报道，金华金东区锁园村在"不能烂"的基础上，提出"好卖不好卖"的标准，总结形成了"能烂不能烂""好卖不好卖"的"二次四分"法，有效解决了垃圾分类难题。

金华只是全省的一个缩影，这些年浙江从"千村示范、万村整治"，到"五水共治""三改一拆"，数以万计的村庄美化了环境，城乡环境发生了翻天覆地的变化，是一场真真实实的环境革命。2017年4月，习近平总书记对"千村示范、万村整治"工程作出重要批示："要结合实施农村人居环境整治三年行动计划和乡村振兴战略，进一步推广浙江好的经验做法，建设好生态宜居的美丽乡村。"这在浙江干部群众中引起热烈反响。

（六）"清廉浙江"契合全面从严治党的部署

中纪委曾推出一个广告，很走心：

你不必下班后还忙着应酬，一身酒气回家，老婆孩子都睡了，连句话也没人说。

你不必开完大会开小会，工作却没什么实质进展。

你不必递包烟、送瓶酒，不必请客吃饭，也能把章盖上，把事儿办成。

你不必屈从于潜规则。

你可以有更多的时间，看看书，跑跑步，陪陪家人。

五年，八项规定，改变中国，更改变你我的生活。

调查结果显示，这几年，群众对我省党风廉政建设和反腐败工作的满意度逐年上升，群众满意度的背后，是浙江的党风廉政建设和反腐败斗争的真抓实干。

在座各位同学，崔卫平老师说过一段话："你所站立的那个地方，正是你的中国。你怎么样,中国便怎么样。"只要你有信仰,我们的民族就充满希望,我们的国家就充满力量。让我们一起在新时代新目标的引领下扬帆起航。

我的宣讲到此结束,谢谢大家!

（浙江省千名辅导员学习宣传十九大精神宣讲团成员、浙江师范大学施佳）

点评:

这是一篇时长为15分钟的宣讲稿,内容体量大概是辅导员大赛中理论宣讲的三倍,非常值得研究和学习。宣讲的框架清晰,层层递进,大致可分为三个部分:一是前言,从一个形象的比喻出发,引出了十九大提出的"两个一百年"奋斗目标。二是阐述"两个一百年"的科学性和正确性,即"两个阶段"符合中国共产党人理想与目标的历史逻辑,是中国共产党人探索与实践的必然选择。三是阐述"两个一百年"在浙江的实践,也就是"两个高水平""六个浙江""四个强省"。宣讲的内容厚实,既有理论的高度,也有实践的温度,尤其是结合了大量贴切的事例加以论证,极具说服力。宣讲的收尾有力,"清廉浙江"的事例极富生活气息,既烘托了现场气氛,也升华了宣讲主题。

二、辅导员素质能力大赛宣讲稿

在第七届全国高校辅导员素质能力大赛的理论宣讲环节,有很多选手的宣讲都很精彩,这里跟大家分享的是两位第七届全国高校辅导员素质能力大赛一等奖获得者的宣讲稿。

首先是哈尔滨师范大学的刘国权老师,在国赛的舞台上,他的宣讲将比赛现场的气氛推向高潮,刘老师也作为第七届大赛的获奖代表在全国高校辅导员现场工作会议上发言。下面,我们一起来欣赏刘老师的宣讲稿《师德师风是评价教师队伍素质的第一标准》。

"师德师风是评价教师队伍素质的第一标准",这句话出自2018年5月2日习近平总书记在北京大学师生座谈会上的讲话。讲话中,总书记提出了"一个根本任务"、"两个标准"、"三项基础性工作"和对青年大学生的"四点希望",再次站在党和国家事业兴旺发达、中国特色社会主义事业后继有人、中华民族伟大复兴的历史高度和战略高度,强调教师的重要使命,肯定教师的突出贡献,并满怀深情地对教师进行勉励、提出要求。

这不是总书记第一次强调教师素质和师德师风建设。从2013年教师节提出的"三个牢固树立",2014年提出的"四有好老师",到2015年回信"国培计划"贵州参训教师,2016年强调的"四个引路人",再到2018年的"5.2讲话"和全国教育大会上的重要讲话,总书记代表党和国家,始终把教师的理想信念、爱国情怀、道德修养视为教师队伍建设的基础,将师德师风视为评价教师队伍素质的第一标准。

为什么师德师风是第一标准?因为我们的高校要培养的是爱国、励志、求真、力行的社会主义建设者和接班人,教师肩负着传播思想、真理、知识,塑造生命、灵魂、新人的时代责任。因为教师作为"学为人师、行为世范"的表率,举手投足之间就是无声的教育,一言一行、一举一动、一点一滴都在感染学生、影响学生、教化学生。因为教师是人类灵魂的工程师,是三寸粉笔、三尺讲台系国运,一颗丹心、一生秉烛铸民魂的立德树人者、传道授业者、答疑解惑者。总书记说,一个人遇到好老师是人生的幸运,一个学校拥有好老师是学校的光荣,一个民族源源不断涌现出一批又一批好老师则是民族的希望!事实证明,什么样的教师教育引导出什么样的学生;理想信念坚定、爱国深情满怀、师德师风高尚的教师一定能够培养出有家国情怀、责任意识和担当精神的新时代大学生。

辅导员作为高校教师队伍的重要组成部分，是高校思想政治工作的骨干力量，是学生成长成才的人生导师和健康生活的知心朋友。作为大学生认识最早、相处最长、感情最深的教师，辅导员必须师德优良、师风高尚、党性坚定、严于律己，在"三个角色于一体""四季不离伴青春""五有目标做表率"上下功夫。"三位一体"即当好学校大局工作的"兵"，服务大局讲政治；学院独当一面的"将"，敢想敢做有担当；学生中旗帜鲜明的"帅"，言传身教指方向。"四季陪伴"即做学生春天的花、秋天的果、夏天的冰块、冬天的火，让学生心怀正能量、拥有获得感、有成更谦卑、受挫志不短；"五有目标"即口中有理、心中有爱、胸中有则、手中有宝、脚下有路，切实围绕、关照、服务学生，做到以理服人、以爱感人、以则树人、以宝育人、以路带人。

各位同仁们！新时代、新使命、新征程，学生要有新目标、新成长、新气象，教师要有新思考、新作为、新担当！我们相信，只要我们为人师者昂首阔步新时代，筑梦圆梦大舞台，武装思想有力量，立德树人写华彩，就一定会有学生的崇高理想荡胸怀，幸福奋斗展风采，民族复兴我必在，强国一代向阳开！

（第七届全国高校辅导员素质能力大赛一等奖、哈尔滨师范大学刘国权）

点评：

刘老师的演讲思路是典型的"What—Why—How"模式。首先，以开门见山的方式点出宣讲主题，指出"师德师风是评价教师队伍素质的第一标准"的出处，并详细地追溯了习近平总书记关于"师德师风建设"的相关讲话和指示，用扎实的理论功底回答了"What"；接着，从教师对培养学生成才重要性的角度回答了"Why"；继而把教师角色固定到高校辅导员，从"三个角色于一体""四季不离伴青春""五有目标做表率"三个方面回答了"How"；最后一段再发起号召，强势收尾。宣讲结构清晰，既有对宣讲主题的详细解读，也有结合自身工作的深刻思考，而且排比句众多，极富现场感染力。

其次，想跟大家分享的是笔者在第七届浙江省高校辅导员素质能力大赛现场的宣讲稿，作为参赛选手，笔者抽到的题目是"马克思主义闪耀着穿越时空的真理光芒"，宣讲受到了评委的一致好评，下面也跟大家做个分享。

尊敬的各位老师，亲爱的各位同学，大家下午好，我是9号选手，欢迎来到今天的宣讲小课堂，我今天宣讲的题目是"马克思主义闪耀着穿越时空的真理光芒"。

今年五四青年节的时候，学校组织我们青年教师参观了陈望道故居。相信很多人都知道，陈望道先生是《共产党宣言》第一本中文译本的作者，为马克思主义在中国的传播作出了重要的历史贡献。在他的身上还有一个动人的故事，叫作"信仰的味道真甜"。说是1920年的春天，陈望道先生回到老家义乌分水塘村的一个柴房里翻译《共产党宣言》的时候，母亲给他端了几个粽子和红糖，叮嘱他把红糖和粽子蘸在一起吃，不久后，门外问他："红糖够不够，要不要再添些？"儿子应声回答："够了，够甜的了！"等母亲进门收拾碗筷的时候，发现儿子满嘴都是墨汁，原来，红糖一点都没动，陈望道先生是蘸着墨汁吃掉粽子的，所以这个故事叫作"信仰的味道真甜"。习近平总书记也在重要场合讲过这个故事。

马克思是世界无产阶级和劳动人民的伟大导师，是马克思主义的主要创始人，是近代以来最伟大的思想家。今年恰逢马克思诞辰200周年，《共产党宣言》发表170周年。习总书记从科学的理论、人民的理论、实践的理论、不断发展的开放的理论四个维度高度凝练了马克思主义理论。是的，马克思主义不是教条，而是行动指南，中国共产党将马克思主义基本原理同中国的具体实际相结合，领导团结全国各族人民，在革命、建设、改革过程中，取得了巨大的成就,中国特色社会主义也走进了新时代。我们知道,历史和人民选择马克思主义是正确的,中国共产党将马克思主义写在自己的旗帜上是正确的,不断推进马克思主义中国化时代化大众化是完全正确的选择。

回望20世纪以来的历史,从嘉兴南湖谋划建党的年轻船客,到不顾抗战烽烟奔赴延安的爱国青年,再到新时代团结起来振兴中华的有志青年,无一不是在马克思主义的召唤和引领下,在民族复兴的道路上刻画自己的奋斗痕迹。那么作为新时代的大学生,我们如何坚定马克思主义信仰,舒展凌云之志,闪耀青春之光? 我想,可以从三点来努力,第一点,在入脑入心上下功夫。不深思则不能造于道,不深思而得者,其得易失。马克思主义真理博大精深,我们一定要读原文,学原著,悟原理,读一读我们的《共产党宣言》,看一看我们陈先达先生所著的《马克思主义十五讲》。第二点,在行知合一上下功夫。马克思主义的学说如浩瀚烟海,但是马克思的墓碑上只有一句话,那就是"哲学家总是通过用不同方式去解释世界,但问题在于改变世界"。是的,这就是马克思主义学说与以往其他一切学说的不同,在于它的实践性,中国共产党正是牢牢把握了这一实践性,所以大家要把说和做结合起来。第三点,在久久为功上下功夫,马克思主义学说博大精深,我们要坚持不懈,保持定力,慢慢吃透,慢慢领悟,慢慢将它内化于心,成为指导我们行动的重要思想指南。青春的光辉,理想的钥匙,生命的意义,乃至整个人类的生存和发展都包含在"奋斗"这两个字当中,这是马克思对青年的寄语,习总书记也说,幸福都是奋斗出来的,所以作为新时代的青年,我们要乘新时代的春风,勇做时代的奋进者,开拓者,做一名坚定的马克思主义信仰者,让马克思主义真理在中国的大地上闪耀出无限的光芒。以上就是我的宣讲,谢谢大家。

(第七届全国高校辅导员素质能力大赛一等奖、浙江师范大学程松泉)

点评:

笔者在省赛中抽到的宣讲题目是比较宏观的,难以把握,如何在5分钟里把马克思真理讲透讲生动是一个很大的挑战。一番权衡之后,笔者基本搭建了框架。开头部分用小故事切入,引出主题。"信仰的味道真甜"的故事流传比较广,加上笔者实地参观过陈望道故居,感受深刻,所以讲起来比较自然,能迅速吸引观众注意力。接着,借助习总书记《在纪念马克思诞辰200周年大会上的讲话》中的内容,对马克思主义进行阐释。最后,呼吁青年大学生从三个方面努力,成为一名坚定的马克思主义信仰者。现在回过头去看,尽管当时是小组第二高分,但是在对马克思主义进行阐述的部分不够深入,应该压缩最后一部分的内容,增加第二部分的理论阐述内容,这样的框架会更合理,理论阐释也会更到位。

三、参赛感受

在工作的第三个年头,笔者有幸被学校推荐参加比赛,最终获得了第七届全国高校辅导员素质能力大赛一等奖、第七届浙江省高校辅导员素质能力大赛特等奖。成绩的获得离不开学校的培养、离不开师傅的指导、离不开学生的关爱。参加比赛是为了提高职业能力,更好地回归工作,服务学生。在求索的路上,也有一些感受,略做分享。

(一)加强学习,提升素养

俗话说"巧妇难为无米之炊",如果一名辅导员对党的理论知识掌握不到位,认识不深刻,解读不精准,那么这样的理论宣讲必然是失败的。抛开宣讲技艺方面的训练,最核心的还是需要提升辅导员的理论素养。习近平总书记在全国高校思想政治工作会议上提出,教育者要先受教育,只有明道信道才能传道。因此,要想组织一次成功的理论宣讲,辅导员还是应该从理论源头上下功夫,把握住读原著、学原文、悟原理这个重要方法,经常学、反复学、持续学,真正学懂、学透、学通,增强对党的创新理论的思想认同、理论认同和情感认同。

笔者认为,辅导员可以从马克思主义经典著作、习近平总书记系列重要讲话、党的各项方针政策文件等层面来加强学习。结合辅导员工作的相关性,推荐如下。

1. 书籍类

(1)《共产党宣言》。又译《共产主义宣言》,是马克思和恩格斯为共产主义者同盟起草的纲领,全文贯穿马克思主义的历史观,是马克思主义诞生的重要标志。它是第一部较为完整而系统地阐述科学社会主义基本原理的伟大著作。是马克思主义的百科全书,是马克思主义哲学、政治经济学、科学社会主义、党的建设思想的集中体现。书中全面系统地阐明了马克思主义的基本原理,特别是历史唯物主义和科学社会主义的基本原理,揭示了资本主义必然灭亡、社会主义必然胜利的趋势和途径。

(2)《马克思主义十五讲》。由马克思主义理论家陈先达教授编写。为深入学习贯彻习近平总书记关于马克思主义的系列重要讲话精神,方便广大的理论工作者、党员干部以及青年学生更好地坚持以马克思主义指导,解决真懂真信的问题,解决好为什么人的问题,并最终要落实到怎么用上来,人民出版社特邀请陈先达教授编写了该书。

(3)《习近平谈治国理政》。该书全面系统回答了新的时代条件下中国发展的重大理论和现实问题,是国际社会了解当代中国的重要窗口、寻找中国问题答案的一把钥匙。阅读这本书,可以了解以习近平同志为总书记的党中央治国理念和执政方略,品味悠长醇厚的中国历史文化,感受当代中国的深刻变革和梦想追求,进一步增进对中国发展理念、发展道路、内外政策的理解,从而更加全面地了解中国、更加客观地看待中国、更加理性地读懂中国。目前已出版两卷。

(4)《习近平新时代中国特色社会主义思想三十讲》。这是中共中央宣传部编写的一部通俗理论读物,首次出版于 2018 年 5 月。该书以"八个明确""十四个坚持"为核心内容和主要依据,紧紧围绕新时代坚持和发展什么样的中国特色社会主义、怎样坚持和发展中国特色社会主义这个重大时代课题,分 30 个专题全面、系统、深入阐释习近平新时代中国特色社会主义思想的重大意义、科学体系、丰富内涵、精神实质、实践要求。

(5)《我说新时代——高校辅导员十九大精神双巡集萃》。这是教育部组织开展"学习宣传贯彻党的十九大精神——千名高校优秀辅导员'校园巡讲'和'网络巡礼'活动"的成果。全书围绕新时代和新征程的内涵、中国梦与青春梦的关系、当代青年的责任与使命等主题,选取了 30 名优秀辅导员全国巡讲的演讲稿,对上述主题进行了深入浅出的阐述。本书密切结合高校及辅导员工作实际,具有较突出的亲和力和针对性。

2. 讲话类

习近平在博鳌亚洲论坛 2018 年年会开幕式上的主旨演讲(2018-04-10)

习近平在全国网络安全和信息化工作会议上的讲话(2018-04-21)

习近平在北京大学师生座谈会上的讲话(2018-05-02)

习近平在纪念马克思诞辰 200 周年大会上的讲话(2018-05-04)

习近平在全国生态环境保护大会上的讲话(2018-05-19)

习近平在全国教育大会上的讲话(2018-09-10)

习近平在庆祝改革开放40周年大会上的讲话(2018-12-18)

等等

3.政策文件类

《新时代高校教师职业行为十项准则》

《关于加快建设高水平本科教育 全面提高人才培养能力的意见》

《关于高等学校加快"双一流"建设的指导意见》

《高等学校学生心理健康教育指导纲要》

《新时代高校思想政治理论课教学工作基本要求》

《高等学校人工智能创新行动计划》

《教师教育振兴行动计划(2018—2022年)》

《关于全面深化新时代教师队伍建设改革的意见》

等等

以上书籍、讲话、政策文件都是与辅导员工作关联度比较高的,其中讲话和政策文件只是列举了部分2018年的,每一年都会有新的讲话和文件。辅导员应该以"知之者不如好之者,好之者不如乐之者"的态度对待学习,真正把学习作为一种追求、一种爱好、一种健康的生活方式,坚定崇高的理想信念,对马克思主义真信、真学、真懂,且做到敬党、信党、爱党。唯有如此,才能做好理论宣讲工作,真正做到传播正能量、弘扬正气观、塑造精气神。

(二)讲好故事,以小见大

理论宣讲的主题具有理论性,宣讲者需要进行生动的阐释才能让枯燥的理论变得有血有肉,如何做到生动? 最有效的办法就是讲故事。讲故事是把握重点、吃透要点、理解难点的有效途径,也是增信释疑、凝心聚力的桥梁纽带,可以化难为易,化繁为简,拉近党的创新理论与受众的距离,增进认同感,增强获得感。下面,我们先看一则贺龙将军讲党课的故事。

1940年,抗日的烽火已熊熊燃烧了3个年头。持久战拖得日寇气急败坏。日寇开始对我抗日根据地进行疯狂的大扫荡。为战胜困难,抗日根据地全面加强了党的建设,特别是重视对党员干部的党课教育。

一天,晋绥军区司令员贺龙亲自给大家上了一堂别开生面的党课。这堂党课真奇特。贺龙事先没有准备讲稿,也没有写提纲,只安排通信员准备了三样活教材:一碗小米,一双崭新的黑布鞋,一碗清水,水里还有一条活蹦乱跳的小鱼儿。贺龙微笑着走进课堂。他开宗明义地讲:"我们的党是全心全意为人民服务的党,只有紧紧依靠群众,密切联系群众,才能为群众所拥护。党群关系问题可是我们党应该时时注意的一个大问题啊。今天这堂党课,我就专讲密切党群关系问题。"

贺龙意味深长地指着桌上的那碗小米,讲道:"我们的军队要打仗,不吃饭行不行啊? 这粮食哪来的? 还不都是老百姓种的吗? 打胜仗就是要依靠群众哟!"缓了一口气,他又接着说:"大家想一想,这碗小米可来之不易啊,要耕、耙、种,还要选苗、锄草、割、捆,从地里背回来。还得打、晒,最后碾成米……要是忘了老百姓的血汗,我们一天也不能生存。"

贺龙又拿起那双新鞋说:"这鞋子也来之不易啊。这鞋底我数了数,有16层布,一针一线地纳。老百姓生活那样苦,吃黑豆穿破衣,哪来的东西,哪来的工夫做鞋哟! 可别瞧不起这双鞋,没有它行军就走不动,打仗就冲不上。"他又端起碗,问台下的一个同志:"这碗里有水和鱼,你讲讲是什么意思?"那位同志沉思了一下回答道:"鱼和水说明了党和群众鱼水深情。"贺龙高兴得连连点头说:"讲得对!讲得对!"接着,他把碗里的那条鱼捞起来,放在桌子上。开始,小鱼还能蹦起来,过了一会儿就不动了。贺龙指着小鱼说:"大家看见了吗?我们和群众就好比这鱼和水的关系。没有水,鱼就活不下去,没有人民群众,我们就难以生存。"

(摘自《百姓生活》2013年第12期,叶介甫/文)

在宣讲党员密切联系群众类主题的时候,我们就可以讲述贺龙将军讲党课的故事,一碗米,一双鞋,一碗水,深刻揭示了中国共产党与人民群众的鱼水情深。所以带领人民创造美好生活,是我们党始终不渝的奋斗目标。必须把人民利益摆在至高无上的地位,让改革发展成果更多更公平惠及全体人民,朝着实现全体人民共同富裕不断迈进。

又比如,在宣讲中国共产党的信仰和初心的时候,我们一定会想起这个经典的故事——《信仰的味道》。

1920年的春夜,浙江义乌分水塘村一间久未修葺的柴屋。两张长凳架起一块木板,既是床铺,又是书桌。桌前,有一个人在奋笔疾书。

母亲在屋外喊:"红糖够不够,要不要我再给你添些?"儿子应声答道:"够甜,够甜的了!"谁知,当母亲进来收拾碗筷时,却发现儿子的嘴里满是墨汁,红糖却一点儿也没动。原来,儿子竟然是蘸着墨汁吃掉粽子的!

他叫陈望道,他翻译的册子叫《共产党宣言》。

(摘自《人民日报》2012年11月27日第4版"人民论坛"栏目,《信仰的味道》)

这就是陈望道翻译《共产党宣言》时的故事,习近平总书记在参观《复兴之路》展览时就讲述过。墨汁为什么那样甜?原来,信仰也是有味道的,甚至比红糖更甜。正因为这种无以言喻的精神之甘、信仰之甜,无数的革命先辈,才情愿吃百般苦、甘心受千般难。

需要注意的是,宣讲需要故事,但不是故事会,不意味着宣讲中故事越多越好。党的理论永远是"红花",故事是"绿叶",只能是"绿叶"衬托"红花",而非取代。所以要精选故事,精讲故事,才能达到精彩的宣讲效果。

(三)立足本分,多加实践

一般而言,理论宣讲活动由宣讲者、宣讲内容和宣讲对象三部分组成,对于同样的宣讲内容,不同的宣讲者会有不同角度的解读。高校辅导员素质能力大赛中的理论宣讲环节,宣讲者是参赛的辅导员,宣讲对象是现场的评委和老师,所以,我们可以从高校辅导员的职业视角来审视宣讲。

高校辅导员的角色是学生成长成才的人生导师和健康生活的知心朋友,首要职责是对学生进行思想理论教育和价值引领,履行这项职责的具体形式有很多,理论宣讲就是很重要的一种。在平时工作中,辅导员容易忽视理论宣讲的经验积累,从而导致赛场上的捉襟见肘。分析第七届国赛和省赛的理论宣讲题目,主题一般比较宏观,很多选手觉得难以找到落脚点。笔者认为,辅导员可以结合思想政治工作和自身角色来进行宣讲,尤其是结尾部分。比如针对第七届国赛的题目"抓住培养社会主义建设者和接班人这个根本任务,努力建设中国特色世界一流大学",可以阐述作为一名新时代的辅导员,如何培育时代新人,为世界一流大学的建设贡献自己的力量。以这样的思路展开宣讲,既结合了辅导员的职业特征,又能让宣讲精神落地生根。

习近平总书记对于高校思想政治工作有很多重要论述,辅导员应该牢牢掌握这些论述的精髓,在理论宣讲的时候可以灵活运用。下面列举两例。

　　要教育引导学生正确认识世界和中国发展大势，从我们党探索中国特色社会主义历史发展和伟大实践中，认识和把握人类社会发展的历史必然性，认识和把握中国特色社会主义的历史必然性，不断树立为共产主义远大理想和中国特色社会主义共同理想而奋斗的信念和信心；正确认识中国特色和国际比较，全面客观认识当代中国、看待外部世界；正确认识时代责任和历史使命，用中国梦激扬青春梦，为学生点亮理想的灯、照亮前行的路，激励学生自觉把个人的理想追求融入国家和民族的事业中，勇做走在时代前列的奋进者、开拓者；正确认识远大抱负和脚踏实地，珍惜韶华、脚踏实地，把远大抱负落实到实际行动中，让勤奋学习成为青春飞扬的动力，让增长本领成为青春搏击的能量。

（摘自习近平总书记在全国高校思想政治工作会议上的讲话）

　　要在坚定理想信念上下功夫，教育引导学生树立共产主义远大理想和中国特色社会主义共同理想，增强学生的中国特色社会主义道路自信、理论自信、制度自信、文化自信，立志肩负起民族复兴的时代重任。要在厚植爱国主义情怀上下功夫，让爱国主义精神在学生心中牢牢扎根，教育引导学生热爱和拥护中国共产党，立志听党话、跟党走，立志扎根人民、奉献国家。要在加强品德修养上下功夫，教育引导学生培育和践行社会主义核心价值观，踏踏实实修好品德，成为有大爱大德大情怀的人。要在增长知识见识上下功夫，教育引导学生珍惜学习时光，心无旁骛求知问学，增长见识，丰富学识，沿着求真理、悟道理、明事理的方向前进。要在培养奋斗精神上下功夫，教育引导学生树立高远志向，历练敢于担当、不懈奋斗的精神，具有勇于奋斗的精神状态、乐观向上的人生态度，做到刚健有为、自强不息。要在增强综合素质上下功夫，教育引导学生培养综合能力，培养创新思维。

（摘自习近平总书记在全国教育大会上的讲话）

　　当然，这种思路不一定适用于所有宣讲主题，在赛场上，需要结合主题来进行细致的谋篇布局。最核心的，还是要提高理论素养，既要养成理论学习的好习惯，也要积累实践教育的深思考，切实做好理论与实践的结合。此外，还需积累舞台经验，抓住一切机会上台开讲，面向不同观众，面对不同场合，不断磨炼宣讲技艺，坚持不懈，多加实践，争取早日成为理论宣讲的行家里手。

第六章　如何组织辅导员的主题班会

中共中央、国务院《关于进一步加强和改进大学生思想政治教育的意见》指出："班级是大学生的基本组织形式,是大学生自我教育、自我管理、自我服务的主要组织载体。要着力加强班级集体建设,组织开展丰富多彩的主题班会等活动,发挥团结学生、组织学生、教育学生的职能。"《普通高等学校辅导员队伍建设规定》也明确要求,辅导员要"以班级为基础,以学生为主体,发挥学生班集体在大学生思想政治教育中的组织力量"。可见,班级仍然是高校的基本治理单元,而辅导员和班主任则是班级治理的主要责任人。在互联网思维和高校学分制改革背景下,各种网络虚拟群体、选课制教学班以及各式各样的学生社团正强烈冲击着传统的高校管理模式,将主题班会仅仅理解成一个政策发布的会议、一个上传下达的通道已经无法适应时代的需求,如何发挥传统班级组织的优势,如何创新高校的主题班会,是每一位辅导员都面临的紧迫课题。

第一节　主题班会的类别与形式

在《教育大辞典》中,主题班会是"围绕一定主题而举行的班级成员会议"。有的研究者将班会理解成为对学生进行教育和管理的综合课程。高校的主题班会是指在辅导员、班主任的指导和组织下,以班级为单位,围绕一定的主题而进行的一种有目的、有组织、有计划的集体教育活动。高校的主题班会针对班级同学在学习成才、择业交友、健康生活等方面的某一个或某一类问题而开展,包括大学生的理想信念教育、日常行为规范教育、自我修养教育、爱情教育、学风教育、诚信教育、感恩教育、专业素质养成教育、职业规划教育、就业指导等等。主题班会是塑造集体观念、营造集体氛围、让学生学会自我教育管理、独立思考判断、有效沟通交流的重要途径,是大学生思想政治教育的重要方式。优质的主题班会能够凝聚人心,明确导向,实现情感感染、思想凝聚、道德导向和意志激励的教育目的。因此,组织召开高质量的主题班会是保障思想政治教育有效性的重要途径。

一、主题班会的分类

主题班会有很多种分类,根据时间可分为定期班会和非定期班会,根据功能可分为事务性班会、教育性班会,根据内容则可分为以下几类:

1. 理想信念教育:深入学习党的十九大精神和学习习近平新时代中国特色社会主义思想,深入开展中国特色社会主义、中国梦宣传教育和社会主义核心价值观教育。

2.思想品德教育:爱国主义教育、集体主义教育、法制教育、爱校荣校教育、道德品质教育、艰苦朴素教育、奋进成就梦想教育等。

3.文明礼仪教育:优秀传统文化教育、革命文化教育、社会主义先进文化教育、诚信教育、情感(包括爱情观、亲情观、友情观)教育、感恩教育、孝文化教育、廉洁文化教育等。

4.学风养成教育:专业兴趣培养、专业思想巩固、优良学风引领、学业规划、学习方法引导等。

5.励志成才教育:家庭经济困难学生的励志教育、校园文化教育、职业规划教育、择业观和就业观教育等。

6.健康生活教育:大学生适应性教育、班级建设教育、心理健康教育、安全教育、寝室文明教育、体育健身教育等。

7.特殊节点教育:五一劳动节、五四青年节、七一建党节、八一建军节、十一国庆节以及抗日战争纪念日、南京大屠杀国家公祭日等。

二、主题班会的形式

传统主题班会往往采用"老师讲、学生听""班委讲、同学听"的方式进行,满足于"说教"和"传达信息"的基本功能。作为教育活动,主题班会的形式应根据内容相应选择,对于形式的分类,研究者们的基本共识为:模拟扮演式、咨询答疑式、专题报告式、节日纪念式、现场体验式、经验交流式、成果汇报式、才能展示式、专题辩论式、实话实说式、娱乐表演式、总结归纳式等12种。这样的创新有益于推动班会活动由沉闷、乏味向生动活泼转变,使班会活动真正成为思想政治教育的重要阵地。

第二节　主题班会的设计与组织

组织主题班会分为制定主题班会方案、实施主题班会、评估主题班会等三个环节。

一、制定主题班会方案

主题班会作为一种思想政治教育实践活动,在大学生的思想政治教育中发挥着基础性的作用,是辅导员开展思想政治教育的重要载体和手段。作为一种教育活动,"做什么""怎么做"是活动的中心问题,也是首要问题,需要辅导员前期设计和策划。主题班会的设计是组织主题班会的起始阶段,对整个班会活动的成效有着决定性的影响。下面,我们首先讨论主题班会的设计。我们认为,可以分为下面几个基本步骤。

(一)搜集信息,发现问题

制定主题班会方案,目的是为了解决同学当中普遍存在的困惑和问题,要想解决问题,首先要发现问题。发现问题是制定主题班会方案的第一步。为了使制定的方案符合实际,辅导员要善于掌握学生的思想状况,善于发现学生存在的困惑和问题并能够对问题进行科学的诊断,要正确分析问题存在的各种条件,明确问题的性质和范围,找出问题产生的原因,以及有针对性地确定主题班会的目标,提出解决问题的具体思路和实施办法。

在现实生活当中,同学们的思想问题是多种多样的,也是不断变化的。有些问题中绕着问题,有些问题比较虚无缥缈,需要辅导员不断地分析和澄清,要找到主要矛盾和关键问题。只有围绕主要矛盾和关键问题来设计和开展主题班会,才能达到解决学生思想困惑和问题的目的,这样的班会才能成为有成效的班会。那么,如何收集学生的思想信息?一是要真实,要真实反映学生的思想困惑。学生有困惑才会有解决困惑的需求,也才有我们开展工作的有利契机。现在很多的主题班会来源并不是学生的真实需求,而是凭经验凭感觉,为了班会而班会,往往达不到答疑解惑的效果,有的甚至引起学生的强烈反感。二是要全面,收集的信息必须全面反映学生的思想状况。既需要全面了解班级同学的思想信息,也需要了解每一位同学全面的思想信息。主题班会是针对全班同学开展的,不是针对某一个个体开展的,必须根据大部分同学的思想状况而作出判断。只有在全面了解全班同学思想信息的基础上,我们才能准确分析和提出普遍存在的困惑和问题。三是要及时,收集的信息必须是及时有效的。学生的思想信息有很强的时效性,不同阶段的学生会有不同的关注点,不同时间节点的学生会有不同的需求,有的甚至会因为一则新闻、一条微信、一部影片、一个事件而产生群体困惑,这就要求我们及时掌握学生的思想动态,及时根据这样的信息制定主题班会方案,及时通过主题班会解决问题。

搜集思想信息,发现和提出问题是制定主题班会方案的前提。要做好信息收集工作,首先,需具备明确的信息观念。在今天这样一个瞬息万变的时代,学生的思想信息处于不断变化当中,他们在想什么、要什么、怀疑什么、困惑什么,对于开展思想政治教育具有重要意义。有了这样的信息观念,才会增强对学生思想信息的敏感性和敏锐性,才会对其重视、进行研究。其次,辅导员要学会调研的方法,采用问卷、观察、谈话、访问等方法,了解班级同学思想信息,发现存在的困惑和问题。再次,是要学会对于学生思想状况和思想信息的研判和研究。只有这样,才能真实、全面、及时地了解学生的思想状况,为科学制定主题班会方案打下坚实的基础。

(二)确定主题班会的目的

在发现了问题并对问题进行分析和研判之后,就要确定主题班会所要达到的目的。这个目的就是开展主题班会所希望达到的预期效果。确定目的,是制定主题班会方案的关键环节。只有确定了准确的目的,我们才能提出实现目的的思路、方法、程序和步骤。主题班会的目的首先要遵循思想政治教育的规律,要体现政治性、科学性、发展性的特征。其次,要符合学生的实际需求,切实解决学生迫切希望解决的焦点和难点问题。

在确定主题班会的目的时,需要注意下述几个问题:第一,目的要有针对性。要针对班级同学当中存在的问题,要切中问题的要害,选中解决问题的突破口,或者把握开展主题班会的最佳时机。第二,目的必须明确具体。目的的表达应当是清晰的,不能含糊不清和抽象空洞,不能可以这样理解,也可以那样理解。而且在可能的条件下,应该具有衡量的标准,以便于操作。第三,目的必须具有可行性。主题班会的目的应该实事求是,既要积极先进,能够激励班级同学共同来完成班会,又要切实可行,经过辅导员和同学的努力能够实现。第四,目的必须分清轻重缓急。有的时候,针对问题而出现的目标常常有多个,有的是近期就必须加以解决的;有的是一种长期的、宽泛的影响,是我们希望达到的最终目标。这个时候,为了体现主题班会本身的价值和意义,就需要分清目标的轻重缓急,要能够找到适中的主题班会的目的。主题班会目的的确定是非常不容易的,目的过大、过高,容易脱离实际,夸夸其谈,达不到效果;目的过小、过低,则往往容易陷入事务主义的窠臼,使得班会成为简单的"传声筒""传达会",发挥不了主题班会应有的作用。因此,辅导员在确定主题班会目的的环节,要列出所有可能的目的,科学合理地进行定位。

(三)制定主题班会方案

搜集信息,发现问题是为了明确主题班会所要解决的问题"是什么",确定主题班会目的是回答针对这些问题需要"做什么",而制定主题班会方案就是综合解决"怎么做"的问题。第一步,是要构建主题班会的轮廓。主题班会大致分几个部分,采用什么形式展开,每个部分安排什么内容,每个部分分别占用多少时间,各部分之间的逻辑关系如何,这些都要在构建轮廓部分完成。第二步,是细化每个部分的内容。在大致轮廓的基础上,对每一个部分进行细化,步骤、内容、互动的设计、场地的选择、多媒体设备和音乐的准备以及道具的穿插等等,都需要提前有详细的方案。在制定方案的过程中,一方面要特别的细致,要把能够想到的各种问题都囊括其中,做好万全的准备;另一方面,要特别注意学生的互动,要留有足够的时间和空间给学生。主题班会根据采用的形式不同,学生在其中发挥的作用也会不同。近年来,大部分主题班会往往采用体验式、启发式的模式,需要学生更多地参与和体验,因此不能简单地替学生把所有的表现都提前想好设计好,就如同上课一样,不能希望你提出的问题,学生都能回答出满意的答案,需要在过程中互动交流。只有这样呈现出来的主题班会,才是有质量、有成效的成功之作。

二、实施主题班会

主题班会的实施阶段是组织主题班会的中心环节,其主要任务就是把主题方案付诸实践,对全体同学进行教育影响,并促使全体同学在班会过程中接受教育影响。主题班会的实施要注意以下几个环节:

(一)提前做好班会的各项准备工作

第一,选择什么样的场地、准备什么样的道具、是否使用多媒体设施等等,这些都要根据主题班会的目的进行精心的准备。"90后"甚至"00后"的学生耳濡目染了各种"体验式"的商业活动,对于教育环境的高要求是理所当然的。要达到好的主题班会的教育效果,我们也必须对环境和氛围进行精心的设计和准备。

第二,是否需要学生提前了解相关信息?是否需要学生做些预习工作?这些也要在班会前做好安排。主题班会毕竟不是一般的娱乐活动,是带有思想政治教育目的的,是希望学生能够在班会中有所感悟、有所启发的。短暂的40分钟或者60分钟时间,是很难实现所有的教育目的的,因此,适当提前请同学们做一些预习或者提前熟悉某一方面的内容是很有必要的,有助于实现班会的效果。

第三,主题班会主持者的准备。辅导员是主题班会的主持者,在主题班会过程中起着主导作用。辅导员以什么样的精神状态开展主题班会对于班会的效果具有直接的影响。因此,辅导员要熟悉主题班会方案,要将方案的内容内化于心、外化于形,对于在主题班会上要说的话,要做的事了然于心。在此基础上,对于能够想到的各种意外也需要有提前的应对预案。只有这样,才能确保主题班会达到预期的效果。同时,辅导员的着装与形象对于班会也具有重要的影响,也需要辅导员提前进行准备。

(二)认真组织主题班会

主题班会的各项准备工作就绪以后,召开主题班会就是一件水到渠成的事情。按照方案的设计,在班会中逐项落实方案的程序和步骤。在这里要特别注意主题班会现场的把控,因为有同学的参与,主题班会的过程不可能是完全按照我们设想的进行的。同学是主题班会的主体,要充分发挥主体在主题班会中的主动性和积极性,通过同学主体作用的发挥自觉地达到接受教育的目标。在这里特别要处理好辅导员作为主导和同学作为主体的关系问题。既要避免辅导员"一言堂""满堂灌",同学参与不进来,只能被动接受的局面;也要避免辅导员被同学"牵着鼻子走",最后,"脚踩西瓜皮——滑到哪里算哪里"。在主题班会的过程中,一定要牢牢把握主题班会的关键环节和重点问题,要引导同学跟着主题班会方案的思路走,既允许他们积极主动地参与,又带领他们围绕主题循序渐进,解疑解困,从而达到思想政治教育的目的。

三、评估主题班会

主题班会的实施,并不等于主题班会的完结。主题班会本身并不是思想政治教育的目的,目的是使受教育者受到思想政治教育的影响,帮助受教育者形成良好的品德。是否达到了主题班会方案中确定的思想政治教育目的,需要进行科学的评估,因此,评估是主题班会的最后一个环节。

评估主题班会是对主题班会的过程及其实际效果进行质的评判和量的估价活动。评估的内容包括主题班会的内容是否合适,方法是否适当,教育者与受教育者的互动是否正常,所确定的教育目标是否达到,受教育者的思想是否受到影响,主题班会对于同学的学习、工作和生活是否有促进作用等等。所有这些方面都集中地、综合地表现为主题班会的教育效果。在评估阶段,要对主题班会的方方面面进行总结和反思。就一次主题班会来说,既不能过分夸大主题班会的作用,希望一次主题班会就能普遍提高同学的思想水平,那是不现实的;但也不能因此就妄自菲薄,全盘否定主题班会作为思想政治教育活动的作用。我们需要客观、中肯地评价每一次主题班会的作用和意义,久久为功、润物无声,一定能对同学起到积极的作用。

第三节　主题班会的策略与技巧

主题班会一般包括开头、中间和结尾三个部分。开头是指主题班会的导入部分,好的主题班会往往具有好的导入,能够吸引大家的注意力,激发受教育者参与的积极性和主动性。其次是中间部分,中间部分是班会的核心内容,主题班会所要展开的全部内容都在这个部分。中间部分往往分为几个环节,各环节之间设置什么样的逻辑关系,各环节采用什么样的形式展开,都是中间部分需要解决的问题。主题班会的中间部分是主题班会的全部内容。最后是结尾部分,主题班会的结尾部分是一个好的主题班会的"点睛之笔",好的结尾能够给人以思考和回味,最终用班会的内容深深影响参与班会的人。概括起来说就是开头部分要新颖,中间部分要丰富,结尾部分要点睛。

全国高校辅导员职业能力大赛中的主题班会主要考察辅导员综合运用思想政治教育、社会学、心理学、管理学、教育学等相关学科的知识和方法开展大学生思想政治教育的能力。主题班会采用视频展示的方式进行,限时10分钟,视频内容包含班会方案阐述(不超过2分

钟)、班会组织情景再现等。具体的评分标准可以参考下面:

参赛选手先进行班会方案阐述,限时 2 分钟,之后播放录制好的班会视频,限时 10 分钟。要求视频图像、声音清晰,无抖动、无杂音。

评分依据:

1. 选题科学,依据可靠,针对性强,教育方法得当,教育形式适宜。

2. 理论密切联系实际,善于启发学生。

3. 班会气氛活跃,师生互动效果好。

4. 能有效利用各种教学媒体,视频制作主题明确,效果好。

5. 能综合运用思想政治教育、社会学、心理学、管理学、教育学等相关学科的知识和方法开展大学生思想政治教育。

从主题班会的标准来看,优秀的主题班会往往具备如下几个特点:(一)选题的科学性。主题班会的选题非常重要,好的选题是成功的一半。优秀主题班会的选题往往是学生关注的重点、难点和热点问题。这些问题应该是直接来源于学生的,是学生真实的思想状况的反映,是学生真实的困惑和需求。同时,这些问题又必须带有一定的普遍性,这是需要通过主题班会来解决的前提。如果只是个别同学或者部分同学的需要,不足以成为主题班会的选题。(二)内容的针对性。主题班会的内容设计必须具有针对性,内容的选择要把与问题的解决是否相关以及关系的密切程度作为重要的标准。(三)形式的创新性。主题班会形式的选择要适合班会的内容。内容决定形式,形式服务内容。主题班会要摆脱"你讲我听""你说我记"的传统模式,要向启发式、互动式、体验式等现代模式转型,要充分发挥主题班会"知识"教育、"行为"教育的双重载体性质,最大限度实现教育的效果。(四)对象的参与性。主题班会的对象是学生,学生既是主题班会的客体,也是主题班会的主体,要发挥教育对象的客体和主体的双重属性,使学生在主题班会的过程中扮演好接受教育的对象、自我教育的对象和实施教育的对象的三重角色。(五)效果的务实性。衡量主题班会的效果主要看学生是否受到积极正向的影响,主题班会的效果是希望学生通过班会建立积极向上的精神状态,有良好的心理体验和道德感悟。当然,仅凭一个主题班会是无法实现直接让学生提升思想品德、道德品质的效果的。主题班会作为思想政治教育的一种载体,也必须通过和其他各种载体一起循序渐进地对学生进行深入广泛的影响。优秀的主题班会应该把班会的效果聚焦于一些有形的成果或者载体上来,让学生在日常的行动中感受到主题班会的意义,从而使这种教育的影响继续得以延伸或者拓展。(六)表现的艺术性。表现的艺术性主要是针对主题班会通过视频的方式展示而提出的。一个主题班会往往会有 40 到 60 分钟的时间,时间太短,内容无法全面展开,达不到教育的效果;时间过长,学生没有耐心参与,同样也达不到教育的效果。在比赛过程中视频要求时间为 10 分钟,这对视频的制作者来说是一个挑战。如何把班会的核心内容在 10 分钟视频中展示出来,是要讲究表现艺术的。这 10 分钟既要包括主题班会的设计、实施和评估,又要包括主题班会的开头、中间和结尾;既要包括主题班会前期的策划和构思,又要包括中期的实施和后期的总结反思。内容非常多,如何表达和呈现是很考验辅导员功底的。

作为准备参赛的主题班会,特别要注意主题班会的准备应该是一个"由简入详""由详入精"的过程。

一、主题班会应该有"简案"

在方案的初期,要形成一个包括背景(意义)、目的、对象、主要环节和成效的"简案",这是主题班会的构思环节,要把握主题班会的关键问题和关键环节。如果条件允许,可以邀请专家、学生工作的领导和资深辅导员进行一些论证和研讨,不断对方案进行完善和调整。

例如:

从现在开始爱

班会阐述:

时间都去哪儿了?春晚的旋律犹在耳畔响起,家风的力量尚在脑海回放,一眨眼母亲节如约而至。舐犊情深,父母之爱比山高比水深。已经完全适应了大学生活的大三学生们,当日复一日地习惯了一切的时候,有多少时候想起远方的爸妈?当纠结于明年就业是去外乡奋斗还是回本土发展时,是因为想要回去他们身边继续享受他们的爱还是因为想要回去父母身边报答父母的爱?孝——这个中华之优秀传统文化,是莘莘学子永远的做人之本,只有铭记父母、感恩父母、回报父母的人,才能算是一个完整的人,才有在未来回报社会的可能。因此,为大三学生煲一锅感恩的心灵鸡汤,鼓励孩子们大声地说一句"我爱爸爸妈妈",让内心最美最纯净的亲情得以升华,是我组织此次班会最大的心愿和目标。

第一部分:年份爱

发放道具,每人一个信封,里面是年龄数字,每个人代表一个年龄,比如甲代表5岁,乙代表6岁,丙代表7岁等。然后大家依次讲述一个那一年和父母相处的"最"的故事。

这个环节得事先沟通,因为信封里的年龄数字一直到18岁,这期间可能有最愉快,也可能有最冲突,甚至是最辛酸的故事。

中间适时给予共情,但不进行评价。

第二部分:交换爱

(室外版)假设时间向后推移40年,到时你会不会用刚才你自己讲述的那个故事中,父母爱你的那种方式来爱父母,比如你5岁的时候父母陪你过难忘的生日,那么等你45岁的时候你会不会也给白发苍苍的他们过生日……

这样的话,拿到十几岁年龄数字的人,向后推移至五十几岁时很可能父母已经不在了,即使父母健在,还能不能享受到我们要表达的爱?

(室内版背景)播放妈妈给孩子洗脚片段,放孩子喊妈妈的视频,放孩子蹒跚学步的照片,放有些同学小时候的照片,放妈妈爸爸手机里孩子的照片桌面,放孩子手机里偶像的照片桌面。

第三部分:表达爱

是啊,有一种不是为了回报的爱,就是父母对孩子的爱,原来在时间不经意的消逝中,爱的回馈要经历漫长的等待,岁月甚至可能要承载很多悲哀,爸爸妈妈为我们做的太多太多,我们能为他们做什么呢?亲爱的同学们,如果你们爱爸爸妈妈,就像他们爱我们一样,现在就开始吧,给远在家乡的爸妈打个电话,说一声"爸爸妈妈我爱你们!"

此时开始有学生打电话,播放歌曲《时间都去哪儿了》,给流泪的孩子一个特写,给正在给父母发短信或者微信的孩子一个屏幕特写,结束。

该方案来自湖南大学茹娜老师,是第三届全国高校辅导员职业能力大赛主题班会最高分的班会方案,转自"浙群辅导员"微信公众号。该方案突出主题班会的背景、目的和流程等关键要素,是典型的主题班会"简案"。

二、主题班会应该有"详案"

在"简案"基础上,需要形成便于操作的"详案","详案"主要用来指导主题班会的实施。主题班会的实施过程,是一个班会组织者与参与者互动的过程,也是一个充满"意外"和"变数"的过程。这就要求班会的组织者必须做好充分的准备,准备的越多,可以根据学生应变的也就越多。一个精彩的主题班会是一个思想不断碰撞、问题渐次澄清、疑惑逐步消解的过程,这个过程充满了创造性。没有详尽的准备是很难把一个问题解释清楚的。当然,要求准备"详案"并不是按部就班地跟着准备的方案来实施,毕竟学生是活生生的个体,对于问题的感知和领悟也存在差异,在主题班会过程中,必然会出现不一样的接受和反应,需要组织者根据实际的情况不断调整自己的实施方案。但是,再怎么调整,还是要围绕我们主题班会的核心环节来调整。

例如:

揭开爱情的面纱
——爱情价值澄清与失恋应对

一、班会背景

随着时代和社会的发展,当代大学生面对爱情少了以往的矜持和羞涩,更多地表现出对爱情的强烈向往和追求,大学生恋爱已成为校园的"风景线"。然而,在恋爱中的困惑与失恋成为大学生重要应激源,这些问题也严重地影响着大学生心理发展和心理健康,学生往往会因为对爱情的认识不够以及对感情问题处理不当而酿成许多悲剧,为此,通过班会等多种形式的活动,对大学生进行恋爱心理辅导,无论对其健康人格的培养,还是对促进和谐校园的建设均具重要的现实意义。

二、班会目的

1. 帮助学生了解和认识爱情。

2. 使学生学会处理恋爱挫折之失恋。

三、班会形式

主要以讨论式、互动式及情景剧的方式促使学生进行自我认识和自我探索。

四、班会前期准备

教师主持人准备:

1. 理论学习:教师学习情感处理的理论知识,搜集相关案例与资料。

2. 实践调查:调查和分析当前大学生的爱情观以及恋爱状态。

3. 道具准备:合适的音乐,制作精美的PPT,游戏环节的道具。

4. 培训助手:根据班级人数,对班级4～5位学生进行简单培训,作为助手。

五、班会过程

(一)活动基本情况

1. 时间:2013年4月24日

2.地点:桌椅可移动的多媒体教室

3.主持人:仇海珍

4.参与者:财会教育114班全体学生50人

(二)活动程序

活动名称	活动目标	活动内容	时间	材料
幸福拍手歌	营造轻松和谐的氛围,形成活跃轻松的班级氛围,为即将开展的活动做准备	操作:请男生围一个圈,女生站在男生的圈中,再围一个圈,并面对男生站立。请大家跟着音乐的节奏,和对面的男生拍手跺脚,接着女生向左跨一步,与下一位男生接着跳(每人都能和全体异性接触)。(音乐结束)结束之后,请站在里圈的女生插在外圈男生中,入座,尽量不要同性坐一起	5分钟	彩色纸
寻找我的那一半	彼此相识,建立互动关系	操作:将裁好的彩色纸交由班级成员自由抽取。然后,成员必须在班级内找到与自己同色的且形状相匹配的另一半。找到后,将彩色纸贴在硬纸板上,并在彩色纸上写上两个人的名字,两人自由交谈5分钟,互相了解分享:全体成员围圈坐下(尽量不要同性坐一起),每一对轮流向大家介绍对方的优点,并至少说出对方的2个优点,使班级中每个人都能相识	15分钟	剪成三角形或正方形的彩色纸,也可以是动物、风景的图片,并将其一分为二,胶水,硬纸板
心中的白马王子(白雪公主)	帮助成员清楚地认识自己心目中恋人必须具备的条件,强化成员自我认识,促使自我察觉	操作:班级主持人给予成员3分钟时间进行思考,然后在纸上写出自己心目中恋人的5个标准(按先后顺序排列)分享:主持人引导成员进行交流和分享,并对自己的标准和排序进行解释说明	10分钟	每人一张粉红色纸片
爱情价值大拍卖	引导成员根据自身情况正确评估爱情,激发成员思考自己的爱情价值观念,帮助学生体验和表明自己的爱情态度	操作:首先发给每个成员一张"爱情价值拍卖单",假设给每位成员10万元,作为参加拍卖之用,每一样爱情特质的底价是5000元,封顶价是5万元(此时可多人进行买进),最低以5000元为单位加价,报价举手的同时叫价讨论 1.各买到什么?有没有同学什么也没买到?为什么? 2.经何考虑而买到自己所得之项目?是自己所需或喜欢? 3.讨论彼此的爱情价值观是否适当 4.若重选一次,结果会否相同?如何选? 5.让选相同价值者合成一组讨论其合适度及理由,找出自认为异性交友应带来的价值和功能,其他方式可否获得 引导:爱情没有十全十美,对爱情不要过于理想化,也不可过于消极	20分钟	拍卖槌,每位成员一块竞拍牌,爱情价值拍卖清单(见附表)

活动名称	活动目标	活动内容	时间	材料
请求与拒绝	帮助成员掌握恋爱中的相处技巧	操作： 1.成员两人一组,面对面站好,其中一人要大声向对方表达爱意,请求对方成为其恋人,另一方要予以拒绝,要求目光直视对方,时间3分钟 2.互换角色 分享：在这个活动中,你有什么感受,请与大家分享。请4～5位同学发言 引导： 1.要勇敢地说"不" 2.要掌握恰当的拒绝方式 成员懂得面对爱情要自信,不仅需要表白时的大胆,也需要拒绝时的果断	15分钟	
爱的放手	协助成员学会面对与处理失恋困扰,学会有效解决失恋问题的方法,快乐面对未来生活	操作：将参与者分成4～5组(确保至少有一位男生和女生),由两位异性成员扮演恋人,因为某种原因而使爱情走到尽头,表演分手时的情景 分享：主持人与参与者共同讨论,角色扮演中失恋者的表现、处理方式是否得当 引导： 1.正视现实,放弃也是一种美丽 2.丢弃自卑——失恋并非羞辱之事,失恋并不等于被对方"涮"了 3.合理宣泄 4.寄情于山水之间 5.避免触景生情,放眼于未来 6.不要急于开始新的恋情 7.恋爱的两件重要心理任务：(1)是否更了解自己的需求；(2)是否已学会疼爱别人	35分钟	

六、班会效果

预期效果：本次班会活动以参与者为中心,以参与者为主体,寓教于乐,让参与者在轻松的氛围中进行自我认识和自我察觉,让参与者在游戏体验中了解和认识爱情,并通过分享和体验帮助学生进行自我澄清,让学生学会处理恋爱挫折。同时也让学生懂得,当爱情的面纱被揭开时,我们获得的是更加成熟与完善的爱情观。

实际效果：班会之后,通过座谈会、问卷调查等多种方式来了解学生对班会活动的想法和建议,以便及时作出调整,修改不足之处。

七、教育反思

1.活动的目标性：因为不同的年龄、不同的年级会面临不同的问题,所以活动开始前必须通过调查来了解班级同学目前所面临的困惑或难题,了解学生的需要,聚焦目标,有针对性地设计班会活动方案,开展班会活动。如：在高校,大一学生主要面临环境适应问题,大二大三主要是学业与情感问题,大四主要是就业问题。所以要根据不同的对象,有目标有针对性地设计不同的活动。

2.活动的系统性：活动的系统性与层次性主要体现在两个方面，一方面是所开展的第一个班会与第二个以及接下来的每个班会之间要有系统性。另一方面是每次班会里所设计的一个个活动之间要有系统性和层次性。以"青春 爱情"为主题的班会为例，爱情的内容包括很多：对爱的认识、爱的接纳、爱的表达、爱的拒绝、爱的培养等，为了使学生更容易接受，我们需要设计多次班会，每次就其中一个小主题进行设计，班会的每个活动设计要做到层层递进，步步导入，经过多次有系统性的班会活动之后才有可能达到最终目的。

3.学生的主体性：班会活动不是"填鸭式"的说教，所以主持人要充分发挥参与者的主体参与性，让学生在互动过程中积极谈论和分享体验，促使学生自我探索，自我了解。为充分调动参与者的积极性，班会之前的暖身活动很重要，暖身活动可帮助营造轻松的氛围，增加参与者的亲近感，促使参与者积极主动地发言，从而达到让学生自我探索的目的。

4.助手的引领性：活动开始，学生一般不太愿意进行自我暴露，通常会导致讨论和分享难以进入状态，主持人可事先培训出几位助手，在班会活动过程中起到引领作用，活跃气氛，带动参与者积极思考，以更好地促使参与者进行自我认识和自我探索。

附表：爱情价值拍卖单

项目	竞拍者出价（底价5000元，最高价5万元）
经济条件好	
勤劳务实	
外表潇洒（漂亮）	
性格温和、有幽默感	
身体健康	
有责任心	
有内涵	
学识渊博	
聪明能干	
心地善良、有同情心	
开朗大方	
会烹饪	
孝顺	
自信	
有智慧	

该方案来自浙江师范大学郑园园、仇海珍老师，是第二届浙江省高校辅导员职业能力大赛一等奖的主题班会方案，是一个比较典型的"详案"。方案的要素包括了背景、目的、形式、前期准备、流程、班会效果、教育反思以及附表材料等内容，一个详细的主题班会方案必定是一个全面、细致、周到的方案，这个方案要包括主题班会的所有要素。

三、主题班会应该有"精案"

我们所说的"精案",就是把主题班会最核心最精华的东西提炼出来,这个"精案"是相对于"简案"来说,是在"简案"的基础上增加对主题班会的总结和反思以及亮点和特色的内容。"精案"主要是对主题班会的方案阐述,包括目的、流程、方式方法、成效和特色等部分。好的主题班会的视频应更加注重流程、成效和特色等部分。

例如:

寻找身边的梦想

班会背景:

"90后"大学新生处于独立学习、生活的适应期,如何摆脱个性独立、目标模糊、人际欠缺等特点,尽快适应大学生活,是新生思想政治教育迫切需要解决的问题。基于以上背景,根据马卡连柯"平行教育影响原则",策划了青春抱抱团系列主题班会。

班会目的:

本季"寻找身边的梦想"班会旨在帮助同学明确个人和班级的学习目标,领会个人发展与班级学风建设之间的关系。

班会流程:

班会以"破冰游戏"开场,通过开展同心圆游戏,使学生快速融入亲密氛围。第一环节"寻找同学梦想",让学生写下自己的梦想,通过交流和分享传递给身边的同学。第二环节"梦想结对",结对的同学通过倾听和共享,帮助他人明确目标并落实实施计划。第三环节"寻找班级梦想",通过小组讨论提出班集体建议目标,在小组分享的基础上达成班集体共同目标。最后,由辅导员总结班会,引导同学感知和领会个人发展与班级学风建设之间相辅相成的关系。

班会亮点:

第一,立意深远,将梦想主题落实到个人学习目标、班级学风建设以及相互间的关系上。第二,形式新颖,采用连环设计,重视团队体验,发挥学生的主体作用。第三,效果鲜明,在明晰目标的基础上,激发学生学习动力。

该方案来自浙江师范大学施佳、魏梦璐老师,是第二届全国高校辅导员职业能力大赛二等奖的主题班会方案。该方案简洁明了、重点突出,包括背景、目的、流程和亮点等要素,有总结、有反思,是对主题班会方案比较好的一种阐述。

四、主题班会的视频要多一些"原生态",少一些"作秀"

在制作主题班会的视频过程中,要把重心放在主题班会本身。尽可能展示主题班会过程中"原生态"的东西,少一些"作秀"的成分。这几年的主题班会视频,很多选手为了追求高分,将更多的注意力放在了制作视频的技术上,盲目追求影像的艺术效果。有的甚至忽视主题班会的本身内容,这种"重形式而轻内容"的表现是不可取的。主题班会作为思想政治教育的载体,是一个影响人、教育人的过程。视频只是这个过程的展示,而绝非过程本身。

第四节　主题班会的范例与解析

一、理想信念教育

范例:

如何成为一名合格的共产党员

——国防生班级主题教育班会策划书

一、班会背景

为实现中华民族的强军梦,浙江大学全心、全力投入国防生培养工作,致力于为部队输送"有灵魂、有本事、有血性、有品德"的军队骨干。国防生具有大学生和后备军官的双重身份,身份的特殊性要求他们必须100%接受党的教育和坚决拥护党的领导,因此国防生党建工作成为国防生思想政治素质培养工作的灵魂和生命线。

我校经过多年的实践探索,对国防生实行专业小班化、党建专门化的管理,通过党支部论坛、主题班会、班委责任寝室、党团班共建等工作机制的建设,切实加强和改进国防生思想政治教育,在校国防生递交入党申请书学生比例为100%,毕业班国防生党员比例超过60%,所有学生骨干均由党员担任,真正实现党对国防生的领导。为了更好地发挥国防生党员的引领作用,引导国防生坚定跟党走、听党指挥的信念,帮助国防生更好地成长为部队的军政骨干,特别设计了本次班会。

二、班会时间与地点

班会时间:2015年3月5日下午14:00—16:00

班会地点:浙江大学紫金港校区东7教学楼某教室

参加人员:浙江大学某国防生班级(其中正式党员3人,预备党员9人,入党积极分子8人)

特邀嘉宾:原解放军驻校选培办主任 蒋明建大校

三、班会主题与形式

班会主题:如何成为一名合格的共产党员

班会形式:"世界咖啡"会谈

"世界咖啡"会谈简介:是一种新的对话、集体交流方式,通过营造好友们聚在一起喝咖啡聊天的情境和氛围,让一群人能够围坐在一起,以小组为单位,针对特定的问题展开对话,进行心无障碍的轻松交流和畅谈,不同小组的成员可以换桌交流,通过全体人员充分的思维碰撞和深入会谈,形成集体的智慧。

"世界咖啡"会谈流程:4~8人组成一个小组,大家一起讨论一个确定的问题,并用文字、图画等方式记录下重点的观点和看法,其他组也在同时讨论相关的问题,也同样用文字、图画等方式记录下重要的观点和看法。然后,每一桌除桌长外所有人换到不同的小组,和新的人坐在一起,汇报自己在原来组的观点,并与新的组员进行讨论。桌长负责组织大家进行讨论、总结和分享。

"世界咖啡"会谈的原则:关注相关问题,鼓励每个人贡献自己的想法,认真倾听,理解他人,到处走动,交流不同观点,共同倾听真知灼见,思考更为深入的问题。

四、班会目标

1. 引发思考,合理规划。通过"世界咖啡"会谈模式的引入,充分发挥学生的主体性和自主性,引导国防生运用积极、主动、正向的思维模式,认真思考自身的角色定位与未来的发展规划。

2. 明确方向,确立目标。通过"世界咖啡"第一轮会谈——"你心目中合格共产党员的形象",引导国防生党员重新审视自己的角色定位,寻找差距,进一步明确奋斗目标;同时帮助国防生入党积极分子进一步认清奋斗方向,澄清自己的奋斗目标。

3. 认知角色,感知责任。通过"世界咖啡"第二轮会谈——"党员身份(会)给你带来什么改变",帮助国防生入党积极分子和党员将角色与自己相链接,感知党员角色的价值和责任。

4. 坚定信念,激发行动。通过"世界咖啡"第三轮会谈——"要成为一名合格的共产党员,你还能做些什么",引导国防生入党积极分子和党员聚焦目标,激发行动,增强责任感和使命感,坚定跟党走的理想信念,更好地发挥国防生党员在普通学生党员中的引领作用。

五、班会流程设计

1. 准备阶段(10分钟)

介绍本次班会的目的,以及"世界咖啡"会谈的模式、目的以及基本规则。

2. 第一轮会谈:你心目中合格共产党员的形象(29分钟)

■静默(独立思考,并将思考内容写在白纸上)(3分钟)

■分享(每人2分钟,共10分钟)

■质疑、反思、深度会谈(5分钟)

■总结,选出桌长(3分钟)

■小组讨论结果展示(每组2分钟,共8分钟)

3. 第二轮会谈:党员身份(会)给你带来什么改变?(20分钟)

换桌,除桌长外,其他同学离开本桌,去往其他不同的组,组成新的小组,开始第二轮会谈。

■欢迎新组员(2分钟)

■静默,可以在白纸上做记录(3分钟)

■分享(每人2分钟,共10分钟)

■质疑、反思、深度会谈(3分钟)

■桌长总结(2分钟)

4. 第三轮会谈:要成为一名合格的共产党员,你还能做些什么?(36分钟)

所有的人回到最开始的那张桌子,分享在其他各组的收获与对话进展,之后进行第三轮会谈。

■在其他各组讨论成果的分享(每人1分钟,共5分钟)

■第三个议题的讨论

➢静默(独立思考,并将思考内容写在白纸上)(3分钟)

➢分享(每人1分钟,共5分钟)

➤ 质疑、反思、深度会谈（3分钟）

➤ 桌长总结（2分钟）

■ 小组总结、分享

➤ 小组总结、提炼观点，并将内容写在另一张桌面咖啡纸上，制作展示板（用写的，用画的都可）（10分钟）

➤ 小组分享（每组2分钟，共8分钟）

5.嘉宾寄语：原解放军驻校选培办主任蒋明建大校致辞

六、班会准备

1.确定参与人员名单及所需道具清单；

2.提前完善流程方案，并进行过程模拟，排除潜在问题；

3.在校内完成踩点工作，并对场地进行租借或预约；

4.保证现场的设备、网络调试以及现场布置提前1小时完成，准备备用电脑及U盘等电子设备；

5.利用校内论坛、班级QQ群、微信群和校网邮箱等通信方式进行活动介绍。

解析：这是第四届浙江省高校辅导员职业能力大赛一等奖获奖者、浙江大学王芳老师的主题班会方案。理想信念教育是主题班会教育的重点，也是难点。王芳老师用"世界咖啡"的方式让一群特殊的学生——国防生，来一起讨论如何成为一名合格的共产党员的话题，是一种全新的尝试。将管理学的方法引入思想政治教育，使学生逐渐明晰，进而牢固树立共产主义的理想和信念，是主题班会积极倡导的重要方法。

二、爱国主义教育

范例：

跨全球视野　论爱国教育
——浙江大学国际教育学院留学生骨干主题教育班会策划书

一、活动背景

在全球经济一体化日益发展的趋势下，高等教育国际化进程的脚步逐渐加快，中国的留学生教育事业在各项人才政策的推动下亦蓬勃发展。作为中国首批7所"211工程"重点建设的大学之一，浙江大学更是在建设世界一流大学的进程中，一直将留学生教育作为学校总体发展的重要组成部分。然而，随着高校外国留学生规模的不断扩大和留学生层次的日益提高，如何在中西社会文化背景和教育环境的差异性下，寻求中外学生思想教育的共通点并引导中外学生进行跨文化交流，是高校留学生辅导员当下面临的新挑战。

浙江大学目前共有来自韩国、美国、俄罗斯、澳大利亚等五大洲共约128个国家的留学生，国家无疑是中外学生跨文化交流中面临的首要问题。如何看待自己国家的历史和文化，如何理解爱国主义教育（patriotism）的真谛，是引导中外学生跨文化交流的关键环节，主题班会则是中外学生交流和沟通的重要园地。这一探讨"爱国主义"的主题班会不仅能够促进中外大学生了解世界各国的历史和文化，加深爱国主义教育，同时也对来华留学生思想教育与管理事业的健康发展有着重要意义。

二、活动目的

1.触动心灵、启发思考。通过解析"patriotism"引出爱国主义教育的由来和历史,触动中外学生对自己国家的思念和热爱,激发学生参与、融入班会漫谈环节,并产生对本国爱国主义教育的初步思考;启发大学生探讨"爱国"的精髓是源于对本国文化和历史等方面的热爱,同时促使中外学生对本国爱国主义教育进行深入思考和切实探究。

2.平台展示,各显风采。通过小组内讨论及总结发言环节为中外学生的沟通交流搭建平台,帮助中外学生(尤其是留学生)提高语言表达能力并锻炼和提高理解能力。

3.增进交流,开阔视野。通过主题漫谈、交流展示、团体辅导等相结合的班会形式,增进中外大学生之间的跨文化交流和沟通;分享环节让中外同学全面感受不同国家引以为傲的历史和文化,从而体会不同民族和国家的爱国主义思想,培养中外学生国际化视野和跨文化意识。

三、活动时间及地点

活动时间:2015年3月5日8:30—10:30

班会地点:浙江大学东7教学楼某教室

参与对象:浙江大学留学生20人,中国学生7人

活动策划及筹备:韩国留学生会等留学生组织骨干、中国学生若干

四、活动设计及特色

本次班会注重活跃现场气氛,为加强中外学生对主题班会的参与和融入,从视听、思考、探究和感悟等层面出发,设计了一系列的热身游戏和分享环节:

●热身环节"听国歌猜国家":国歌声拉近距离,国旗下感动同在。

●主题"解析patriotism":邀请中国学生嘉宾通过对"中国结""中国功夫明星""WeChat新科技"的现场实物展示和图片解说,形象生动地提出爱国主义源于对本国的文化和成就感到自豪这一话题。

●"我的国家我的魂":中外学生在小组讨论中面对面地进行跨文化交流,将各国特色历史和文化用装饰画、和服、《天鹅湖》音乐和PPT展示等形式生动地呈现。徜徉在人类历史的海洋里,走进精彩纷呈的各国文化,进一步升华主题,引起中外学生对爱国主义的深层思考和强烈共鸣。

●"经典寄语":中外大学生用本国文字和英语(中文),在卡片上写下一句本国的经典文化语录或名人名言,在黑板上展示演说,互赠卡片留下美好回忆。

五、活动准备

1.确定参与人员名单及所需道具清单;

2.通过韩国学生会等留学生社团了解各国爱国主义教育的起源、发展和历史,进行一定程度的资料搜集和环节设计;

3.在校内完成踩点工作,并对场地进行租借或预约;

4.利用校内论坛、留学生QQ群、微信群和校网邮箱等通信方式进行活动介绍和宣传,在留学生公寓开展现场宣传。

六、活动中应注意的问题与细节

1.前期室内场景的踩点和所需道具(如视频、音频和寄语卡片)准备;

2. 提前通知班级同学名单，并于活动开始前半个小时再次通过短信确认；

3. 主创人员提前完善流程方案，并进行过程模拟，排除潜在问题；

4. 保证现场的设备、网络调试以及现场布置提前1小时完成，准备备用电脑及U盘等电子设备。

七、活动方案

表1 "跨全球视野 论爱国教育"主题班会实施方案(总时长:85分钟)

阶段		内容	目标
准备阶段 (5分钟)		入场时,中外同学按大洲分布入座(2分钟)	为班会开展和同学破冰做准备
		班主任致欢迎词、开场白(3分钟)	
班会开展 (75分钟)	感	1. "听国歌猜国家":播放在座同学所在国国歌,请同学竞猜,并引出参与班会的各国代表(15分钟)	有感而发、激发中外学生对自己国家的热爱,初步了解爱国主义
		2. 班主任"解析 patriotism":引出爱国主义教育的由来和历史,引导学生思考何为"爱国"(7分钟)	
		3. 班主任点评并过渡到下一环节(3分钟)	
	思	4. "我的国家我的魂":小组讨论,代表分享——探讨自己国家最骄傲和自豪的部分。爱国主义是民族的灵魂、国家的血脉,派代表分享各国的爱国主义行为(25分钟)	加深思考、为进一步交流和分享本国爱国主义教育奠定良好的基础
	悟	5. "经典寄语":中外大学生用本国文字和英语(中文),在卡片上写下一句本国的经典文化语录或名人名言,完成后班主任提问,学生分享并转赠别国同学(25分钟)	开始领悟、体会不同民族和国家的爱国主义思想,培养中外学生的国际化视野和跨文化意识
分析总结 (5分钟)		6. 班主任总结提升(3分钟)	通过思考和总结,获得成长,加深今后中外学生群体的交流
		7. 班主任布置作业:课后留学生团体在本国和他国团体间开展爱国主义的活动,邀请中国同学一起参加,要发表活动新闻在微信平台上(2分钟)	
尾声		小国旗、大合照	校徽背景墙

解析:这是第四届全国高校辅导员职业能力大赛二等奖和浙江省一等奖获奖者、浙江大学陈南菲老师的主题班会方案,属于主题班会的"详案"。

主题班会要坚持需求导向,明确班会内容。要根据学生的需求来组织内容,一般主题确定以后,内容的选择就是最重要的,内容是关键和核心。爱国主义教育主题班会如何开展?要运用同学喜闻乐见的方式来完成。浙江大学陈南菲的主题班会,让每个留学生从本国的国旗、国徽、国歌以及本国的名人和名言介绍入手,阐发每个人的爱国思乡的情绪,以情感人,然后再上升到共性的爱国主义教育。

三、法治教育

范例：

法律人　法治梦

——学习《中共中央关于全面推进依法治国若干重大问题的决定》主题班会策划

一、班会初衷

理想信念教育是大学生思想政治教育工作的重要内容,对学生理想抱负水平的提升及成长成才有着重要的意义。《中共中央关于全面推进依法治国若干重大问题的决定》(以下简称《决定》)提出要加强理想信念教育,要深入开展社会主义核心价值观和社会主义法治理念教育。十八届四中全会以依法治国作为党的中央全会的主题,这既是建党历史上的第一次,也是建国历史上的第一次,更是十一届三中全会以来改革开放现代化建设历史上的第一次。法律是治国之重器,法治是国家治理体系和治理能力的重要依托。作为未来中国法治建设的中坚力量,法学专业的学生,应当了解、应当熟悉、应当深入学习依法治国的重要内涵和时代意义,应当将国家的宏大使命与自我职业发展进行结合。

本次班会结合十八届四中全会《决定》发布这一时事热点,依托专业背景,以生动、活泼的方式开展理想信念教育。目的在于帮助学生更好地学习理解依法治国相关内容,强化其职业信仰;并通过对近十年法科毕业生就业情况进行讲解,促进学生树立职业目标,提升理想抱负水平,为未来投身社会主义法治建设奠定基础,培养学生早日成为社会主义法治的忠实崇尚者、自觉遵守者和坚定捍卫者。

二、班会主题

法律人 法治梦——学习《中共中央关于全面推进依法治国若干重大问题的决定》主题班会

三、班会地点

浙江工业大学屏峰校区法学院模拟法庭

四、班会人员

浙江工业大学法学院法学 1401 班

五、班会主持

沈姮

六、班会目的

1. 第一层次:引导学生充分认识十八届四中全会《决定》的重要性,并学习文件精神。

2. 第二层次:引导学生树立职业目标,提升理想抱负,将国家的宏大使命内化为职业信仰与人生追求,为其成长成才助航。

七、主要内容:

第一环节:暖身活动——法律人 法律事

步骤 1.“我的向往”——耳熟能详法律人

步骤2."我的思考"——屡受争议法律事

环节概要:本环节启发学生讲述耳熟能详的知名法律人和法律趣事,提升学生的参与热情;指出同学们看到法律人职业光彩的同时,也应当知道其面临的复杂的社会难题,在此基础上列举年度争议性法治事件并展开讨论,由此引出依法治国的重要性。

第二环节:主题活动——依法治国趣味谈

步骤1."我的视野"——趣味知识抢答赛

步骤2."我的使命"——一图读懂法治梦

环节概要:本环节以生动活泼的形式让学生熟悉十八届四中全会的重要内容。趣味知识抢答赛以《决定》为出题范围,用幽默的题目和趣味小奖品的形式提升班会活跃度和愉悦氛围;并以一图读懂的形式对十八届四中全会决定精神进行清晰梳理,帮助学生理解记忆。

第三环节:主题活动——从法学新青年到卓越法律人

步骤1."我的前辈"——视频连线法律人

步骤2."我的畅想"——法学青年未来路

环节概要:本环节邀请优秀毕业生陈胡琼(现某法院法官)和杨统旭(现某检察院检察官)与班会现场同学视频连线,分享其职业体会与法治理念;在此基础上主持人对学生关心的法科毕业生就业情况和十年来法学院毕业生就业数据进行介绍,并对包括法律职业资格考试在内的职业素养要求进行说明。

第四环节:分享与行动——新青年的誓言

步骤1."我的誓言"——肩负使命话承诺

步骤2."我的行动"——普法宣传我先行

环节概要:全班同学起立诵读法学新青年的誓言,进一步激发学生法治理念和爱国情怀,将班会氛围推向高潮。最后布置班会作业——"12.4"宪法日普法宣传活动策划。

第五环节:总结

拟总结词:同学们,班会初始时大家从轻松畅谈曾经向往的法律名人、法律职业场景开始,到现在以昂扬澎湃的法学新青年誓言结尾,可以说今天的聚会是从职业萌芽之梦的起源开始,以我们大家共同的中国法治情怀之梦结束。希望通过今天的班会,能够有助于大家用更开阔的视野,更丰富的知识,更扎实的素养,更自信的姿态,更宏大的使命感脚踏实地践行法律人的法治梦。同学们,习大大说:青春是用来奋斗的。让我们法学1401班的所有同学一起,珍惜青春时光,用实力让情怀落地,让梦想成真!

附:法学新青年的誓言

新青年的誓言

我志愿献身法治事业

求真博学 深思笃行

开拓进取 言行尚法

持法律之利剑 养浩然之正气

遵正义之信仰 倡法治之精魂

努力从法学新青年成长为卓越法律人

解析：这是第四届全国高校辅导员职业能力大赛二等奖和浙江省一等奖获奖者、浙江工业大学沈姮老师的主题班会方案，属于主题班会的"详案"。

在主题班会的过程中，我们会发现越是正统、宏大的主题，越难以影响和感化学生，就如同我们平常所说的，大道理大家都懂，但如何落细落小很难。因此，在准备这类主题班会的过程中，要坚持"大题小做""虚题实做"，要把主题班会的内容紧紧与学生能够理解的、与实际生活相关的小问题结合在一起，这样往往能达到事半功倍的效果。浙江工业大学沈姮老师的主题班会就是把宣传十八届四中全会精神这样宏大的主题与法律学生的专业特性紧密结合在一起，以自己作为一名法律人的身份进行思考和阐释，实现了国家的法治建设与个人法律梦的完美结合。

四、感恩教育

范例：

对不起，谢谢你

主题班会是常见的思想政治教育的形式，集传递通知、主题教育和管理等各种功能于一体。但现实工作中主题班会往往因为形式单一、场地单一、内容枯燥，有时流于形式，有时不能达到期待的效果。如何让主题班会"老瓶装新酒"，再次焕发吸引力和感染力呢？

班会再现：2012年6月，全国首届高校辅导员职业能力大赛火热启动，尤其是其中的"主题班会"环节惹人注目，既要求体现班会的完整组织形式和过程，又要体现主题教育的效果。时任湖南大学辅导员的向江老师（获首届全国高校辅导员职业能力大赛二等奖）代表学校和湖南省高校出战第一届国赛，其主题班会《对不起，谢谢你》一举夺得主题班会单项环节最高分。

向老师当时担任本科08级辅导员，2012年6月，正是学生的毕业季。班会时间选择在5月底，地点就是一个普通的教室，与会的就是一个毕业班的学生。班会在大家的疑惑中开始，向老师作为主持人首先回答了同学们的疑惑，解释了为什么选择在大家忙碌地做着毕业设计、忙碌于各种毕业季怀念送别的活动时召开班会。别致之处在于，讲桌上放着两束花，一束黄玫瑰，一束康乃馨，按照花语，黄玫瑰代表"对不起"，康乃馨代表"谢谢"，向老师的导入语结束之后，进入了第一个阶段，组织同学们回顾大学四年的学习和生活，觉得对不起谁想谢谢谁，就把黄玫瑰和康乃馨送给谁，并且表述自己的理由。

开始时，大多同学只选择康乃馨，而没有想起或者不愿意表达"对不起"，向老师第二次引导，引导学生不仅说"谢谢"，也表达了对大学的一些遗憾和对老师同学或者父母的歉意，在此阶段，上台的学生逐渐增多和踊跃起来，有向自己远在家乡的父母表达"谢谢"和"对不起"的，有向身边的辅导员老师和同学表达歉意的，也有向自己的男女朋友表达遗憾的，随着讲桌上黄玫瑰的数量逐渐减少，各种深情感人的片段从大学四年的回忆中被提起，台上的师生纷纷动容，台下的学生泪流满面，班会在此达到了高潮。

班会结束前，向老师进行了总结，她的结束词可谓整个班会的点睛之笔："'对不起'和'谢谢'不仅是这最后一次班会的主题，而且是大家走入社会之前老师送给你们的两件法宝，记得说'谢谢'，将让你心怀感恩，记得说'对不起'，将让你时时记得反省自己，一个懂得感恩和反省的人，将更容易获得人生的幸福！"

工作启示:

1.主题教育是思政教育的重要表现形式,而主题班会又是主题教育的重要载体,主题班会的选题、设计、组织都需要精心安排,过于随意或者过于单调都将丧失主题班会的魅力;

2.主题班会的最可贵要素不是场地或者形式的创新,而是选题与设计的精心,尤其是选题,贵在"走心",抓住学生最关心的话题、最有参与热情的事件、最容易融入的情境设计主题班会选题;

3.主题班会中,辅导员的角色定位不应该是说教或者授课,辅导员在主题班会的前期准备中可以与组织班会的学生骨干一起充当班会的"导演",而在班会现场至多只能充当主持的作用,这种主持不是班会的主导,而是起穿针引线的作用,适当地对班会从开头到导入高潮到结束各个环节进行引导,适当地处理班会中的一些突发状况。

解析:这是"浙群辅导员"微信公众号所发的对湖南大学向江老师的主题班会的回顾和思考。向老师是首届全国高校辅导员职业能力大赛的二等奖获奖者,尽管这不是一个完整的主题班会方案,但作为"简案",目的、流程和启示都已经明了了。

主题班会需要有创意,更要有深度。该主题班会是一个非常具有创意的主题班会,两种不同的花分别代表了"他人的善意"与"自己的歉意",感谢身边人对自己的善意,也要反思自己对身边人的歉意。有时候愿意反思、承认自己对他人的歉意比感谢别人的善意需要更大的勇气。

五、优良学风教育

范例:

阅读·约读·悦读

一、班会背景与目标

近年来,"阅读"越来越成为全民共同的时代话题。大学更应该是个崇学尚读的地方。从某种意义上说,一个大学生的阅读史就是其成长成才史。

然而,据调查,大学生普遍存在着阅读量小、阅读面窄、阅读层次不高、阅读氛围不浓等诸多问题,成为制约其发展的重要原因。

人文教育专业以培养"历史与社会"教师为目标,教师实际上更需要阅读。并且,目前该专业第一志愿率低,学生专业意识不强,就业前景不佳。这就更需要通过阅读,夯实专业基础,增强核心就业竞争力。

二、班会主要环节

班会正是基于以上阅读问题和人文教育专业的特殊性而设计的,围绕"要不要读书""读什么书""怎样读书"三个话题展开,探讨"阅读",通过"约读",实现"悦读"。

第一环节:"要不要读书"。根据调查数据提出问题,组织"校友谈读书"活动,引导学生明确读书的意义。

第二环节:"读什么书"。通过"阅读圈""国宝档案""博文朗诵"等活动,逐渐揭示出"作为人文教育专业的学生在大学四年应该读什么书"的核心话题,并推出"十大经典书目"和"十大拓展书目"。

第三环节:"怎样读书"。通过"读书方法面面观"的互动,交流读书方法,并提升阅读认识,相约寒假读书。

三、班会价值与意义

1.环境教育,以书润心。班会通过期刊室等硬环境和阅读故事等软环境,相得益彰,营造浓郁的阅读氛围,倡导"以书润心"的理念。

2.校友资源,协力同行。班会分享校友读书故事和身边的教授与学生共同推荐的书目,并加以演绎与诠释,以实现润物无声的熏陶和鼓励的目的。

3.约读悦读,成长奋进。班会立足于解决"要不要读书"、"读什么书"和"怎样读书"的问题,更旨在以此为起点,通过"约读"的形式,逐渐培养学生"悦读"的心境,从而使阅读成为兼具愉悦性和思考性的进取性活动。

四、班会主要特色

一方面,班会的显著特色在于,在"全员育人"背景下,将主题班会与专业学习紧密结合,使阅读活动成为一种参与式、体验式、互动式的研究与探索,在师生共同成长中践行"以书润心,依'生'相伴"的理念。

另一方面,班会针对同学们现实中的阅读问题,通过游戏、朗诵等交流形式,将"思想政治教育"、"新生始业教育"和"职业观教育"等融为一体,有效增强人文教育专业同学的专业认同感、提升专业素养,同时也有助于培育其成为优秀教师的职业理想。

解析:这是第四届全国高校辅导员职业能力大赛三等奖和浙江省一等奖获奖者、浙江师范大学陈海峰老师的主题班会方案,属于主题班会的"精案"。"全民阅读"当下已成为热点话题,是提升全民人文素质和精神富有程度的必然途径,也是作为大学生的必修课。面对浩瀚的书海,别说是普通的大学生就是很多老师也会犯愁,要不要读书、读什么样的书、怎样读书,确实是大学生面对的困惑。该主题班会坚持学生需求导向,紧紧抓住"读书"这个看似没有问题的大问题,围绕"阅读""约读""悦读"的设计,通过班会给出了答案。

六、职业规划教育

范例:

"奔向未来,勇往职前"系列班会之
——"小伙伴,进入职场你准备好了吗"主题班会设计

组织者:中国计量学院 李风啸

班会活动对象:英语122班

活动时间:2015年3月6日

活动地点:学生活动室

"奔向未来,勇往职前"系列班会,是根据学生不同年级阶段生涯规划需求策划的班会品牌活动。传统的班会活动往往采用老师讲,学生听的模式,而"奔向未来,勇往职前"重视体验的作用,以探索学生自我参与、自我启迪、自我激发的形式,使学生达到自我教育的目的。

"奔向未来,勇往职前",第四季"小伙伴,进入职场你准备好了吗"主题班会活动,在前期自我认知,职业定位,简历制作与面试技巧系列班会的基础上,帮助大学生解决职业生涯中

的定位和定心问题。

作为辅导员,主要传递一种思维方式,提供一个平台,激活一份正能量。引导启发同学思考,带领同学们做好步入职场前的准备。

第一阶段:成为不抱怨的自己——入职心理准备

投球游戏:设置3个质量不同的球,1个小筐,每位同学站在地上标明不同分数的卡纸上向框中投球,投中计所站位置标记的分数,投不中计0分。

互动提问:1.分数最高者投球的策略和感受是什么?

2.分数最低者为什么没有投出自己满意的分数?

3.如果再给同学一次机会,你会怎么安排投球的先后顺序,为什么?

总结提升:简单的游戏体验告诉我们在职场中,有以下需要注意的地方:

1.用不同的力度,投向不同的分值,不同回报的工作承担的责任与风险必然不同,没有一份工作叫收入高、离家近、环境好、待遇优、假期长、升迁快。所以大家在求职的时候,首先端正择业心态。

2.我们将手里的球投向我们的职业目标时,既不能保守也不能冒进,更不能好高骛远。不管起点高低,只要沉下心来,都会有好的结果。

3.对于我们的职业价值观,我们试想一下,如果只有一次投球的机会,我们会选哪个球,会站在哪个位子上?

第二阶段:成为受欢迎的自己——人际交往准备

即将进入职场,人际交往的范围扩大了,朋友圈有同事、领导、工作对象等,这个朋友圈的人有着不同年龄,不同受教育背景,不同思维习惯,如何让自己在职场人际中受人喜爱,受大家的欢迎?

体验活动:请同学们在彩色卡纸上写出自己喜欢同事的特征品质,在黑板上展示。

互动提问:

1.你对自己所写的特征品质的理解是什么?

2.具体到职场情境当中,如何让自己表现出自己喜欢的特征品质呢?

总结提升:

1.人际交往的黄金法则告诉我们:在交往中最有效的方式就是按照对方喜欢的方式与他交流,所以让大家写出你们自己喜欢的同事,也就是提示我们可以做到别人喜欢的样子,按照黑板上的这些特征培养自己,使自己成为受欢迎的人。

2.在人际交往中,我们存在很多固有的交往习惯,启发同学们思考,做好职场中人际交往的准备,也就是要不断地调整改变自己。

第三阶段:成为理想中的自己——角色扮演准备

引用舒伯的生涯彩虹理论,将班会的主题进一步深化,将同学们的视角从职场中,逐渐拉回到即将要完成学业生涯的当下。完成好理想中学生的角色,才能为理想中工作者角色的成功扮演做好铺垫。

在生涯彩虹图中,横贯一生的彩虹显示了成长期(儿童)、探索期(青春期)、建立期(成人前期)、维持期(中年)、衰退期(老年)。每个阶段还可进一步细化,依据个体不同的情况而定。纵贯上下的彩虹,代表一个人一生中扮演的许多角色,就像彩虹同时具有许多色带。一个角色的成功,特别是早期角色,将会为其他角色提供良好的关系基础。

互动提问：

1.同学们理想中的自己是什么样子,什么状态的?

2.我们想要成为理想中的自己,从现在开始,能为自己做点什么? 该如何行动?

总结提升：生涯彩虹理论告诉我们,每个人都会面临角色的转变,每一次角色的转变都会需要我们在上一阶段做好努力和铺垫,在从学生到工作者的过渡阶段,只有我们勤奋学习,努力武装自己的知识技能,才能潇洒自如甚至"任性"地选择一份职业。 不管客观环境如何现实,就业形势如何严峻,我们都能够把握的就是自己的每分每秒。

班会的最后：将前一阶段的面试技巧培训视频作为礼物,刻录成 211 分钟的视频光盘,送给同学们,这是一份纪念,一枚勋章,更是对我们上一阶段作出的总结,希望同学们温故知新,获得更大的进步。

"奔向未来,勇往职前",即以职业为足,以职业为翼,奔向新生活,奔向新常态,奔向新梦想。 本次班会活动能够准确地把握当下大学生步入职场前的困惑、憧憬和迷茫并存的状态。

"准备"意味着充实、调整和改变。 本次班会通过对"步入职场,你准备好了吗"问题的回答,引导同学们消除非理性的价值观,鼓励同学们勇于改变,立足当下,充实自己,获得成长。

解析:这是第四届浙江省高校辅导员职业能力大赛一等奖获奖者、中国计量学院李凤啸老师的主题班会方案。该方案是一个"详案",运用了职业生涯教育理论对大学生进行职业规划和就业指导。 主题班会特别强调要综合运用社会学、心理学、教育学等学科的知识对大学生开展思想政治教育,有学科理论的支撑,主题班会才更能显示出科学性。

七、寝室文明教育

范例：

"我与寝室有个约定"主题班会

一、班会背景

对于大学生而言,寝室是睡觉、休息的场所,是学习知识、沟通友谊的场所,是养成良好习惯、培养品格情操的重要园地。大学新生经过适应和磨合之后,第二学期初寝室摩擦开始涌现,表面上看这是寝室学风、人际交往等方面的问题,深层则是自我约束、自主管理能力方面的问题。 为有效应对挑战,决定召开"我与寝室有个约定"主题班会。

二、班会意义

1.依法治校,以约建寝。在依法治校背景下,班会以参与管理的方式制定寝室公约,发展完善寝室的矛盾预警机制、利益表达机制和协商沟通机制,形成积极向上的寝室文化和价值追求。

2.自主管理,敢于担当。通过制定和执行"寝室公约",使自主管理的意识和担当扎根于学生的内心深处,将社会主义核心价值观落细、落小、落实于寝室的学习生活之中,为学生从"校园人"到"社会人"的角色转变打好基础。

三、时间地点

班会时间:2015 年 3 月 7 日 14∶30—16∶30

班会地点：活动教室

参与对象：综合文科 141 班

四、班会过程

班会以"大学生自主管理"理论为指导，坚持"从学生中来，到学生中去"。班会过程共 75 分钟。

阶段	内容	目标
前期准备	1. 收集学生关于寝室问题的困惑、对和谐寝室的期待 2. 制作寝室微故事视频 3. 收集榜样寝室事迹，制作成展板	使班会主题紧密贴近学生需求
班会导入	请学生观看寝室微故事视频，导入班会（5分钟）	带入情景，引起学生对寝室问题的思考
环节一：问题大诊断	由学生提出与寝室相关的困惑或期待，并请学生提供解决方案，分组分享（20分钟）	通过同学探讨解决的方式，将主动权交给学生
环节二：榜样微力量	选择四个美丽寝室的典型故事，通过展板和陈述的形式，让学生感受榜样寝室力量的优秀指引（10分钟）	榜样教育
环节三：公约在我心	通过室友协商，每个寝室量身定制寝室公约；并展示寝室公约（25分钟）	室友在参与中达成共识，制定出个性化的"寝室公约"
环节四：宣言担责任	学生自拟个性化的寝室宣言，承诺履行公约（15分钟）	以公开承诺的方式提高学生的执行力
后期延续	1. 将"寝室公约"挂上墙，并在网络平台展示执行成果 2. 辅导员到寝室回访，与学生沟通寝室建设成效	真正做到将"寝室公约"挂在墙上、记在心上、落在行动上

五、班会效果

1. 体验式活动贯穿始终。学生在参与体验中达成寝室学习生活的共识。

2. 以仪式教育为主题。通过"寝室公约"与"寝室宣言"的制定，以仪式化的教育形式增强学生的责任感。

3. 班会成效持久延续。班会结束后，通过寝室走访、网络平台相互反馈等方式对"寝室公约"的执行情况进行跟踪，成效持久。真正做到将"寝室公约"挂在墙上，记在心上，落在行动上。

六、教育反思

1. 班会主题服务于学生的长远发展。班会主题应引起同学的共鸣，才能让同学投入其中；班会主题应尽量服务于同学的长远发展，使成效持久。在依法治校背景下，形成积极向上的寝室文化和价值追求。

2. 充分体现学生的主体地位。学生是班会的主角，让学生在前期设计阶段便参与其中，在设计班会时让更多学生体会到身为主角的成就感，充分调动其积极性。

3. "寝室公约"与公开承诺促进学生行动力。学生在制定"寝室公约"时认真严谨，这对于"寝室公约"的合理性以及可达成性都非常有益。公开承诺使学生在自我管理的基础上，又增添了班级支持的力量，有益于增强学生的行动力。通过"寝室公约"、公开承诺，促使自主管理的意识和担当扎根于学生的内心深处，为学生从"校园人"到"社会人"的角色转变打好基础。

解析:这是第四届全国高校辅导员职业能力大赛华东赛区主题班会最高分、浙江省一等奖获奖者、浙江师范大学叶青老师的主题班会方案。该主题班会从文明寝室的创建角度切入,条理清晰,环环相扣,特别难能可贵的是在主题班会成效的设计方面,用"寝室公约"的方式将主题班会的成果完美地呈现出来,将寝室文明创建与依法治校、寝室自治结合起来,效果可圈可点。

八、健康生活教育

范例:

假如今天没有手机
——价值回归主题班会活动

一、前传

(一)班会主题

战胜手机依赖,倡导价值回归

(二)主题背景

智能手机的普及,给大学生带来了方便快捷的资讯,缩短了人际交往的距离,逐渐成为大学生的生活必备品。但同时,手机也带来了深度阅读的缺失、课堂本质的脱离、传统文化的漠视,以及感情表达的浅表化等问题。"手机依赖症"也逐步取代"网瘾",成为大学生管理和教育中面临的一大难题。

(三)班会思路

1.以"没有手机的一天"体验活动为引入,引导学生在实践中感受没有手机可以做什么。以提前开展体验的形式,打破班会的时间局限;从实践活动到理论教育,提高学生参与度和积极性。

2.体验活动以"图片故事分享"的形式开场,让学生在展示交流中拓宽思路,增强摆脱"手机依赖症"的信心。

3.以"手机到底重不重要"和"手机应该如何使用"为话题,引发自由讨论,引导学生辩证看待手机的好处坏处,最终使学生认识到:自制力和科学使用手机的习惯才是摆脱"手机依赖症"的有效对策。

4.以"手写一封家书"作为班会的高潮,让学生体会这种朴素真挚情感表达方式对心灵的冲击,将班会的价值回归主题内化和升华。

5.以微信圈继续讨论的形式,将班会效果巩固和延续。

(四)班会形式

现实体验、展示交流、自由讨论、总结升华

(五)班会预期效果

1.使学生深刻反思各种形式的"手机依赖症",增强自我战胜"手机依赖症"的信心和决心。

2.使学生深化理解手机的辩证作用,主动学习提高自制力,养成科学使用手机的习惯。

3.使学生深入体会手机的价值回归,愿意身体力行,回归神圣课堂本质、回归优秀文化传统、回归朴素情感表达。

二、正传

（一）班会时间

2014 年 4 月 5 日

（二）班会地点

6 教 101 教室

（三）班会对象

2012 级司法班同学

（四）班会流程

* Part 1 摆脱手机初体验

班会召开前一周，由班委会发起"没有手机的一天"活动，号召全班同学选择一天手机关机，做更有意义的事情，并互相拍下照片。

* Part 2 忘"机"百态情景剧

班会正式开始前拍摄三段情景剧视频，展现学生没带手机的典型表现，警示学生"手机依赖症"对学习生活的影响。

* Part 3 看图说话故事会

"没有手机的一天"活动成果展示。

每位同学根据自己的照片，讲述没手机那天做的一件事，谈活动的感受。引导学生明白在无手机时也可以做很多有意义的事情，反思自己对手机的依赖，增强战胜手机依赖的信心和决心。

* Part 4 七嘴八舌话手机

通过两个话题发起自由讨论：

1. 手机到底重不重要？

2. 手机应该如何使用？

让学生结合自身实际来表达对手机使用的理解和认识，畅所欲言。在讨论中及时引导学生认识到手机只是一种工具，手机的使用习惯规范和学生的自制力问题才是解决关键。

* Part 5 回归教育同感动

通过对班会中最感动的地方进行点评总结，倡导对于课堂本质的回归、传统文化的回归和朴素情感的回归。对班会主题进行深化和提升。

* Part 6 一封家书诉亲情

倡议学生现场给父母写一封家书，用最原始的纸和笔，用最优美的汉字表达最真挚的亲情，对家的眷恋和依赖。以情动人，让学生在书写中进一步感受和体会情感回归。

* Part 7 微信群里再讨论

班会结束后，在班级微信群继续发起话题讨论。

谈感想，谋规划，互帮助，共进步。

三、外传

（一）把握重点

1. 引导自我反思，提高自制能力。

2.科学使用手机,倡导价值回归。

3.回归课堂,回归文化,回归情感。

(二)注意方式

1.不过多反驳学生观点,不盲目打断学生发言。

2.不刻意否认或淡化手机的正面作用,引导学生辩证思考。

3.及时梳理和提炼学生观点,为总结部分提供支撑。

解析:这是第三届全国高校辅导员职业能力大赛三等奖和西南片区赛一等奖获奖者、西南大学刘沏雪老师的主题班会方案,选自"辅导员职业能力提升辅导室"微信公众号。主题班会是辅导员实施日常思想政治教育工作的重要手段,虽然传统但是经典,只是随着时代的推移发展会有更多的组织方式和呈现方式,但是主题班会的成效归根结底还是源于学生的需求、时代的背景,成功的关键仍然是主题的拟定。如何正确看待手机、使用手机,是当代大学生面临的现实问题,这个主题班会引导同学树立正确观念,科学合理使用手机。

九、雷锋精神教育

范例:

做雷锋精神的种子
——"画说"雷锋主题班会

一、班会背景和目的

中共中央办公厅下发的《关于培育和践行社会主义核心价值观的意见》中指出:"学雷锋"将成为常态化的涵养社会主义核心价值观的实践活动。在价值观念多元的今天,面对个性鲜明的年轻一代,辅导员更需要创新学习形式引导学生学习雷锋的宝贵精神,促进社会主义核心价值体系的建设。本次班会让新生在重读《雷锋日记》基础之上,于3月5日学雷锋日来临之际召开"画说"雷锋主题班会。

为深化思想教育,弘扬主旋律,本次班会结合专业特色,以学习雷锋精神为主题,围绕雷锋事迹、雷锋精神和身边"雷锋",通过"画说"的形式开展团队型互动、研究性思考、实践性感悟,帮助学生进一步挖掘雷锋精神的时代内涵,不断扩大雷锋精神的文化影响力和价值渗透力,让雷锋精神发挥更大的作用,更好地发挥社会主义核心价值观凝魂聚气、强基固本的作用,不断为实现中华民族伟大复兴的中国梦注入强大正能量。

二、班会时间及地点

班会时间:2016年2月28日13:00—14:00

班会地点:22幢301教室

参与对象:美术学151班

三、主要环节

班会始终坚持教师为主导、学生为主体的理念,围绕怀念·沙画雷锋;手绘·图说雷锋;寻访·故事"雷锋";续写·时代"雷锋"等四个环节,使学生真学、真懂、真信、真用雷锋精神。

阶段	内容	目标
前期准备	1.重读《雷锋日记》 2.创作雷锋事迹的画作 3.制作手札雷锋日记本 4.寻访身边"雷锋"	学生对雷锋同志和雷锋精神有所了解,继而才能真情实感地创作和寻访身边榜样
怀念·沙画雷锋	请学生观看沙画雷锋视频,导入班会(5分钟)	带领学生一起追忆雷锋
手绘·图说雷锋	呈现连环画作,并结合画作和《雷锋日记》讲述雷锋事迹(20分钟)	通过学生手绘总结勾勒出雷锋精神的主体
寻访·故事"雷锋"	学生讲述自己寻找到的身边"雷锋"(15分钟)	身边"雷锋"的榜样教育
续写·时代"雷锋"	学生将各自寻访到的优秀事迹和班会达成的雷锋精神的共识记录到"雷锋日记本"上,并通过微信来传递正能量(20分钟)	续写雷锋日记,记录身边的美,内化价值标准
后期延续	1.将"画说雷锋"主题活动总结上传微信公众号,以艺术作品的形式来宣传雷锋精神 2.定期推送"雷锋日记本"上的优秀文章 3.将学习雷锋精神与志愿服务相结合,开展每周一次的寻访和志愿结对	真正做到将雷锋精神记在心上、落在行动上

四、班会特色

1."画雷锋"+"说雷锋":创新形式,激发学习热情;

2.雷锋+"活雷锋":寻找身边最美,内化价值标准;

3.日记+"日记":重读《雷锋日记》,续写雷锋日记,争做雷锋精神的种子。

五、班会反思

1.以"读"带学,真情有温度。学生重读《雷锋日记》,一起追忆雷锋,感受英雄的温度,使英雄真正"住"进心中。

2.以"画"帮学,领会有深度。学生结合专业创作画作,弘扬主旋律,学生乐于接受、善于领会。

3.以"说"促学,交流有广度。寻访身边"雷锋",共同记录、分享和传播正能量,并内化为自身价值坐标。

4.以"做"督学,服务有热度。学习贵在践行、贵在服务,定期对学习和服务进行监督,真正实现班会立德树人的育人功能。同时让学生成为习总书记说的"做雷锋精神的种子,把雷锋精神广播在祖国大地上",不断为实现中华民族伟大复兴的中国梦注入强大正能量。

解析:这是第五届浙江省高校辅导员职业能力大赛二等奖获奖者、浙江师范大学胡辉老师的主题班会方案。"学习雷锋"是一个既传统又现代的主题,雷锋精神永远不过时,雷锋精神需要发扬光大,但是在当代如何把这种雷锋精神传承下去,如何鼓励更多的同学来学习践行,是一个很难的话题。该主题班会用可见的现代沙画、用可听的当代雷锋故事,以图感人、以情动人,将学习雷锋不仅仅停留在口号,而是拉向学生生活的实际,非常难能可贵。

十、重大节庆日教育

范例：

设计"最美名片" 我为祖国代言
——科学树立价值观主题班会方案

一、班会主题

设计"最美名片"，我为祖国代言

二、班会对象

工科试验班（信息）大类 1528 班

三、班会背景

近年来，我国多次举办重大的国际性活动，从北京奥运会、上海世博会到博鳌论坛和 APEC（亚洲太平洋经济合作组织），各种大事件时常出现在同学们的周围。如何充分利用这些契机，让同学更好地参与和融入，开阔视野，进而懂得、尝试把个人的理想信念与国家发展、人类命运结合起来，是每位辅导员所应思考的问题。

在社会心理学中，角色理论对个人的身份认同、价值观树立具有重要的奠定作用。因此，本次班会借助 2016 年 G20 峰会首次在中国举办的契机，通过让同学设计"最美中国"名片为祖国代言的形式，做好东道主的角色扮演。设计标签，进行角色期待；分享标签，加深角色领悟；会后指导，落实角色实践。在角色不清的答疑解惑中，提升认同，凝聚共识，在更多同学的心中种下家国情怀的种子。

四、班会组织

1. 提前部署：在寒假前，向班级同学布置一道作业，请各位同学利用假期进行社会观察，并结合自身特点，思考自己身上最能代表中国的标签是什么？

寒假思考题：

请利用假期，观察自己的家乡变化和沿途见闻，并结合个人特点，寻找自己身上最能代表中国的是什么？

2. 会前布置：进行视觉设计，印制东道主名片，增强仪式感。

3.做好观察：辅导员利用假期，关注留意同学微信朋友圈的动态，提前了解同学的思想动态以及可能存在的困惑，并准备有针对性的辅导。

4.召开班会：在开学后的第一周，召集各位同学带着回答参加班会。注意结合中国青年报《讲好中国故事 习近平教青年打造最美"中国名片"》的相关知识。

讲好中国故事 习近平教青年打造最美 "中国名片"

发稿时间：2016-02-09 07:19:00　　来源：中国青年网　　作者：开可

五、班会流程

1.视频导入：介绍G20国际峰会，增加感性认识；

2.设计名片：分发东道主名片，填写属于自己的代言标签；

3.分享名片：阐述自己为祖国代言的内容，进行角色期待；

4.公式计算：通过"获得感公式"答疑解惑，加深角色领悟；

5.朋辈力量：请高年级优秀学长分享事迹，并发出招募邀请；

6.会后指导：制订个人生涯规划，以实际行动参与G20活动。

解析：这是第五届全国高校辅导员职业能力大赛二等奖和浙江省一等奖获奖者、浙江大学陈泽星老师的主题班会方案。重大节庆日本身就是开展思想政治教育的重要时间节点，组织得好往往能达到事半功倍的效果，因为重大节庆日有良好的舆论氛围环境，有利于思想政治教育效果的实现。但在实际过程中，我们往往也会发现，重大节庆日有时与我们的日常生活距离比较远，如何将重大节庆日的契机与我们的学习、生活结合在一起，陈泽星老师的主题班会为我们提供了很好的示范。

第七章 如何策划辅导员的主题演讲

演讲与口才是一个人智慧和才华的综合反映，"它是影响一个人事业成功、人际和睦、生活幸福、精神愉快的重要素质，也是一个人随身携带永不过时的基本能力"。① 习近平总书记在《善于同群众说话》一文中也指出："语言的背后是感情、是思想、是知识、是素质。"②对于辅导员而言，主题演讲更是展示逻辑思维、思想情感、形象气质、才学胆识等综合素质的重要平台。

作为辅导员职业能力大赛的一个竞赛环节，主题演讲和谈心谈话均属于决赛的竞赛内容，同时兼具展示性（表演性）和竞技性，显得尤为重要。当然，主题演讲的重要性绝不仅仅体现在竞赛环节，更体现在日常工作和生活中，特别是在课堂教学、述职报告、课题答辩、竞职演说等方面得以集中展现。总之，辅导员必须具备较强的"语言、文字表达能力"③，且应该培养这方面的基本素能，这早已成为我们普遍的共识。

辅导员职业能力大赛主题演讲环节是有章可循、有法可依的，这要求我们对主题演讲的相关内容有充分的了解。我们从内涵与要求、培训与技巧、范例与解析多个方面开展讨论，希望能够提供思考与启发。

第一节 主题演讲的内涵与要求

一、主题演讲的内涵

演讲是有生命的，是有血有肉的语言表达，是理性与情感交融的智慧。演讲者举手投足间展现的是语言的艺术和生活的情趣。不同的演讲，或如大浪淘沙，或如溪流婉转，或如夏花绚烂，或如冬雪缤纷，带给我们不一样的美的享受。美的感受的背后则需要演讲者对主题演讲进行一一分解。

（一）主题演讲的定义

演讲又叫讲演或演说，是指在公众场所，以有声语言为主要手段，以无声语言（体态语言）为辅助手段，针对某个具体问题，鲜明、完整地发表自己的见解和主张，阐明事理或抒发

---

① 孙海燕、刘伯奎：《口才训练十五讲（第三版）》，北京大学出版社，2015年，前言第1页。
② 习近平：《之江新语》，浙江人民出版社，2007年，第146页。
③ 参见《高等学校辅导员职业能力标准（暂行）》。

情感,进行宣传鼓动的一种语言交际活动。主题演讲或命题演讲更加强调围绕某一确定的话题进行演讲,具有现实性、真实性、艺术性、鼓动性和灵活性等特点。①

作为辅导员职业能力大赛的项目,主题演讲分为备稿演讲和即兴演讲两类。② 但不论是备稿演讲还是即兴演讲,主题演讲的主题都是指定的,题目一般与辅导员工作有关。如第四届全国高校辅导员职业能力大赛复赛(第六赛区即华东赛区)的备稿演讲题目是"有了辅导员职业能力标准,我们不再迷惘",即兴演讲的题目是"扎扎实实做事,踏踏实实做人""扣好人生第一粒扣子""辅导员的感召力"。题目由选手抽签确定。

但是,要真正理解主题演讲,进而开展有效的主题演讲培训活动,单从定义或竞赛项目的角度来理解又往往是不够的。我们有必要从主题演讲的本质和形式等多个方面再逐一进行探讨。

(二)主题演讲的本质

我们认为,主题演讲的本质是交流,包括信息、情感与思想的交流。演讲本身并不是目的,而是达到目的的一种手段。无论是观点的阐释、素材的选择、有声语言的表达,还是体态语言的运用,主题演讲要求演讲者试图将自己的理解传递给观众。因此,主题演讲重在交流,演讲者要有交流的姿态,演讲过程中要始终注意对象感。举个例子:

> 各位师长、亲爱的同学:
>
> 感谢大家的掌声,感谢学院给我这次机会,让我能有幸跟大家一起分享当老师的感悟。说实在,接到学院委派着实让我忐忑了好几天。我在问我自己,这些年的教师历程,我积淀了什么,体会了什么,又可以和大家分享什么?冥思之后,我找到了两个词:梦想与幸福!③

这段演讲虽然没有华丽的辞藻,看上去很普通,但仔细品味,文字很朴实,充满了亲切感和对象感,字字句句表露出"交流"的意味。"梦想与幸福"也旗帜鲜明地点出了自己的观点。这也是一个不错的演讲稿的开头,开门见山,点明主旨。

(三)主题演讲的根本追求

我们认为,主题演讲的根本追求是真、善、美。这是主题演讲所传递的信息、情感与思想的价值倡导,也是演讲之所以能够以理服人、以情感人的现实要求。辅导员肩负高校思想政治教育的重要职责,但并不是一说起思想政治教育,其演讲就是"宣传鼓动",就变味成为"假、大、空"的说辞。主题演讲贵在有真情实感。也正是因为有真情实感,演讲者才能具有纯正的源源不断的演讲动力。如:

> 如今,我已走上讲台近四年时间,也已为人母。三岁的女儿常常搂着我的脖子说:"妈妈,妈妈,我好爱好爱你!"这时我也会亲亲她,幸福地说:"妈妈也好爱好爱宝宝哟!"为人母者,给自己的孩子以母爱是天性,被自己的孩子所亲所爱是幸福;那么,为人师

---

① 史钟锋、张传洲:《演讲与口才实训》,东南大学出版社,2015年,第2至4页。

② 即兴演讲乘以加权系数1.02折算成最终得分,与备稿演讲选手竞争。该规则从第四届全国高校辅导员职业能力大赛开始实施。从竞赛实际情况来看,选择即兴演讲的选手不在少数,甚至比备稿演讲的选手要多。

③ 节选自教师代表赵瑶丹副教授在浙江师范大学人文学院第五届"师范文化月"开幕式上的演讲。

者,给自己的学生以关爱是责任,被自己的学生所喜所爱,除了幸福,还有无尽的职业荣耀。①

在这段演讲中,我们可以从字里行间感受到一位母亲与教师高尚的情怀和满满的幸福感。作为教师的辅导员,尤其是女性辅导员(近两届辅导员职业能力大赛选手中还有二孩妈妈),也肯定会遇到类似的情况。此心此情,一定是相通的。因此演讲所表达的真情实感能够引发大家的共鸣,起到很好的效果。

(四)主题演讲的表达形式

从本质上讲,主题演讲的表达形式是语言和逻辑。语言是外在的表达,逻辑是内在的表达。演讲语言的表达分为有声语言和无声语言(体态语言)。有声语言包括语音、语调、语速等。无声语言包括表情、手势、站姿等。关于有声语言和无声语言,下一节将详细叙述。

与语言和逻辑相对应的就是修辞和结构。所以,有人认为:"就话题形式而言,高水平的口才显现,往往总是在结构与修辞这两个方面显现出风格与特色。"②的确,逻辑或结构能够使主题演讲纲举目张,条理清晰;语言或修辞能够使主题演讲旁征博引,文采斐然。这也是好的演讲稿的基本特点之一,下文还将论述。例如:

谢谢主席,尊敬的评委、对方辩友,大家好:

一部《汉武大帝》激起多少历史的感慨;一部《大汉天子》又带来多少生活的情趣。很高兴作为一名历史学的学生,代表本方,来探讨这些历史题材影视剧的问题。正本清源,历史题材影视剧就是尊重历史背景,中心人物和中心事件取材于历史文献的影视作品。戏说是为了增加通俗性、生动性和趣味性,以夸张、渲染、虚构等为主要表现手法的艺术形式。

那么,首先让我们看看历史题材影视剧的特性。历史文献往往只记载重大事件,在很多领域和细节上,记之不详或没有记载。而影视剧是艺术的荧屏表现,需要对历史细节的空白之处,进行影视创作。这些创作难免是想象和虚构的,是艺术化表达的。而戏说就是一种艺术化的手段。

其次,从功能和目的来看,历史题材影视剧不是历史,它的目的不是教化,不是传播历史文化,而是亲近历史、愉悦身心、带来现实启示。戏说不是胡说,而是基于史实的艺术表达,可以使大众更亲近历史、娱乐身心。

因此,它的性质与功能是它可以戏说的客观条件,为其戏说提供可能性。

再次,让我们来看看其社会条件。当今社会是文化多元的社会,文化的表现形式趋于多样;同时历史的社会功能增强,表达方式也趋于多元。戏说历史题材影视剧是影视创作多元化的一大尝试,也是历史表达方式由高阁走向大众的突破。它为观众多视角了解、欣赏历史提供了又一种新型方式。并且现代观念是开放、自由的。这是它的社会条件,为其提供可行性。

同时,今天我方论证历史题材影视剧可以戏说,不仅是事实判断,也是立足于当下的价值评价。戏说受到现代意识的影响较强,将现代意识与古代生活相吸相融,而且表

---

① 节选自教师代表赵瑶丹副教授在浙江师范大学人文学院第五届"师范文化月"开幕式上的演讲。

② 孙海燕、刘伯奎:《口才训练十五讲(第三版)》,北京大学出版社,2015 年,第 37 页。

达方式以轻松幽默为主,能够给大众带来更多的现实启示与生活情趣。因此,与正说相比,戏说历史题材影视剧能使观众更广泛地亲近历史、愉悦身心,激起观众对历史的兴趣。

我们说历史题材影视剧可以戏说,并不意味全部都要戏说,也不意味全部都适合戏说,更不承认那些借着"戏说"幌子的胡乱瞎说。而且在戏说历史题材影视剧的同时,并不排斥正剧等其他的表达方式。那么历史题材影视剧既然具备了可能性与可行性两大条件,符合时代又行之有益,为什么我们不能海纳百川,给它一个发展空间呢?

综上所述,我方认为历史题材影视剧可以戏说。①

"首先""其次""再次""同时"建构起了演说的结构脉络,这些逻辑词如同"第一、第二"等数词使得演讲思路清晰。从"特性"、"功能"和"目的"的"客观条件"("可能性")到"社会条件"("可行性"),从"事实判断"到"价值评价"是第一层次的逻辑。从历史文献"记之不详"、影视剧需要"进行影视创作""戏说就是一种艺术化的手段"到"历史题材影视剧可以戏说",这是第二层次的逻辑。

以上关于演讲定义、本质、根本追求和表达形式的分析有助于辅导员理解主题演讲,并在演讲过程中注意避免一些常见的问题。

二、主题演讲的基本要求

从广义上来说,演讲、辩论、朗诵、朗读、主持、讲话等多种形式都属于主题演讲的范畴。在现实生活中,演讲赛、辩论赛、朗诵(诵读)竞赛、主持人竞赛也早已成为校园文化活动。虽然,具体而言,不同的赛事活动有着不同的能力要求,但其间又有许多相通的地方,演讲很难与辩论、朗诵等截然分开,并且相关能力的锻炼也有助于主题演讲综合能力的提升。那么,关于主题演讲的具体要求又有哪些呢? 我们试从以下几个维度开展讨论。

(一)主题演讲的内容要求

首先,紧扣题旨是主题演讲最基本的内容要求。我们常说"内容是王道",就是说紧扣题旨、契合主题是主题演讲的生命力,这是主题演讲得以有效开展的根本前提。换句话说,离题千里或文不对题,哪怕演讲得再好也是南辕北辙,不能获得高分。这对即兴演讲来说尤为重要,因为备稿演讲一般不会离题。

其次,符合身份也是主题演讲必不可少的内容要求。因为是辅导员职业能力大赛,所以所举事例材料、所引名言典故一般也须与辅导员实际工作相结合,即便没有直接关系,也必须引申到辅导员自身工作中来。举个例子:

北大教授孟二冬在支教新疆石河子大学的时候,倒在了讲台上。在生命的弥留之际,他说"病树前头万木春"。他把自己比作"病树",而学生是"春天"。有人问苏霍姆林斯基:"你用多长时间备一堂课?"苏霍姆林斯基回答说:"我用我的一生在备课。"把学生比作春天,用一生在备课,这不正是我们辅导员所倡导的敬业精神吗?②

---

① 整理自 2007 年浙江师范大学大学生辩论赛半决赛正方立论陈词,辩题为"历史题材影视剧可以/不可以戏说",辩词为笔者所撰写。

② 节选自笔者在第四届浙江省高校辅导员职业能力大赛决赛"主题演讲"环节的演讲。

最后一句承接的话把两个例子导回到辅导员"敬业精神"的话题中,这样的承接在主题演讲中显得格外重要。主题演讲宜举发生在身边的令演讲者刻骨铭心的、典型的、接地气的案例,忌花前月下、鸡零狗碎的故事。

此外,主题演讲的内容要求很大程度上就是演讲稿的基本要求,好的演讲稿要做到有理有据、入情入理,即有观点、有素材、有情感、有逻辑。关于这"四有",下一节"如何撰写演讲稿"部分会详细叙述。

(二)主题演讲的能力要求

主题演讲是一门综合性的学问,涉及逻辑学、口才学、心理学、语言学、修辞学等多方面内容。因此,主题演讲的能力要求也是综合性的,包括发声(共鸣)能力、听话(理解)能力、说话(表意)能力、心理(调适)能力、思考(辨析)能力、预测(判断)能力、记忆(整理)能力、应变(控制)能力。正是因为主题演讲涉及上述各项能力,所以我们在训练过程中,也格外注意发声训练、思维训练、心理调适训练、有声语言训练和体态语言训练等。

有人将口才系统化训练的基本要求归纳为:"构想周密、详略得当、措辞贴切、见解独到、角度新颖、表意准确、紧扣题旨、反应敏捷、语言规范、吐字畅晰、语调适中、节奏合理、表情自然、态势得体。"①并且把演讲、辩论、朗读、交谈等形式打通,绘制了系统化训练的图示,很有参考价值。从能力培训的角度来看,前七项属于内容要求,后七项属于能力要求,而"表情自然、态势得体"同时也属于形象要求的内容。

也有人将衡量口才的要求或标准概括为十句话:"思维敏捷、反应迅速,立意明确、内容集中,条理分明、逻辑严密,语势连贯、跌宕起伏,用语规范、贴切易懂,适切语境、话语得体,生动优美、诙谐幽默,委婉含蓄、蕴藉深邃,把握时机、灵活善变,言语和谐、语气适宜。"②亦可作为一种参考。这大多都是内容要求和能力要求的具体体现,不能算是严格意义上的标准。

(三)主题演讲的形象要求

我们认为,主题演讲的形象要求主要包括服饰和风度两个方面。服饰具体涉及衣着、领带、鞋、腰带、手表、首饰等穿戴及其搭配问题。服饰要遵从"TPO"原则,"T"即 time,就是服饰要注意季节和时代;"P"即 place,指服饰要注意场合;"O"即 object,指服饰要注意对象。整体而言,应以符合辅导员形象为宜,做到"整洁大方、庄重朴素、轻便自如、协调和谐、得体入时、因地制宜"③。

风度,是指通过演讲者的言谈、举止、仪表所表现出来的风格和气度。风度既展现了辅导员的形象气质,又反映出演讲者的文化修养。"行为是心灵的外衣",自然得体的礼仪举止,可以拉近与观众的距离,培养良好的第一印象。要在舞台上做到彬彬有礼、风度翩翩、落落大方,需要从演讲礼仪或态势语言中展现出来,做到始终精神饱满,面带微笑。

(四)主题演讲的基本标准

全国高校辅导员职业能力大赛迄今已举办了好多届,但各竞赛项目均无明确的评分标

---

① 　孙海燕、刘伯奎:《口才训练十五讲(第三版)》,北京大学出版社,2015 年,第 36 页。
② 　李军华:《口才学》,华中理工大学出版社,1996 年,第 7 页。转引自唐树芝:《口才与演讲(第二版)》,高等教育出版社,2008 年,第 11 页。
③ 　史钟锋、张传洲:《演讲与口才实训》,东南大学出版社,2015 年,第 80 页。

准。浙江省高校辅导员职业能力大赛直至第五届才制定了简单的评分标准,主题演讲评分标准如下表所示:

项　目	评分标准	分　值
演讲内容	1.观点正确、鲜明,主题深刻,角度新颖 2.有丰富的内容支撑,材料典型,事例恰当、生动	40分
演讲技巧	1.普通话标准,口齿清晰,语音纯正、生动。轻重缓急,抑扬顿挫切合演讲内容 2.仪表端庄,表情自然,形体动作大方得体	30分
熟练程度	脱稿演讲,表达流畅	10分
整体效果	演讲精彩有力,具有强大的鼓舞性、激励性、说服力,使人在美的享受中受到了深刻教育	20分

综合以上各维度要求的分析和一般演讲赛的评分标准,我们认为,主题演讲的基本标准大致包括以下几个方面:

第一,内容方面:紧扣主题,依据思想政治教育相关理论作出分析,观点鲜明,见解独到,表意准确,感情充沛,材料丰富,说服力强。

第二,语言方面:普通话标准,用语规范,表达流畅,节奏得当,语言组织能力强。

第三,逻辑方面:思维敏捷,逻辑缜密,思路清晰,结构严谨,应变能力强。

第四,形象方面:仪表大方,符合辅导员形象气质,姿态自然,动作适度,表现力强。

四方面的标准,无所谓主次之分,每一个方面都可以成为演讲者的强项或劣势。具体评分过程中,备稿演讲相对侧重于语言,即兴演讲相对侧重于内容。正是因为演讲者、观众与专家评委在评价演讲过程中会自觉或不自觉地参考这些基本标准,所以我们说,主题演讲是有章可循的。这些章法为我们评价主题演讲成败得失提供了标准,我们也可以依据这些标准有针对性地开展演讲的培训,把握演讲的技巧,规避常见的错误。

第二节　主题演讲的培训与技巧

一、主题演讲的培训

从某种意义上说,语言表达是强化训练的结果。口才再好的选手一段时期不经历舞台锻炼偶尔一张嘴也会感到语言的磕磕绊绊,而再普通的选手经过定期的语言训练也能做到语言流畅。这就涉及主题演讲的培训。培训的内容很多,这里主要讨论发声训练(包括心理调适)、思维训练和语言训练。

(一)主题演讲的发声训练

发声训练是主题演讲的基础。发声训练主要目标是打开牙关节,畅通气息,训练普通话发音,同时起到调整语言节奏,调适心理的作用。发声训练从内容角度分,可以包括以下几种:

1.单个字的气息训练法。以发"丝"和"啊"最为常见。基本方法是双脚站立,挺身提气,深呼吸,缓缓吐"丝"或"啊",吐尽为止,循环多次。注意"气"从腹部来,所谓"气沉丹田",而不是靠嗓子发声。一般认为,"气沉丹田"的深呼吸也可以作为缓解心理压力的方法。这类气息训练的方法和演唱前的发声训练有异曲同工之妙,如"啊"的"哆来咪发唆"的发声训练。

2.四声夸张训练法。以同声韵四声夸张练习来调节气息,如"山——清——水——秀——""风——调——雨——顺——""逆——水——行——舟——""刻——骨——铭——心——""胸——怀——广——阔——",基本方法和注意事项与单个字的气息训练法相同。

3.绕口令训练法。这些绕口令除了练气,还可以纠正普通话发音,在尖音、平翘舌音、爆破音、前后鼻音等方面训练选手的基本语音。比如:

> 八百标兵奔北坡,炮兵并排北边跑,炮兵怕把标兵碰,标兵怕碰炮兵跑。
>
> 三山撑四水,四水绕三山,三山四水春常在,四水三山四时春。
>
> 老和尚端汤上塔,塔滑汤洒汤烫塔。
>
> 出东门,过大桥,大桥前面一树枣,拿着竿子去打枣,青的多,红的少,一个枣,两个枣,三个枣,四个枣,五个枣,六个枣,七个枣,八个枣,九个枣,十个枣;十个枣,九个枣,八个枣,七个枣,六个枣,五个枣,四个枣,三个枣,两个枣,一个枣,这是一个绕口令,一口气说完才算好。①

绕口令训练中,应运动腮部肌肉,上下咬合,反复多遍,并以气流摩擦嘴唇,嘴唇抖动多遍,发音要一以贯之,流畅而自然。

4.歌曲训练法。歌曲的节奏变化与演讲有着一定的关联性,如著名音乐家杨洪基演唱的《短歌行》,其声音、气息的变化非常典型。用来发声训练的常见歌曲有《莫斯科郊外的晚上》《国际歌》《喀秋莎》《听妈妈讲那过去的故事》等。还有几首很有意思,比如《天下乌鸦一般黑》:

> 乌鸦黑,乌鸦黑,乌鸦是白还是黑,你说乌鸦白,我说乌鸦黑,天下乌鸦一般黑。②

再比如《五环之歌》。在紧张的比赛准备过程中,练唱这些歌曲效果可以很神奇。同时,一些歌词还能直接应用到演讲过程中,可谓一举多得。此外,还有一些其他方法,有人专门概述为气息控制、口腔控制、共鸣控制、弹性训练等理论知识,并附有实践案例。③

(二)主题演讲的思维训练

思维训练是主题演讲的核心。在思维训练过程中,三个基本问题很重要:想不想说,说什么,怎么说?换句话说,就是演讲者能不能激起演讲的欲望和冲动,演讲者能不能形成演讲的观点、调动演讲的素材,演讲者能不能明晰演讲的逻辑、把握演讲的语言。关于"怎么说"的问题,内容层面的在"如何撰写演讲稿"部分详加讨论,语言层面在"主题演讲的语言训练"部分详加讨论。这里,我们重点分析前两个问题。

第一个问题:想不想说。举个例子:

> 其实我很不解的一个问题是,我们这个社会怎么了?19世纪,尼采说上帝死了,20

---

① 节选自浙江师范大学阿西剧社发声训练材料。
② 节选自浙江师范大学阿西剧社发声训练材料。
③ 颜永平、杨赛:《演讲与口才教程》,华东师范大学出版社,2012年,第119至139页。

世纪,福柯说人死了。21世纪了,为什么我们的生活越来越便捷,物质条件越来越好,知识修养越来越高,我们的幸福感却越来越低？……所以当我再次面对小悦悦事件,面对彭宇案,面对高铁事件,面对校园暴力,面对一位位女大学生失联……我真的不知道我们这个世界怎么了？假如我们对这些还能不闻不问,我不知道在科技高速发展的每一分每一秒,还有多少诸如生命、尊严、幸福、道德的东西在消失。

青年大学生也好,具有社会良知的普通人也好,在面对大学教育这一严肃话题的时候,还会不会想起陈寅恪先生曾说的"独立之精神,自由之思想",还会不会想起陈平原先生曾说的"北大的文化首先在于思想",还会不会想起梅贻琦先生曾说的"大学之大,非有大楼,乃有大师"?!

其实,我也不想去抱怨社会以及大学的林林总总,因为我可能太渺小。我只是想问一句,谁为我的幸福买单？谢谢。①

在这段辩词背后实际上反映的是一种家国意识和人文情怀。当我们以一个抽象的词语或者一句概括性的短句作为主题演讲题目的时候,我们要看到这个词语或这句短句背后的信息。比如辩词中的"人文之学"的背后,我们看到"小悦悦事件""彭宇案""高铁事件""校园暴力""女大学生失联",看到"生命""尊严""幸福""道德"。这种知识迁移就打开了话匣子,让我们的思路一下子豁然开朗起来。而这些事件和现象恰是我们思想政治教育工作的内容或演讲准备的素材,那就有了演讲的原动力和正义感。这也正是为什么说主题演讲的根本追求是真善美。传递一份正能量,表达一种情怀,能够使演讲者充满能量。再举一例:

正如电视剧《蜗居》里海萍说的那段话:"我每天一睁开眼,就有一串数字蹦出脑海:房贷六千,吃穿用度两千五,冉冉上幼儿园一千五,人情往来六百,交通费五百八,物业管理三四百……这一串数字逼得我一天都不敢懈怠,根本来不及细想未来十年。"也许您方会说我们的物质已经很富有了,应该谈谈精神富有的问题,但是您看到我们生活在这个城市的成本到底要多少吗？其实想想我们自己,作为一名普通的大学毕业生,平均工资三四千,而杭州房价均价二万五！抚着良心,我也不想去追逐有房有车的生活,可是当我们作为祖国的花朵、未来的希望,经历了小学六年,初中三年,高中三年,大学四年……16年寒窗苦读,而当我们学业有成,走向社会的时候,发现在这个社会里,单凭我们自己的力量,什么时候才能住得起房?!我们的青春才智在现实面前总显得那么渺小。

于是,我开始懂得,对于普通老百姓来说,幸福感是那么的简单:看得起病,住得起房,上得起学!②

在这段辩词背后,我们也可以看到一种民生情怀。辩词中将"物质富有"转化为高房价下的生活窘境和老百姓的基本生活诉求,虽然有些偏激,却有着极强的感染力和说服力。

两段辩词都立意深远,以青年大学生为视角,从大家关心的教育问题、房价问题、基本的民生问题等入手,很有情怀和视野,也能通过文字体现青年大学生的使命和社会责任感。这

---

① 整理自2011年浙江省大学生辩论赛半决赛正方总结陈词,辩题为"大学应更崇人文之学/科学之学"。笔者时任浙江师范大学辩论队领队,指导辩词撰写。辩论赛中的总结陈词环节是与演讲最相近的。

② 整理自2011年浙江省大学生辩论赛决赛正方总结陈词,辩题为"物质富有/精神富有更有利于幸福感的提升"。

就是"想不想说"的问题,这种思维训练可以通过对社会热点问题的关注来加以突破。此外,两段辩词的成功之处,还在于语言朴实,修辞得当,引用充分,逻辑分明。再来欣赏一段大家并不陌生的演讲:

> 五年前,我采访了一个人,这个人在火车上买了一瓶一块五毛钱的水,然后他向列车员要发票,列车员乐了,说:"我们火车上自古就没有发票。"然后这个人把铁道部告上了法庭,他说:"人们在强大的力量面前,总是选择服从,今天如果我们放弃了一块五毛钱的发票,明天我们就可能放弃我们的土地权、财产权,和生命的安全。权利如果不用来争取的话,权利就只是一张纸。"他后来赢了这场官司。我以为他会和铁道部结下梁子,结果他上了火车之后,在餐车要了一份饭,列车长亲自把这份饭菜端到他的面前,说:"您是现在要发票,还是吃完之后我再给您送过来?"我问他你靠什么赢得尊重,他说我靠我的权利所做的斗争。这个人叫郝劲松,三十四岁的律师。①

柴静写过一本书叫《看见》,她的纪录片《穹顶之下》也曾风靡一时。为什么柴静会有这样的魅力?以君子之心来看,我们能够从她和她所亲历的故事里,感受到人性、尊严、道义,感受到每个人为这个社会所做的努力,或者称为社会责任感或担当,这不恰恰是我们该做的事情吗?所以说,她的演讲是有能量的。

第二个问题:说什么。举个例子:梦想。关于梦想,可以用文字,如演讲题目"辅导员的诗和远方"②,也可以用图片甚至视频来呈现③。哪怕仅仅是文字,也可以很多样。那么,怎么破题、生发话题呢?

从内容上分,梦想可以有教师梦、学生梦、创新创业梦、航天航空梦、民族振兴梦等。而具体的某一梦想又可以分解为多个元素或角度,如梦想是有生命的、梦想是有价值的、梦想是有情怀的;也可从多个元素或角度的特征来谈,如梦想是温暖的,梦想是晶莹的,梦想是刚毅的,梦想是开放的,梦想是融通的。

从逻辑上分,可以从"心中有梦""勇于追梦""踏实圆梦"④的实现步骤来解读;可以从"有了梦想""丢失了梦想"正反两面去论述;也可以从演讲者对梦想的理解程度去展开,如:

> 小时候,妈妈对我讲
> 你是祖国的未来,报效祖国是你的梦想
> 生你养你的是黄土地铺砌的故乡
> 养你育你的是九百六十万平方公里的大国泱泱
> ……
> 小时候,老师对我讲
> 你是民族的希望,报效祖国是你的梦想
> 生你养你的是黄土地铺砌的故乡

---

① 柴静《认识的人 了解的事》。这是她在庆祝中华人民共和国六十华诞"为祖国骄傲,为女性喝彩——首都女记协演讲大赛"上的演讲。转引自史钟锋、张传洲:《演讲与口才实训》,东南大学出版社,2015年,第121页。
② 第五届浙江省高校辅导员职业能力大赛主题演讲题。
③ 目前各级高校辅导员职业能力大赛主题演讲环节还都是以文字的形式出题。
④ 笔者在第四届全国高校辅导员职业能力大赛复赛"主题演讲·即兴演讲"环节的逻辑思路。笔者抽到的题目是"扎扎实实做事,踏踏实实做人"。

养你育你的是九百六十万平方公里的大国泱泱

……

长大后,我对自己讲

我是祖国的未来、民族的希望,报效祖国是我的梦想

生你养你的是黄土地铺砌的故乡

养你育你的是九百六十万平方公里的大国泱泱

……①

有意思的是,同样关于梦想,湖南大学辅导员茹娜曾撰文指出,这也可以作为很好的破题立意方面的参考:

以《我有一个辅导员的梦》为例……我提出了"个人职业梦想就是辅学生成才梦—导学生成人梦—圆学生成功梦,进而汇聚成千万个辅导员的梦想,进而为中国梦做出贡献"的逻辑线,广西工业职业技术学院农贵老师(创办"小小辅导员"公众号)提出"历史—现在—未来"的逻辑线,即"辅导员的梦历史上是胡锦涛、吴邦国等前辈的梦,辅导员的梦现在是十几万辅导员夜以继日、立德树人的梦,辅导员的梦未来是担起祖国民族振兴大任的梦",中国矿业大学王梦倩老师(创办"倩姐有约"公众号)提出了"辅导员个人职业成长梦—立德树人育才梦—汇入民族复兴梦,小梦串成大梦,接入三个共同享有,一起美梦成真"的逻辑线,三条线各有深意,能够掌握好其中一条,穿插自己的工作画面、成长故事素材等均可。②

破题的方法有很多。总之,主题演讲要善于发散思维,生发话题,善于知识迁移,把话题转移到自己熟悉并擅长的内容上来。比如,"教育投入与教育情怀,一个都不能少"③通过"教育情怀"一词可以迁移为"敬业精神"或"教师幸福感",进而迁移为"大山里的故事"和"最美教师";再比如"'大学校名'其实不必与时俱进"④可以迁移为校名背后学校传承着的思想、精神和文化,迁移为"兼容并蓄""自强不息""勤学笃行"等具体的内容上来,对于辅导员所在学校校训精神的解读也可以算是一种不错的选择。当然,演讲者在准备演讲的过程中,必须积累相关的知识,否则思路就会很狭隘。"春耕夏耘,秋获冬藏",每天坚持睡前阅读半小时,或做个有心人,坚持写写日记或周记,就像上海交通大学辅导员梁钦一样经营"辅导员娘亲"公众号,记录身边的人和事,对于辅导员的成才来说很有意义。

(三)主题演讲的语言训练

有声语言训练主要包括语音、语调、语速。语音包括音高、音强、音色、音长,也是基本的普通话水平。语调是指语气和声调强弱变化。语速是指速度和节奏快慢变化。通常所说的"抑扬顿挫"就是指语调和语速的变化。以朱自清《春》和舒婷《祖国啊,我亲爱的祖国》为例。

盼(pàn)望着/,盼望着/,东风来了/,春天的脚步/近了/。一切/都像刚睡醒(xǐng)的样子/,欣(xīn)欣然/张开了眼/。山/朗(lǎng)润(rùn)起来了/,水/涨(zhǎng)起来

---

① 浙江师范大学纪念建党 95 周年诗朗诵《青春中国梦》。
② 茹娜:《再谈辅导员职业能力大赛中的演讲技巧》,文章发表于"微笑的辅导员博客"。
③ 第五届浙江省高校辅导员职业能力大赛主题演讲题。
④ 第五届浙江省高校辅导员职业能力大赛主题演讲题。

了/，太阳的脸/红(hóng)起来了/。小草/偷偷地/从土地里/钻(zuān)出来/，嫩(nèn)嫩的/，绿(lù)绿的。

文中"/"表示停顿，反映了语言的节奏，朱自清的《春》感情充沛，富有朝气，语速整体偏快。着重号表示重音，主要集中在动词和形容词，朗读时声音要饱满。标识的拼音部分用以强调朗读者对语音的把握，特别是前后鼻音和平翘舌音。

> 我是你/簇(cù)新的理想(xiǎng)，
> 刚从/神话的蛛网里/挣(zhèng)脱；
> 我是你/雪被下/古莲的胚(pēi)芽；
> 我是你/挂着眼泪的笑涡(wō)；
> 我是/新刷出的/雪白的起跑线；
> 是绯(fēi)红的黎明(míng)，
> 正在/喷(pēn)薄(bó)。

文中"/"表示停顿，节奏上稍有变化。着重号表示重音，主要集中在形容词和名词，朗诵时声音同样要饱满，表达对祖国的热爱之情。标识的拼音部分同样用以注意朗诵者对语音的把握。朗诵对有声语言的训练很有借鉴意义。关于诗文朗诵，我们还可以借鉴微信公众号"为你读诗"。再如前文"大学应更崇人文之学"的辩词：

> **其实**我很不解的一个问题是，我们这个社会怎么了？/19世纪，尼采说上帝死了，20世纪，福柯说人死了。/21世纪了，为什么我们的生活越来越便捷，物质条件越来越好，知识修养越来越高，我们的幸福感**却**越来越低？/……**所以**当我再次面对小悦悦事件，面对彭宇案，面对高铁事件，面对校园暴力，面对一位位女大学生失联……/我真的不知道我们这个世界怎么了？/**假如**我们对这些还能不闻不问，我不知道在科技高速发展的每一分每一秒，**还有多少诸如生命、尊严、幸福、道德的东西在消失**。

文中"/"表示语意层次，加粗字体是逻辑词，表示假设、递进、转折等关系。着重号表示重音，主要集中在重复的排比式词语上。辩论起来，语速较快，停顿有力，语言激切，一气呵成。再举一例：

> 我们每每梦回盛世的大唐，是不拘的臆想留下了纸香墨飞、辞赋满江，是新生与开拓一起迎来了豪杰英气、大千锦亮，为族人光照了1400年。/今天我们想问的是，我们会不会、能不能也成为后人梦里的光荣。/公元21世纪，我们的积累是1400年前的千倍万倍，那又怎么样，要是创造是关闭的，我们又能怎样？！/我们最后想请问的是，我们从来没说过生命不需要血液，但请告诉我一个鲜活生命的标志究竟是什么？那是新陈代谢，是血液的新陈代谢！/用了1000多年，我们终于又明白了这个道理，而用了近一个小时，我们肯定的是，我们为什么要期待一个美好未来的理由，谢谢。①

文中"/"表示语意层次，着重号表示重音，主要集中在重复的引领句子的词语上，文中逻辑关系也很清晰。采用排比、设问等修辞手法增强语气，文采斐然，激情洋溢。

无声语言(体态语言)包括表情、手势、走姿、站姿等，是有声语言之外的礼仪举止。无声

---

① 整理自2006年浙江师范大学辩论赛半决赛反方总结陈词，辩题为"知识积累/知识创新何者更重要"。

语言由内心情感而生发，都是对演讲内容理解基础上的自然流露。就站姿而论，男士注意双脚与肩同宽，双手自然下垂；女士双脚站成"丁"字步或"V"字步，双腿并拢成一线，双手相握，放于腹前。无论男女，皆抬头挺胸、提气收腹，端庄而立，精神饱满。表情应视演讲内容而定，根据演讲内容表现喜怒哀乐，传递真情实感。其中眼神最为关键，要与观众有交流，或环视，或点视，或虚视，兼顾全场观众。手势是抒发情感、发表议论、引起关注的重要辅助手段，在展开叙述、反思问题和罗列观点时可以分别用向上的手掌、向下的手掌和手指表示。如：

> 天渐暗，岸边人家的灯盏盏地亮了起来，热闹的河岸也在月光温柔的抚摸下沉沉地进入了梦乡，远处琴瑟之声相闻，和着潺潺水声，显得格外雅静、悠远……①

甜美的声音读出空灵的意境，语速略快，注意语速变化和停顿的短促有力。可有手势，掌心向下，从左到右，如推门状，向外略上扬。

> 我们说"1"是一个很小的数字，但当无数个"1"累加起来的时候，那该是一份多么巨大的力量！当一个国家有着无数独立而微小的画笔，当每一笔都勾勒出淡淡的色彩，渲染着奉献的韵致时，水墨灵动、音律悠扬的《清明上河图》将是何等的繁盛！因为平凡的生命在履行责任与奉献的刹那间，必将绽放璀璨的光华。②

第一句，双目炯炯有神，面带微笑，可有手势，伸出食指表示"1"。最后一句可有手势，"何等的繁盛"可握拳。"因为平凡的生命"起，手掌放于左胸前，头兼顾左中右观众。"绽放璀璨的光华"起，手掌缓缓摊开，往外略上扬。无声语言不宜过于夸张，否则效果可能会适得其反。

二、主题演讲的技巧

主题演讲的技巧蕴含在具体的演讲过程中，很难与具体的演讲过程相剥离，某些片段的技巧分析也未必系统全面。实际上，前文所述的许多问题都涉及主题演讲的技巧。因此，我们试选择两个话题"如何撰写演讲稿"和"如何组织即兴演讲"，结合具体的演讲过程，谈谈辅导员职业能力大赛主题演讲的经验与技巧。

（一）如何撰写演讲稿

常见的演讲稿撰写是按照"设定主题""安排结构""搜集材料""组织语言"的步骤开展的。③ 但辅导员职业能力大赛的主题演讲是选定题目，所以我们开门见山，直接介绍演讲内容的"四有"法则：有观点、有素材、有逻辑、有情感。

第一，有观点。理论是灰色的吗？德国诗人歌德在《浮士德》中有句名言："理论是灰色的，生命之树常青！"但在主题演讲中，巧妙运用思想政治教育原理以及辅导员相关理论知识，如马克思主义理论、哲学、政治学、教育学、社会学、心理学、管理学、伦理学、法学等学科的基本原理和基础知识④，能够深化主题、提升立意。如：

---

① 整理自浙江师范大学人文学院选手方婉瑜在 2010 年浙江师范大学新生演讲赛决赛上的演讲。
② 整理自浙江师范大学人文学院选手方婉瑜在 2010 年浙江师范大学新生演讲赛决赛上的演讲。
③ 孙海燕、刘伯奎：《口才训练十五讲（第三版）》，北京大学出版社，2015 年，第 209 至 226 页。
④ 《高等学校辅导员职业能力标准（暂行）》。

　　一天，一个小男孩在家里照顾他的妹妹莎莉，他无意中发现了几瓶彩色墨水，小男孩忍不住打开瓶子，开始在地板上画起了妹妹的肖像。不可避免地，他把室内各处都洒上了墨水污渍，家里变得脏乱不堪。当他母亲回来的时候，她对色彩凌乱的墨水污渍视而不见，却惊喜地说道："啊，那是莎莉！"然后她弯下腰来亲吻了她的儿子。这个男孩就是本杰明·威斯特，后来成了一个著名的画家。他常常骄傲地对人说："是母亲的亲吻使我成了画家。"

案例中扑面而来的是赏识教育、生命教育和人格教育的气息。美国心理学家威廉·詹姆士说："人性最深刻的原则就是希望别人对自己赏识。"印度诗人泰戈尔说："教育是向人们传递生命的气息。"美国教育家杜威说："一切教育的最终目的是形成人格。"可见，理论是解读话题的"金钥匙"。在辅导员的学习生活中，诸如此类理论①仿佛"在矿之金，采之不竭"，关键看你是视若珍宝，还是弃如瓦砾。

在主题演讲中，适当运用相关的理论或案例，无疑可以使演讲者的观点更具有科学性和理论的（或立意的）高度。这也可以使选手把基础知识、案例分析、谈心谈话等各个环节打通，整合起相关的准备材料。

第二，有素材，"巧妇难为无米之炊"。演讲贵在有自己的体悟，忌空洞无物，所谓"言之无物，行文不远"。发言丰富有内涵，素材就显得尤为重要。演讲的素材包括身边的故事、工作案例、名言警句、古典诗词、成语典故、社会热点，甚至包括经典台词、网络流行语②等。如：

　　还记得2012年，有一位毕业生因为母亲的去世，学习生活的节奏被打乱了，日渐消沉，自暴自弃。当其他同学去找工作的时候，他一个人宅在寝室，不接电话，也迟迟不肯动笔写毕业论文。当得知这位同学卧病在床，我给他带去早饭，一连三天。当第三天给他送早餐的时候，他的眼角湿润了。他说："老师，我自己都放弃了，你何苦还要拯救我。"于是，我知道，他开始被我感化了……③

这些故事真实、生动、感人，反映出辅导员工作的实际情况，是主题演讲的首选素材。我们需要做生活的有心人。这样才能在平时积累不少关于辅导员的感人素材。比如"高校辅导员100系列丛书"、《在海滩上种花——一个大学辅导员的工作日志》、《与青春同行——一名高校辅导员的工作手记》等书，比如《思想教育研究》《高校思想政治工作》等期刊，比如"第一辅导员""浙群辅导员"等微信公众号，这是一个信息大爆炸的时代，在各种信息渠道里充盈着大量的素材。

习近平总书记系列讲话的名言名句（包括形象比喻、俗文俚语、诗文引用等）就是我们主题演讲很好的题材，"扣好人生的第一颗扣子"这个演讲题目就来源于习总书记的讲话。

这里有必要指出的是，"观点＋例证（素材）"的语言表达方式是值得提倡的，恰如辩论过

---

　　① 如十大经典教育原理：赏识法则——根雕原理、多元法则——过河原理、全面法则——图钉原理、鼓励原则·蛙跳原理、体贴法则——白开水原理、情感法则——钉孔原理、信任法则——罗森塔尔原理、行为法则——木碗原理、价值法则——苹果原理、整体法则——掰玉米原理。

　　② 如《咬文嚼字》编辑部评选的2015年度十大流行语：获得感、互联网＋、宝宝、创客、颜值、脑洞大开、任性、剁手党、主要看气质。

　　③ 节选自浙江师范大学辅导员王淑娉在第三届全国高校辅导员职业能力大赛复赛"主题演讲"环节的演讲。

程中的举证。举个例子：

> 在采访北大教授季羡林的时候，我听到一个关于他的真实故事。有一年秋天，北大新学期开学，一个外地来的学子背着大包小包进了校园，实在太累了，就把包放在路边。这时正好一位老人走来，年轻学子就拜托老人替自己看一下包，自己则轻装去办理手续。老人爽快地答应了。近一个小时过去，学子归来，老人还在尽职尽责地看守着。学子谢过老人，两人分别。几日后北大举行开学典礼，这位年轻的学子惊讶地发现，主席台上就座的北大副校长季羡林，正是那一天替自己看行李的老人。
>
> 我不知道这位学子当时是一种怎样的心情，但我听过这个故事之后却强烈地感觉到：人格才是最高的学位……①

这段演讲前一段都是例证（素材），"人格是最高的学位"才是观点。如同前文孟二冬、苏霍姆林斯基故事是例证（素材），教师的"敬业精神"才是观点。这样的语言表达可以做到虚实结合，避免主题演讲中常见的空泛不实的问题。

第三，有逻辑，"形散而神不散"。这便是逻辑的力量或思维的艺术。前文"才学情识"和思维训练中所举的相关例子便是逻辑思维的重要表现，这里再举一例：

> 第一，风声雨声读书声，国事家事天下事。
>
> 第二，案例描述。
>
> 第三，观点＋案例分析。
>
> (1)从教师的角度；
>
> (2)从学生的角度；
>
> (3)从师生关系的角度。
>
> 第四，身份代入。
>
> 第五，黑色给了我一双黑色的眼睛，我却注定用它来寻找光明。②

选手问候完毕，从"风声雨声读书声，国事家事天下事"切入，引出今天关注的案例。在进行简单的案例描述之后，提出观点，从教师、学生和师生关系三个方面进行分析。以"假如我是那位教师……"进行"身份代入"，进一步回归自我，明确立场和措施。最后，以诗人顾城的诗句结尾。这也形成了当时案例分析类即兴演讲的典型模板。

除了搭建逻辑框架，合理使用逻辑词句也非常有效。诸如"首先""其次""进而""因此""既而""虽然""尽管""综上所述"，或"站在这里，我并不想……""说到这儿，我不禁想起……""假如……那么……""最后，我想说……"等，这些词句都会增强文章的层次。

第四，有情感，"严谨""准确""富有文采"。赵恒烈先生在《历史教育学》中说历史教学的语言要"严谨""准确""富有文采"，其实主题演讲也是一样。"严谨""准确"是指用语规范和符合身份，"富有文采"就必须借助修辞手法，如：

> 伤心的人会说"感时花溅泪"；而高兴的人会说"花儿对我笑"；憔悴的人会说"人比

---

① 白岩松《人格是最高的学位》，文章发表于新华网。这是白岩松参加"演讲与口才杯"全国新闻界"做文与做人"演讲比赛时的演讲。转引自史钟锋、张传洲：《演讲与口才实训》，东南大学出版社，2015年，第48页。

② 浙江师范大学选手朱建国在第六届浙江省高校师范生教学技能竞赛"即席讲演"环节上的逻辑思路。笔者时任该项赛事的指导教师。

黄花瘦";而欣喜的人会说"人面桃花相映红";有人说花是有情的,所谓"落红不是无情物,化作春泥更护花";有人说花很无情,"颠狂柳絮随风舞,轻薄桃花逐水流"。原因是什么?"年年岁岁花相似,岁岁年年人不同";在客观上"花自飘零水自流",使我们的主观"一种相思,两处闲愁"。①

第一,客观存在的事物只有融入了人的主观想象与情感才会显得美,从山川河流到花鸟鱼虫,从春夏秋冬到风云雨雪,我们看到,客观的事物是不以人的主观意识为转移的,正所谓"天行有常,不为尧存,不为桀亡",而有了人的主观想象,才有了"山舞银蛇,原驰蜡象,欲与天公试比高"。

第二,我们认为,审美的标准和结果,会因为人们的客观生活经历和他的文化背景而不同,我们看到很多人喜欢维纳斯的雕像,维纳斯的雕像风靡西方世界,但我们中国的老婆婆却一定要给她缝上坎肩儿才能心安理得。楚王好细腰,唐皇爱丰满,那么在情人眼中,无论如何对方都如西施一般沉鱼落雁。这个时候我们看到,美其实是源于人们的主观想象和内心情感,是人们借助于客观事物来表达人情冷暖。

第三,我们强调美是主观感受,因为这反映了人追求自由的价值信念,人的肉体受制于客观,从而人的精神就追求无限的驰骋空间。我们爱生活,因为生活的故事上下五千年,叫人浮想联翩;我们爱自然,因为"万类霜天竞自由",那是生命的礼赞!

综上所述,我方认为,美丑无对错,审美无争辩,因而我们才强调美是自由的象征,我们来自五大洲的辩友,才能胸怀宽广地唱一首:一心情似海,感动天地间。②

这两段辩词分别是西安交通大学辩论队谭琦和路一鸣的发言。可见,古诗词的运用是文采,整齐的排比句是文采,贴切的类比也是文采。此外,音韵和谐与长短句交错也能够增强语言的文采。

"严谨"、"准确"和"富有文采"的语言文字是演讲者情感的载体。演讲者也正是通过这样的演讲稿来抒发自身的情感。当然,质朴平实的语言也可以充满情感,但不论多么平实,也一定是通过文字的修辞加以体现的。语言表达过程中,我们可以尽可能地加入一些共同的经历与别样的感悟,以细腻的文笔展现那些几乎被我们所忽略的细节与言语。比如《项脊轩志》中的"儿寒乎?欲食乎?"又如朱自清的《背影》:

我说道:"爸爸,你走吧。"他望车外看了看,说:"我买几个橘子去。你就在此地,不要走动。"我看那边月台的栅栏外有几个卖东西的等着顾客。走到那边月台,须穿过铁道,须跳下去又爬上去。父亲是一个胖子,走过去自然要费事些。我本来要去的,他不肯,只好让他去。我看见他戴着黑布小帽,穿着黑布大马褂,深青布棉袍,蹒跚地走到铁道边,慢慢探身下去,尚不大难。可是他穿过铁道,要爬上那边月台,就不容易了。他用两手攀着上面,两脚再向上缩;他肥胖的身子向左微倾,显出努力的样子。这时我看见他的背影,我的泪很快地流下来了。我赶紧拭干了泪。怕他看见,也怕别人看见。我再向外看时,他已抱了朱红的橘子往回走了。过铁道时,他先将橘子散放在地上,自己慢慢爬下,再抱起橘子走。到这边时,我赶紧去搀他。他和我走到车上,将橘子一股脑儿

---

① 1999年国际大专辩论会A组决赛小结,辩题为"美是客观存在/主观感受"。
② 1999年国际大专辩论会A组决赛反方总结陈词,辩题为"美是客观存在/主观感受"。

放在我的皮大衣上。于是扑扑衣上的泥土,心里很轻松似的。过一会说:"我走了,到那边来信!"我望着他走出去。他走了几步,回头看见我,说:"进去吧,里边没人。"等他的背影混入来来往往的人里,再找不着了,我便进来坐下,我的眼泪又来了。

从某种意义上说,"四有"法则针对的是演讲稿的主体内容(当然也适用于开头、结尾),此外还有演讲稿的标题和开头、结尾。辅导员职业能力大赛主题演讲的标题是确定的,那么,这里再简单介绍下开头和结尾的技巧。

关于开头可以有故事开头法、诗歌开头法、新闻开头法、设问开头法等,各有特色,但点明主旨、吸引关注是开头最根本的任务,如:

> 关于童年,我的记忆已经是零零碎碎的片段,但我不会忘记每次出门前母亲的嘱咐:"出门遇到人要打招呼、要微笑!"尚且年幼的我总是胆怯,但当我试着照做之后,总是能得到长辈们赞许的微笑和热切的关怀。每每此时,一种如阳光般的温暖就会把我包围起来。原来这就是微笑的力量。①

结尾需要对整个主题演讲做一个立意上的升华,寄予一定的期望或进行相应的号召。结尾忌"高歌猛进",更需要情感的升华和语言浸润人心,如:

> 两千多年前,孟子说,"得天下英才育之"是人生极乐,这种快乐、这种满足和幸福,是我们今天所有在座和不在座的老师都已经体会到的,而相信不久的将来,在座的你们也将会慢慢体会到。我希望,有一天,当我老了,头发白了,睡意昏沉,在炉火边打盹时,收到你们一封远方的来信,慢慢地读,我读到那些近来可好、见面如晤的寒暄与问候,我读到那些课堂上下的片断回忆与考场内外的切磋琢磨,但我更读到了一句话,在那句话里,你们说:"老师,得天下英才而育之,这种欢乐我体会到了!"那么,我愿意在一群星星中间隐藏我的面庞。②

还有一点需要明确的是,语言风格或儒雅,或幽默,风格不同,譬如语言本身或晦涩难懂,或流畅明快,或文采斐然。不同演讲者拥有不同的风格。不同风格的演讲者应当在平时逐步认识到适合自身的风格,在撰写演讲稿的过程中,有意识地选择并组织适合自身的演讲话题与语言。

(二)如何组织即兴演讲

对于即兴演讲的法则、话题、方法、架构和技巧也有不少理论性的总结③,我们在这里也不做过多的阐释。结合辅导员职业能力大赛参赛经验,我们认为,即兴演讲有两点"秘诀":第一,功在平时。准备的内容主要是素材,比如中国优秀传统文化、社会主义核心价值观、中国梦等各个方面的素材。《演讲规范与技巧》一书专门收录了爱国、安全、诚信、青春、信念、和谐、法治等主题演讲稿、节日演讲稿和校园应用型演讲稿50余篇。④ 这种做法或许能够为我们带来一些启发。第二,贵在思维。素材的准备犹如散落一地的珍珠,思维就是串起这一粒粒珍珠的金丝线。组织即兴演讲的方法有"魔术公式"、"结构精选模式"、"逆向思维模

---

① 整理自浙江师范大学选手卢科利在浙江省大学生"喜迎G20展示新形象"演讲赛决赛上的演讲。
② 教师代表崔小敬教授在浙江师范大学人文学院第四届"师范文化月"开幕式上的演讲。
③ 详见颜永平、杨赛:《演讲与口才教程》,华东师范大学出版社,2012年,第254至270页。
④ 姚尧:《演讲规范与技巧》,广西人民出版社,2008年。

式"和"连缀法"等①,关键在于铺设"篮筐"(逻辑思路)并且一一对应"投篮"(素材)。

具体的即兴演讲步骤为:准确破题(立意先行)、头脑风暴(知识迁移)、拟定题目(简洁含蓄)、确定提纲(逻辑思路)、运用素材(引线穿针)、开头结尾(润色语言)。这是浓缩的备稿演讲,这一个过程要在5至10分钟,甚至更短的时间内完成,完成框架后最好还要全篇(哪怕还未成篇,只是残篇)顺一遍。以第四届浙江省高校辅导员职业能力大赛主题演讲题目"大众创业,万众创新,大学生创客如何'破茧'"为例:

第一步:破题。"大众创业,万众创新"是李克强总理发出的号召,笔者曾在《大学生创业何去何从?》网文练习中提出两个观点:"大学生创业的核心在创""大学生创业的根本在业",也就是说创新是进步的动力,而学业是创业的基础。大学生"创客"也需要树立正确的价值信念,夯实专业素养,培育创新意识。

第二步:提纲。创客"破茧"需要:(1)职业观,即职业意识,培育职业素养,干一行、爱一行,不能没有定力。(2)创业观,即创新意识,要利用新技术、迎接新挑战、解决新问题。(3)敬业观,即敬业意识,要爱岗敬业,这也是社会主义核心价值观。

第三步:素材。职业观—价值信念—人生就像扣扣子。讲到创业观,当时临时编了一个段子:"有人卖珍珠,成为奶茶妹;有人卖猪肉,成为包子哥;有人收集废弃自行车,成立僵尸车队;也有人开桌游吧,所谓东南西北你我他。"敬业观,可以引用孟二冬、苏霍姆林斯基的故事。

第四步:语言。开头选用一个"万能开头"(背景式开头):"前段日子,有一首歌红遍大江南北——《时间都去哪儿了》。是的,随着时代的发展,物质生活越来越丰富,我们的生活节奏越来越快。而……"结尾选用一个"万能结尾":"北山苍苍,婺水泱泱,让我们身负行囊,奔向远方。我想,只要我们树立……的观点……就一定能够源远流长、万古流芳。"

全文再顺几遍,精简下文字,几个素材的语言实际上早已了然于胸,只是再通一遍,确保即兴演讲语言的流畅程度。这个时候脑海当中留下的谋篇布局如下②:

> 题目:大众创业,万众创新,大学生创客如何"破茧"
>
> 开头:《时间都去哪儿了》
>
> 观点:培育正确的职业观、创业观和敬业观。
>
> 论述:第一,职业观——人生就像扣扣子
>
> 　　　第二,创业观——创业段子
>
> 　　　第三,敬业观——孟二冬、苏霍姆林斯基
>
> 思考:辅导员身份代入
>
> 结尾:北山苍苍,婺水泱泱

演讲稿全文如下③:

> 各位老师、各位同学:
>
> 大家上午好。
>
> 我是13号选手陈海峰,我今天主题演讲的题目是"大众创业,万众创新,大学生创

---

① 唐树芝:《口才与演讲(第二版)》,高等教育出版社,2008年,第155至158页。

②③ 整理自笔者在第四届浙江省高校辅导员职业能力大赛决赛"主题演讲"环节的演讲。

客如何'破茧'"。

前段日子,有一首歌红遍大江南北——《时间都去哪儿了》。是的,随着时代的发展,物质生活越来越丰富,我们的生活节奏越来越快。

这不禁让我想起,Facebook 创始人马克·扎克伯格 26 岁成为最年轻的富豪,孙权 19 岁据有江东,丁俊晖 16 岁成为世界冠军,贝多芬 4 岁开始作曲,葫芦娃一出生就打妖怪。那么,我们大学生,应该如何破茧成蝶,成为创客达人呢?我认为要树立正确的职业观、创业观和敬业观。

首先,树立正确的职业观。习总书记曾说,"人生就像扣扣子",而第一粒扣子就是价值信念的扣子;如果第一粒扣子扣错了,那么接下来的扣子都会扣错。职业观更需要培育价值信念,这样我们才能干一行、爱一行、成一行、专一行。

其次,树立正确的创业观。创新是时代进步的灵魂。有人卖珍珠,成为奶茶妹;有人卖猪肉,成为包子哥;有人收集废弃自行车,成立僵尸车队;也有人开桌游吧,所谓东南西北你我他。尤其在这个"互联网＋"的时代,我想,只要我们坚持创新意识,就一定能够开创属于自己的舞台。

再次,树立正确的敬业观。北大教授孟二冬在支教新疆石河子大学的时候,倒在了课堂上。在生命的弥留之际,他说,"病树前头万木春",他称自己是病树,而学生是春天。有人问苏霍姆林斯基,你用多长时间来备课。苏霍姆林斯基说,"我用我的一生在备课"。把学生比作春天,用一生来备课,不正是我们提倡的敬业精神吗?

对于我们辅导员来说,从军训场到实习课堂,从公寓生活到毕业典礼,再到创客时代,陪伴与引导不也是敬业精神吗?

北山苍苍,婺水泱泱,让我们身负行囊,奔向远方。我想,只要我们树立正确的职业观、创业观和敬业观,我们的创客时代就一定能够源远流长、万古流芳。

基于主题演讲的要求和评分标准,我们简单梳理了即兴演讲的基本技巧,不尽全面和系统,只是提供几个可供参考的要点。部分要点备稿演讲也同样适用。

技巧一:明确点题,首尾呼应。演讲时间只有 5 分钟,演讲内容庞杂、信息量大,且评委又容易听觉疲惫,所以必须首尾呼应,用明确的关键词或同义替换词点题。

技巧二:逻辑分明,纲举目张。类似于辩论赛立论陈词,以明确的观点,具体阐释为三个分论点且分别补充支撑的论据;或者贯以明确的线索,几个层次,层层递进,相关材料巧妙穿插推进主线发展,留给评委条理清晰的印象。

技巧三:幽默轻松,语言顺畅。适当引用几个幽默诙谐的段子,营造一些愉悦的氛围,有助于上下互动和加强演讲效果。用接地气、合时宜的网络词汇往往能够起到很好的效果。这是一种语言风格,其效果因人而异。

技巧四:引经据典,巧用故事。适当引用一些名人名言、工作原理、典故寓言;适当讲述一些发生在我们身边的典型故事,能够使演讲饱满兼具文采。当然,也要避免滥用或人云亦云。比如亚斯贝尔斯的"一朵云摇动另一朵云"、陶行知"四颗糖"的故事就属于用得很多的材料了。

技巧五:回归自我,流露真情。演讲的收束部分回归到辅导员工作本身,在适当的时候"身份代入",表明自己的态度,展示自己的所思所想,提升认识。

技巧六:抑扬顿挫,情感起伏。在语音的基础上,注意演讲的语气、语速的变化。

技巧七：保持微笑，体态得体。目光扫视评委，神情自然，微笑面对，手势符合演讲内容。

此外，也有人巧用道具，适时"亮剑"。这在即兴演讲中效果会更好，更有现场感。巧用道具关键在"巧"，否则有可能效果适得其反。这一条在谈心谈话环节表现得更为明显。

比如 2014 年国赛上新疆石河子大学姜汪维老师千里迢迢从新疆携带来的小白杨幼苗，再比如 2014 年国赛上湖南大学茹娜老师作为 1 号选手出场，从身上取下号牌作为道具来开头，"横着看是一，竖着看也是 1，竖着的 1 像一条人生道路，辅导员的责任就是导引着一个个年轻的生命走好人生的道路，横着的一像辅导员的一字肩膀，在日复一日的奉献中，肩负着多少家庭的期望、祖国的未来，大家好，我是一号选手，演讲的题目是有一种责任叫奉献"。①

应该说，笔者的即兴演讲《大众创业，万众创新，大学生创客如何"破茧"》还有许多值得推敲和修改的地方，比如辅导员的"身份代入"与思考可以有所提升，"大众创业、万众创新"可以有政策性的理论解读与具体的措施，可以引用学生真实的创业故事等等。但是，就即兴演讲组织来说，结构完整，观点鲜明，引证充分，语言流畅，是比较典型的即兴演讲范例，是可供解剖的"麻雀"。

第三节　主题演讲的范例与解析

一、辅导员职业能力大赛主题演讲稿解析

承接上一节，我们本节主要分享主题演讲的范例，并附上笔者不成熟的解析，供大家参考。

辅导员：人生导师，知心朋友②

各位评审，各位老师，各位同仁：

大家下午好，我今天演讲的题目是"辅导员：人生导师，知心朋友"。辅导员是什么？文件上写得很清楚，辅导员是开展大学生思想政治教育的骨干力量，具有教师和干部双重身份，我们是大学生日常思想政治教育和管理工作的组织者、实施者、指导者，我们要努力成为大学生的人生导师和健康成长的知心朋友。那，什么是人生导师和知心朋友呢？

七年前，当我选择成为一名高校辅导员开启我的教育梦的时候，我对于这些文件上的话懵懵懂懂，不明其详。就这样，我开启了我的辅导员人生之旅。要想成为学生的人生导师和知心朋友，我一开始不知道该怎么做，我只能从最基本的陪伴和坚守做起。记得刚开始工作的时候，有一个来自广西的大男孩提前报到，当天晚上，他来敲我的宿舍

① 茹娜：《再谈辅导员职业能力大赛中的演讲技巧》，文章发表于"微笑的辅导员博客"。
② 整理自陕西科技大学辅导员李鹏在第四届全国高校辅导员职业能力大赛决赛"主题演讲"环节的演讲。该主题演讲得到了全场最高分。

191

门,他说:"辅导员,六楼只有我一个人,楼道里真的太黑了,我真的很害怕。"那天晚上,我在他的宿舍里陪他聊了很久,听到他的鼾声响起,我在他下铺的木板床上一直坐到了天亮,我在想:这个大男孩,四年后毕业,他会对我说些什么呢?两年前,他抱着孩子,带着老婆来到了我的面前,说:"看,这就是我的辅导员,我大学的初夜就是他陪我一起度过的!"

当然,要成为人生导师和知心朋友,还需要我们率先垂范。要做到,能够抉择,学会忍让。2010年,就在我婚礼前的一周,我所在的城市爆发了严重的反日游行,我感觉我的婚礼可能要出问题了。我对我的老婆讲:"亲爱的,婚礼的事情,你可要多担待,有些时候,我可能真的帮不上忙!"12点钟,婚礼的钟声敲响,12点30分,我对我的老婆讲:"亲爱的,对不起,婚纱你要自己还,我要回到工作现场,我的小伙伴们正在战斗,此时,我不能缺岗。哦,对了,这是我的工资卡,密码是你妈、我妈和你的生日。"

当然了,随着工作的深入,我对辅导员成为大学生健康成长的人生导师和知心朋友有了更多的体认和感受,我能感受到与学生一起成长的宽慰与快乐。当我和我的挑战杯团队一次又一次地去挑灯夜战,去攻破一个又一个的难关的时候,我的学生对我讲:"辅导员老师,谢谢你,只有你陪着我一起守候天亮,只有你一次又一次地陪着我们去看朝阳,在这个校园里,只有辅导员和我们知道,夜有多长!"当我06级的学生会主席,回到家乡,创办了自己的公司,给我打来电话说:"辅导员,你知道我们公司的口号是什么吗?就是你给我说的,其实可以很昂扬!"

国家、社会、学校和家庭,都给了辅导员健康成长和职业发展的有力支持,就在我们学校,职工家属二期楼拔地而起,我有了一个自己小小的家。更值得欣慰的是,我的家,从设计、出图到丈量,全都是由我的学生完成的。我希望在我家配电箱的下面会有一个小小的牌子,上面写着,我的学生某某某作品,那将是作为一个辅导员,心里最大的荣光!

当然,要想成为人生导师和知心朋友,在学习和实践方面,还需要我们不断地拓展,我自幼喜欢读书,超过六千册的藏书是我开展学生工作的底气和内涵。今天,来到这个赛场,我见到了很多优秀的学生工作同仁,通过辅导员职业能力大赛,我更加明白,自己下一步学习的榜样!辅导员们,我们最大的美妙就在于我们和学生的逆生长,我们用青春去对抗时光,我们用奋斗去抓住理想!辅导员们,想要成为人生导师和知心朋友吗?和你的学生一起,和我们所有的同仁一起。请永远年轻,永远热泪盈眶!

第一,观点鲜明,逻辑清晰。演讲大体以故事串联,线索清晰,层层递进。一开始提出了"什么是人生导师和知心朋友"的设问,然后以"七年前""当然""当然了,随着工作的深入""当然"等词句引出不同的理解:"陪伴和坚守""抉择""忍让"、侧面的"宽慰与快乐"和"不断地拓展"。这有点类似于"自我介绍与展示"①。具体叙述部分,先总后分,"记得刚开始工作的时候……""2010年,就在我婚礼前的一周……"引出相应的故事,脉络分明。这是第一大亮点。

第二,故事质朴,情感真挚。所引故事都是发生在自己身边的故事,娓娓道来,细节描述真实自然,质朴感人。陪夜、突发事件值守、结婚、分房子……这些事情都是年轻辅导员工作

---

① 曾为浙江省高校辅导员职业能力大赛决赛的一个环节,现已取消。

中必然会遇到的"小事""琐事",但却能够反映辅导员实际工作的态度和状态,反映出辅导员成长过程中的爱情、亲情、友情和师生情谊,能够引起评委和观众的共鸣。这是第二大亮点。

第三,语言平实,张弛有度。演讲者在演讲过程中的语言并不刻意,平淡无华,以口语为主,很自然,如左一声"老婆",右一声"老婆";也很坦诚,如刚开始"懵懵懂懂,不明其详"。但是,在关键部分,如"我不能缺岗""只有辅导员和我们知道,夜有多长""其实可以很昂扬""最大的荣光""逆生长""对抗时光""抓住理想""热泪盈眶",语音押韵,表达却不平淡,一下子抓住了观众的心。语言表达背后也展示了演讲者的个性,俗的地方能俗,雅的地方能雅,张弛有度。这是第三大亮点。

第四,立意高远,个性阳光。实际上,我们可以感受到,辅导员职业定位的解读,辅导员与学生之间的深情厚谊,辅导员的自我拓展,辅导员的家庭与国家、社会、学校共发展,这是政治觉悟和正能量的最佳诠释。从"坚守""忍让"到"热泪盈眶",从"初夜"到"密码是你妈、我妈和你的生日",我们更可以感受到辅导员幽默风趣的演讲风格和开朗、阳光、有担当的性格。这是第四大亮点。

语音面貌和演讲礼仪可以参见竞赛录像,这里不再赘述。再如同题的备稿演讲:

人生导师　知心朋友①

各位评委、各位同仁:

大家好。有人说:"辅导员是人生好导师,青春领路人。"风风雨雨中,正是辅导员的微笑,像一座座灯塔,照亮学生的心灵。站在这里,我不想轰轰烈烈地赞美,我只想告诉自己,坚持从平凡的点滴中领悟辅导员工作的真谛。

记得刚入职的时候,内心宛如一张白纸,没有太多的职业定位,更不奢求成为传道、授业、解惑的导师。只是跟在座的所有辅导员一样,默默地陪伴在学生身边。尽管琐碎,尽管繁忙,但我始终觉得,哪怕有一件事让学生受益,都是值得的。

渐渐地,我开始记住一位又一位学生的名字,因为"记住了名字,就代表有了感情"。一年里,我记住了每一位学生的名字;一年里,我给每一位学生送上了生日祝福;一年里,我与每一位学生进行了面对面谈心。我们慢慢从不熟悉走向熟悉,从不信任走向信任。渐渐地,我开始慢慢了解一个个背后的故事。有的学生从大山里走出来,显得格外坚强与果敢;有的学生从小生活在优越的家庭中,缺乏人际交往能力;也有的学生长期坚持爱心支教,无私奉献,令人感动。

我深知,爱与尊重是照亮学生心灵窗户的盏盏烛光。还记得2012年,有一位毕业生因为母亲的去世,学习生活的节奏被打乱了,日渐消沉,自暴自弃。当其他同学去找工作的时候,他一个人宅在寝室,不接电话,也迟迟不肯动笔写毕业论文。当得知这位同学卧病在床,我给他带去早饭,一连三天。当第三天给他送早餐的时候,他的眼角湿润了。他说:"老师,我自己都放弃了,你何苦还要拯救我。"于是,我知道,他开始被我感化了……

就在我骑车离开他寝室的路上,我在想,其实,辅导员工作就是这样简单。年年岁岁,一站一站的路,不正是我们繁杂的日常事务吗?而十字路口那向左向右的标识,不

---

① 整理自浙江师范大学辅导员王淑娉在第三届全国高校辅导员职业能力大赛决赛"主题演讲"环节的演讲。

正是我们给予学生的引导吗？正是这种引导，让学生在迷茫中认清自我，在行进中把握方向，在成长中勇担责任。忽然，我觉得，辅导员工作"是心灵与心灵的沟通，灵魂与灵魂的交融，人格与人格的对话"。

记得有位教育家曾经说过："从早到晚我一直生活在他们中间，我的手牵着他们的手，我的眼睛注视着他们的眼睛，我随着他们流泪而流泪，我随着他们微笑而微笑。"我愿意为每一位有梦想的学子搭建成长舞台，愿意为每一位有追求的学子构筑心灵港湾，愿意为每一位有准备的学子创造成功机遇。

辅导员是一辈子的事，这一辈子是学生的，也是我们的。不仅如此，辅导员还是彼此之间的事，因为不论是知心朋友，还是人生导师，这亦师亦友的幸福，既属于学生，更属于我们自己。

这篇演讲稿与上一篇有异曲同工之妙。如果说上一篇演讲稿展现了男性辅导员刚强的坚守与担当，那么这篇演讲稿展现了女性辅导员细腻的关怀与帮助。两篇演讲稿都能直击心灵，表现出辅导员的热心与感动。

首先，有演讲者职业定位的思考，展示了辅导员的宏阔视野。从"内心宛如一张白纸"到离开寝室路上的认识，再到"辅导员是一辈子的事"，这就是辅导员对"知心朋友，人生导师"的理解。"年年岁岁，一站一站的路，不正是我们繁杂的日常事务吗？而十字路口那向左向右的标识，不正是我们给予学生的引导吗？"既点题，又升华了主题。由此而得出的"辅导员工作'是心灵与心灵的沟通，灵魂与灵魂的交融，人格与人格的对话'"的认识是辅导员自身新的职业定位。

其次，有演讲者自我成长的逻辑，展示了辅导员的心路历程。演讲开篇听别人说辅导员，到"记得刚入职的时候"，到"渐渐地……渐渐地……"，再通过一件令人感动的亲身经历的事，激发自我的思考，产生对辅导员职业的新的认识。通篇按照这条线索推进，思路非常清晰。

再次，有演讲者亲身经历的故事，展现了辅导员的细腻情感。学生一个人由于家庭变故，心情颓丧，卧病在床，产生了学业危机和心理困惑。辅导员一连三天给他送去早餐，这是一份无言的感动。同时，演讲的语言风格也很别致，视角独特。演讲中并没有交代如何"感化"，而是通过"老师，我自己都放弃了，你何苦还要拯救我"来表达"他开始被我感化了"，起到四两拨千斤的效果。

辅导员职业能力大赛中的主题演讲也存在着一定的问题，比如语言不够精练，故事不够生动，思考视角不够新颖，大多还停留在个人成长的历程中，缺乏相应的理论性和思考的高度。辅导员演讲中对有声语言与体态语言的把握也存在着一定的问题。我们认为，可以适当借鉴大学生演讲赛中的表现。

二、大学生演讲赛演讲稿解析

大学生演讲赛作为一项历史悠久的校园文化活动，很多地方可圈可点，甚至可以专题研究，或整理成册，供学习交流。

平凡的伟大①

天渐暗,岸边人家的灯盏盏地亮了起来,热闹的河岸也在月光温柔的抚摸下沉沉地进入了梦乡,远处琴瑟之声相闻,和着潺潺水声,显得格外雅静、悠远……

这是世博会上展示的《清明上河图》中一个小小的片段。巨幅《清明上河图》晕染了中国古代文化的柔美,展示了现代科学技术的精巧,更蕴含了团队骨干们的点点心血。为了它,有的人日夜不眠痴痴地守候着那一方方屏幕;为了它,有的人家在上海却几个月没能回去;还是为了它,有的人和无情的时间较量,为最好的成果拼搏,半夜甚至呼喊着"世博",从梦中惊醒。

回望历史,古有大禹"三过家门而不入"的无私精神,霍去病"匈奴未灭,何以家为"的宏远志向。细数今朝,道路养护工黄友良二十年如一日面朝黄土背朝天地工作着,7300 多个日日夜夜里,视道路为生命,甘当"铺路石"。更有无数可爱的志愿者,从骄阳下的坚持,到风雨中的无悔,每一秒都传递着一份友善,播撒着一份真情。"你也许看不见我们忙碌的身影,但我们在山南水北间向你送上最美的祝福。"

我们说"1"是一个很小的数字,但当无数个"1"累加起来的时候,那该是一份多么巨大的力量! 当一个国家有着无数独立而微小的画笔,当每一笔都勾勒出淡淡的色彩,渲染着奉献的韵致时,水墨灵动、音律悠扬的《清明上河图》将是何等的繁盛! 因为平凡的生命在履行责任与奉献的刹那间,必将绽放璀璨的光华。

静观汴水玲珑,灯火斑斓,和美与富足飞越千年,浮现在眼前。在这方和谐的家园里,尽管还有拥挤,尽管还有嘈杂,但每一个平凡国人的血脉里,都流淌着爱的血液,用他们的双手给予这方土地、这个国家最有力的支撑,即便是在它最脆弱的时候。因而,在同一个屋檐下,这个民族才能携手你我,走向未来。

2010 年的上海世博会,我们欣喜地看到了许许多多源自平凡的伟大,这种平凡的伟大其实属于你,属于他,也同样属于我。春风拂动,华燕纷飞,当跃动的舞姿剪开柳叶的芬芳,梦想携手你我在这一刻悄然绽放。

作者以切身感受导入主题,从中也可以感觉语言营造的意境与时空之美,意境之美更留白在省略号之中。点出《清明上河图》后,话锋一转,转向"人"及"人的奉献"精神。注意排比句和补充句式对增强语势的作用。

再过渡到具体事例——黄友良和志愿者,再次点明"奉献"这一主题。以数字和第一人称句式,增强语势。将志愿者与《清明上河图》联系起来,从而揭示出"繁盛"与"璀璨光华"来自"平凡的生命"的微小的"奉献"。在"何等的繁盛"处形成演讲第一次高潮。这是作者对奉献精神认识的第一层次。

在"和美与富足"的意境与"拥挤""嘈杂"的现实对比中,凸显源于"平凡国人"的"爱"与"最有力的支撑"。在"最有力的支撑……"处形成第二次高潮。这也是作者对奉献精神认识的更高层次。两个层次的认识是演讲中的"神",叙述逻辑和语言修辞演讲中的"形"。

以颇具亲和力的语言拉近作者与观众的距离,使宏大的奉献精神变得实在起来。回归

---

① 整理自浙江师范大学人文学院选手方婉瑜在 2010 年浙江师范大学新生演讲赛决赛上的演讲。

到《清明上河图》,回归到开头所描述的意境中,也从联想回归到现实,悄然结尾,不着痕迹。

让爱装满背篓①

　　我想问大家一个问题,一只竹制的篮子能够做什么?有同学会说,点缀些饰品,可以当挎包,既复古又时尚。艺术家可能会说,摆上些花朵,会是一件完美的艺术品。是的,这或许是我们日常生活中一只篮子最基本的用处。然而,我们却并不知道,一只竹背篓便是有的孩子一生的希望。

　　他只有13岁,个子却不及一个9岁的城里孩子。他不是黑人,却有着黑人般黝黑的肤色。他总是穿着一身,比他的身体还要小的衣服。还有就是那一只与他齐肩的,除了上课、睡觉,连吃饭也不会放下的竹背篓。每天的凌晨4点,他就背起竹篓,冲出门去了。是的,他去上学,没有吃过早饭。更或者说,是没有饭吃。还要走2个小时的山路。那山路上有很多野菜,而那份挖来的野菜,往往是他最美的午餐。他弯着腰,驼着背,而我手上的这8毛钱,就是他一趟能赚回来的所有费用。

　　就这样,日复一日,年复一年,从5岁起,那只竹背篓,便是那孩子,生存下去的唯一支点。更或许,就是他的一生了。这是一个来自贵州,一个国家级贫困县的孩子。今年暑假的旅行中,我认识了他。

　　今天,站在这个讲台上,面对如此宽敞舒适的环境,我不知道,能够说些什么?或许,我只能扪心自问,面对这一桌丰盛的菜,我是否还在抱怨着饭菜的不合口?坐在宽敞明亮的教室上课,我是否还在抱怨那里没有空调?穿着一身温暖的冬装,我是否还在埋怨,那不是名牌?

　　我总在想,20岁的我们,到底在追求什么?还是那个浪漫的爱情?还是那个美其名曰的人生梦想?20岁的我们,又可曾有着些许的社会责任?也许这一点的努力,是微不足道的。可是你知道吗?我们买一瓶水的价格,是那些山里孩子两天的饭钱!我们厌恶的旧衣,是他们做梦都无法拥有的衣裳!这些大山一般坚强的孩子,他们不会在乎我们几元的善款,也不会在乎我们绵薄的爱心。他们更在乎的是我们的爱心能让他们拥有哪怕是一点点的人性中最为基本的尊重与希望。

　　同学们,当我们在浪费食粮,攀比着装时,这只背篓的故事,这个孩子的坚强,让我们触动。就让我们用爱装满他们的背篓吧,一个我的力量或许很小,但1500万个我们,却可以用爱和责任,书写出这个时代最动人的华章!

　　这篇演讲稿切入点很小,通篇就只讲述了一只背篓以及背篓背后的故事,但感情真挚,引发了演讲者一系列深刻的思考。

　　开篇设计了一个问题导入,"一只竹制的篮子能够做什么?"然后做了几个回答,是我们身边的挎包,还是艺术家眼中完美的艺术品,都不是,这是孩子"一生的希望"。设置了悬念,为什么一只竹制的篮子是孩子一生的希望。然后,演讲者开始大篇幅讲述这个故事。"今年暑假的旅行中,我认识了他"一句话使得这个故事不再遥远,而就发生在我们的身边,这句话是有分量的。亲历才有所感,思考才有所悟,演讲者由此开始反观自己和同龄人的现实生

---

① 整理自浙江师范大学行知学院选手吴丽鲜在2011年浙江师范大学新生演讲赛决赛上的演讲。

活,开始反思自己和同龄人不良习惯,进而开始思考用爱和责任去"装满背篓"。

演讲最成功的倒并不是在于演讲稿的谋篇布局,而在于演讲者自身的语言素养上。同时,也正是因为演讲稿的叙事简单和切入点小,所以演讲者在语言表达过程中,能够以丰富的语言来演绎这简单的逻辑和故事,抓住听众的心。或一问一答,或深入追问,或娓娓道来,或陷入沉思,语言节奏变化,抑扬顿挫,我们可以感受一二。

三、社会名家的演讲稿解析

社会名家的演讲稿受众更广,对演讲的内容和技巧的追求也要求更高,应该成为辅导员职业能力大赛借鉴和参考的重要内容。这里收录白岩松的《人格是最高的学位》和柴静的《认识的人 了解的事》,供学习交流。

人格是最高的学位①

很多很多年前,有一位学大提琴的年轻人去向 20 世纪最伟大的大提琴家卡萨尔斯讨教:我怎样才能成为一名优秀的大提琴家? 卡萨尔斯面对雄心勃勃的年轻人,意味深长地回答:先成为优秀而大写的人,然后成为一名优秀而大写的音乐人,再然后就会成为一名优秀的大提琴家。

听到这个故事的时候,我还年少,对老人回答中所透露出的含义理解不多。然而,在以后的工作生涯中,随着采访中接触的人越来越多,这个回答在我脑海中便越印越深。

在采访北大教授季羡林的时候,我听到一个关于他的真实故事。有一年秋天,北大新学期开学,一个外地来的学子背着大包小包走进了校园,实在太累了,就把包放在路边。这时正好一位老人走来,年轻学子就拜托老人替自己看一下包,自己则轻装去办理手续。老人爽快地答应了。近一个小时过去,学子归来,老人还在尽职尽责地看守着。学子谢过老人,两人分别。几日后北大开学典礼,这位年轻的学子惊讶地发现,主席台上就座的北大副校长季羡林,正是那一天替自己看行李的老人。

我不知道这位学子当时是一种怎样的心情,但我听过这个故事之后却强烈地感觉到:人格才是最高的学位。后来,我又在医院采访了世纪老人冰心。我问她:您现在最关心的是什么? 老人的回答简单而感人:是老年病人的状况。

当时的冰心已接近自己人生的终点,而这位在五四运动中走上文学之路的老人,对芸芸众生的关爱之情历经 80 年的岁月而依然未老。这又该是怎样的一种传统!

冰心的身躯并不强壮,然而她这一生却用自己当笔,拿岁月当稿纸,写下了一篇关于爱是一种力量的文章,在离去之后给我们留下了一个伟大的背影。

然而,当你有机会和经过五四或受过五四影响的老人接触后,你就知道,历史和传统其实一直离我们很近。这些世纪老人所独具的人格魅力是不是也该作为一种传统被我们向后代延续下去呢?

不久前,我在北大又听到一个关于季先生的清新而感人的新故事。一批刚刚走进

---

① 白岩松《人格是最高的学位》。转引自史钟锋、张传洲:《演讲与口才实训》,东南大学出版社,2015 年,第 48 至 49 页。

校园的年轻人，相约去看季羡林先生，走到门口，却开始犹豫，他们怕冒失地打扰了先生，最后决定，每人用竹子在季老家门口的地上留下问候的话语。然后才满意地离去。

这该是怎样美丽的一幅画面！在季老家不远，是北大的博雅塔在未名湖中留下的投影，而在季老家门口的问候语中，是不是也有先生的人格魅力在学子心中留下的投影呢？

听多了这样的故事，便常常觉得自己像只气球，仿佛飞得很高，仔细一看却是被浮云托着；外表看上去也还饱满，肚子里却是空空。这样想着就有些担心了：怎么能走更长的路呢？于是，"渴望年老"四个字，对于我就不再是幻想中的白发苍苍或身份证上改成60岁，而是如何在自己还年轻的时候，便能吸取优秀老人身上所具有的种种优秀品质。

于是，我也更加知道了卡萨尔斯回答中所具有的深义。怎样才能成为一个优秀的主持人呢？心中有个声音在回答：先成为一个优秀的人，然后成为一个优秀的新闻人，再然后是自然地成为一名优秀的节目主持人。

这篇演讲稿"融事、情、理为一体，立意深远，构思巧妙，通篇闪耀着理性的光彩"，"一切正直的人们都有追求真善美的渴望，演讲者传播了真善美，自然会引起共鸣，激励和鼓舞听众"，这恰恰是主题演讲最难得的地方，也是每一位演讲者矢志追求的。"本篇演讲稿贵在感情自然流露，真挚动人。全篇没有泛泛的空洞说教，而是将抽象的道理具体化，通过一个个真实生动的故事，引领读者去思考，不知不觉中在读者的思想上深深地打上烙印。"[1]这里有两点值得我们深入学习：

第一点，整篇演讲稿如同《让爱装满背篓》一样，只在讨论一个问题：怎么理解卡萨尔斯的回答，主题明确，中心集中，逻辑清晰。围绕着这一主题，分别讲述了季羡林和冰心的三个故事，一个接着一个，讲得很生动，很吸引人。

第二点，叙述故事结束后的提升非常巧妙而立意深远。把冰心比作"笔"，把岁月比作"纸"，那笔力千钧的文章留给我们"一个伟大的背影"；把季羡林比作"博雅塔"，把老师对学生的教育比作"博雅塔在未名湖中留下的投影"。再把自己比作"气球"，怎么能走更长的路，需要吸取他们身上种种优秀品质——这是人格的延续。

认识的人 了解的事[2]

十年前在从拉萨飞回北京的飞机上，我的身边坐了一个五十多岁的女人，她是三十年前去援藏的，这是她第一次因为治病要离开西藏。下了飞机下很大的雨，我把她送到了北京一个旅店里。过了一个星期我去看她，她说她的病已经确诊了，是胃癌的晚期，然后她指了一下床头边的一个箱子，说："如果我回不去的话，你帮我保存这个。"那是她三十年当中，走遍西藏各地，和各种人——官员、汉人、喇嘛、三陪女交谈的记录。她没有任何职业身份，也知道这些东西不能发表，她只是说，一百年之后，如果有人看到的话，会知道今天的西藏发生了什么。这个人姓熊，拉萨一中的女教师。

---

① 史钟锋、张传洲：《演讲与口才实训》，东南大学出版社，2015年，第49页。

② 柴静《认识的人 了解的事》。转引自史钟锋、张传洲：《演讲与口才实训》，东南大学出版社，2015年，第121至122页。

五年前，我采访了一个人。这个人在火车上买了一瓶一块五毛钱的水，然后他向列车员要发票，列车员乐了，说："我们火车上自古就没有发票。"然后，这个人就把铁道部告上了法庭，他说："人们在强大的力量面前总是选择服从，但是今天如果我们放弃了一块五毛钱的发票，明天我们就可能被迫放弃我们的土地权、财产权和生命的安全。权利如果不用来争取的话，权利就只是一张纸。"他后来赢了这场官司。我以为他会和铁道部结下梁子，结果他上了火车之后，在餐车要了一份饭，列车长亲自把这个饭菜端到他面前，说："您是现在要发票还是吃完以后我再给您送过来？"我问他你靠什么赢得尊重？他说我靠为我的权力所做的斗争。这个人叫郝劲松，三十四岁的律师。

去年我认识一个人。我们在一起吃饭，这个六十多岁的男人，说起丰台区一所民工小学被拆迁的事，他说所有的孩子靠在墙上哭。说到这儿的时候他也动感情了，然后从裤兜里面掏出一块皱皱巴巴的蓝布手绢，擦擦眼睛。这个人十八岁的时候当大队出纳，后来当教授、当官员，他说他做这些事的目的，只是为了想给农民做一点事。他在我的采访中说到，征地问题，给农民的不是价格，只是补偿，这个分配机制极不合理，这个问题的根源不仅出在土地管理法，还出在1982年的宪法修正案。在审这期节目的时候，我的领导说了一句话："这个人就算说得再尖锐，我们也能播。"我问为什么，他说因为他特别真诚。这个人叫陈锡文，中央财经领导小组办公室副主任。

七年前，我问过一个老人，我说你的一生也经历了很多的挫折，你靠什么来保持你年轻时候的情怀。他跟我讲，有一年他去河北视察，没有走当地安排的路线。然后他在路边发现了一个老农民，旁边放着一副棺材，他下车去看。那个老农民说因为太穷了，没钱治病，就把自己的棺材板拿出来卖。这个老人就给了他五百块钱让他回家。老人说我给你讲这个故事的目的是告诉你，中国大地上的事情是无穷无尽的，不要在乎一城一池的得失，要执着。这个人叫温家宝，中华人民共和国总理。

一个国家是由一个个具体的人构成的，它由这些人创造，并且决定。只有一个国家能够拥有那些寻求真理的人，能够独立思考的人，能够记录真实的人，能够不计利害为这片土地付出的人，能够捍卫自己宪法权利的人，能够知道世界并不完美但仍然不言乏力、不言放弃的人，只有一个国家拥有这样的头脑和灵魂，我们才能说我们为祖国骄傲。只有一个国家能够尊重这样的头脑和灵魂，我们才能说我们有信心让明天更好。

这篇演讲稿和白岩松的演讲稿一样，"立意深远，构思巧妙，通篇闪耀着理性的光彩"，而且向我们传递着"真善美"，传递着追求真理、独立思考、记录真实的"头脑和灵魂"。整篇演讲稿通过拉萨女教师、郝劲松律师、陈锡文副主任和温家宝总理的四个故事，没有过渡，平行推进，最后将所有蓄积的能量放在最后一部分集中展示出来："一个国家是由一个个具体的人构成的，它由这些人创造，并且决定……只有一个国家能够尊重这样的头脑和灵魂，我们才能说我们有信心让明天更好。"

演讲是有生命的，它是理性与情感交融的智慧。语言源自生活，正如艺术源自生活，在此基础上的主题演讲的智慧亦来自生活。年年岁岁，让我们也用自己作笔，用岁月作纸，以热情和奉献磨墨，在主题演讲的邀约中，书写属于辅导员的美丽篇章。

附　录

1.《普通高等学校辅导员队伍建设规定》

普通高等学校辅导员队伍建设规定

第一章　总则

第一条　为深入贯彻落实全国高校思想政治工作会议精神和《中共中央 国务院关于加强和改进新形势下高校思想政治工作的意见》，切实加强高等学校辅导员队伍专业化职业化建设，依据《高等教育法》等有关法律法规，制定本规定。

第二条　辅导员是开展大学生思想政治教育的骨干力量，是高等学校学生日常思想政治教育和管理工作的组织者、实施者、指导者。辅导员应当努力成为学生成长成才的人生导师和健康生活的知心朋友。

第三条　高等学校要坚持把立德树人作为中心环节，把辅导员队伍建设作为教师队伍和管理队伍建设的重要内容，整体规划、统筹安排，不断提高队伍的专业水平和职业能力，保证辅导员工作有条件、干事有平台、待遇有保障、发展有空间。

第二章　要求与职责

第四条　辅导员工作的要求是：恪守爱国守法、敬业爱生、育人为本、终身学习、为人师表的职业守则；围绕学生、关照学生、服务学生，把握学生成长规律，不断提高学生思想水平、政治觉悟、道德品质、文化素养；引导学生正确认识世界和中国发展大势、正确认识中国特色和国际比较、正确认识时代责任和历史使命、正确认识远大抱负和脚踏实地，成为又红又专、德才兼备、全面发展的中国特色社会主义合格建设者和可靠接班人。

第五条　辅导员的主要工作职责是：

（一）思想理论教育和价值引领。引导学生深入学习习近平总书记系列重要讲话精神和治国理政新理念新思想新战略，深入开展中国特色社会主义、中国梦宣传教育和社会主义核心价值观教育，帮助学生不断坚定中国特色社会主义道路自信、理论自信、制度自信、文化自信，牢固树立正确的世界观、人生观、价值观。掌握学生思想行为特点及思想政治状况，有针对性地帮助学生处理好思想认识、价值取向、学习生活、择业交友等方面的具体问题。

（二）党团和班级建设。开展学生骨干的遴选、培养、激励工作，开展学生入党积极分子培养教育工作，开展学生党员发展和教育管理服务工作，指导学生党支部和班团组织建设。

（三）学风建设。熟悉了解学生所学专业的基本情况，激发学生学习兴趣，引导学生养成良好的学习习惯,掌握正确的学习方法。指导学生开展课外科技学术实践活动,营造浓厚学习氛围。

(四)学生日常事务管理。开展入学教育、毕业生教育及相关管理和服务工作。组织开展学生军事训练。组织评选各类奖学金、助学金。指导学生办理助学贷款。组织学生开展勤工俭学活动,做好学生困难帮扶。为学生提供生活指导,促进学生和谐相处、互帮互助。

(五)心理健康教育与咨询工作。协助学校心理健康教育机构开展心理健康教育,对学生心理问题进行初步排查和疏导,组织开展心理健康知识普及宣传活动,培育学生理性平和、乐观向上的健康心态。

(六)网络思想政治教育。运用新媒体新技术,推动思想政治工作传统优势与信息技术高度融合。构建网络思想政治教育重要阵地,积极传播先进文化。加强学生网络素养教育,积极培养校园好网民,引导学生创作网络文化作品,弘扬主旋律,传播正能量。创新工作路径,加强与学生的网上互动交流,运用网络新媒体对学生开展思想引领、学习指导、生活辅导、心理咨询等。

(七)校园危机事件应对。组织开展基本安全教育。参与学校、院(系)危机事件工作预案制定和执行。对校园危机事件进行初步处理,稳定局面控制事态发展,及时掌握危机事件信息并按程序上报。参与危机事件后期应对及总结研究分析。

(八)职业规划与就业创业指导。为学生提供科学的职业生涯规划和就业指导以及相关服务,帮助学生树立正确的就业观念,引导学生到基层、到西部、到祖国最需要的地方建功立业。

(九)理论和实践研究。努力学习思想政治教育的基本理论和相关学科知识,参加相关学科领域学术交流活动,参与校内外思想政治教育课题或项目研究。

第三章　配备与选聘

第六条　高等学校应当按总体上师生比不低于1∶200的比例设置专职辅导员岗位,按照专兼结合、以专为主的原则,足额配备到位。

专职辅导员是指在院(系)专职从事大学生日常思想政治教育工作的人员,包括院(系)党委(党总支)副书记、学工组长、团委(团总支)书记等专职工作人员,具有教师和管理人员双重身份。高等学校应参照专任教师聘任的待遇和保障,与专职辅导员建立人事聘用关系。

高等学校可以从优秀专任教师、管理人员、研究生中选聘一定数量兼职辅导员。兼职辅导员工作量按专职辅导员工作量的三分之一核定。

第七条　辅导员应当符合以下基本条件:

(一)具有较高的政治素质和坚定的理想信念,坚决贯彻执行党的基本路线和各项方针政策,有较强的政治敏感性和政治辨别力;

(二)具备本科以上学历,热爱大学生思想政治教育事业,甘于奉献,潜心育人,具有强烈的事业心和责任感;

(三)具有从事思想政治教育工作相关学科的宽口径知识储备,掌握思想政治教育工作相关学科的基本原理和基础知识,掌握思想政治教育专业基本理论、知识和方法,掌握马克思主义中国化相关理论和知识,掌握大学生思想政治教育工作实务相关知识,掌握有关法律法规知识;

(四)具备较强的组织管理能力和语言、文字表达能力,及教育引导能力、调查研究能力,

具备开展思想理论教育和价值引领工作的能力;

（五）具有较强的纪律观念和规矩意识,遵纪守法,为人正直,作风正派,廉洁自律。

第八条　辅导员选聘工作要在高等学校党委统一领导下进行,由学生工作部门、组织、人事、纪检等相关部门共同组织开展。根据辅导员基本条件要求和实际岗位需要,确定具体选拔条件,通过组织推荐和公开招聘相结合的方式,经过笔试、面试、公示等相关程序进行选拔。

第九条　青年教师晋升高一级专业技术职务（职称）,须有至少一年担任辅导员或班主任工作经历并考核合格。高等学校要鼓励新入职教师以多种形式参与辅导员或班主任工作。

第四章　发展与培训

第十条　高等学校应当制定专门办法和激励保障机制,落实专职辅导员职务职级"双线"晋升要求,推动辅导员队伍专业化职业化建设。

第十一条　高等学校应当结合实际,按专任教师职务岗位结构比例合理设置专职辅导员的相应教师职务岗位,专职辅导员可按教师职务（职称）要求评聘思想政治教育学科或其他相关学科的专业技术职务（职称）。

专职辅导员专业技术职务（职称）评聘应更加注重考察工作业绩和育人实效,单列计划、单设标准、单独评审。将优秀网络文化成果纳入专职辅导员的科研成果统计、职务（职称）评聘范围。

第十二条　高等学校可以成立专职辅导员专业技术职务（职称）聘任委员会,具体负责本校专职辅导员专业技术职务（职称）聘任工作。聘任委员会一般应由学校党委有关负责人、学生工作、组织人事、教学科研部门负责人、相关学科专家等人员组成。

第十三条　高等学校应当制定辅导员管理岗位聘任办法,根据辅导员的任职年限及实际工作表现,确定相应级别的管理岗位等级。

第十四条　辅导员培训应当纳入高等学校师资队伍和干部队伍培训整体规划。

建立国家、省级和高等学校三级辅导员培训体系。教育部设立高等学校辅导员培训和研修基地,开展国家级示范培训。省级教育部门应当根据区域内现有高等学校辅导员规模数量设立辅导员培训专项经费,建立辅导员培训和研修基地,承担所在区域内高等学校辅导员的岗前培训、日常培训和骨干培训。高等学校负责对本校辅导员的系统培训,确保每名专职辅导员每年参加不少于 16 个学时的校级培训,每 5 年参加 1 次国家级或省级培训。

第十五条　省级教育部门、高等学校要积极选拔优秀辅导员参加国内国际交流学习和研修深造,创造条件支持辅导员到地方党政机关、企业、基层等挂职锻炼,支持辅导员结合大学生思想政治教育的工作实践和思想政治教育学科的发展开展研究。高等学校要鼓励辅导员在做好工作的基础上攻读相关专业学位,承担思想政治理论课等相关课程的教学工作,为辅导员提升专业水平和科研能力提供条件保障。

第十六条　高等学校要积极为辅导员的工作和生活创造便利条件,应根据辅导员的工作特点,在岗位津贴、办公条件、通讯经费等方面制定相关政策,为辅导员的工作和生活提供必要保障。

第五章　管理与考核

第十七条　高等学校辅导员实行学校和院（系）双重管理。

学生工作部门牵头负责辅导员的培养、培训和考核等工作,同时要与院(系)党委(党总支)共同做好辅导员日常管理工作。院(系)党委(党总支)负责对辅导员进行直接领导和管理。

第十八条　高等学校要根据辅导员职业能力标准,制定辅导员工作考核的具体办法,健全辅导员队伍的考核评价体系。对辅导员的考核评价应由学生工作部门牵头,组织人事部门、院(系)党委(党总支)和学生共同参与。考核结果与辅导员的职务聘任、奖惩、晋级等挂钩。

第十九条　教育部在全国教育系统先进集体和先进个人表彰中对高校优秀辅导员进行表彰。各地教育部门和高等学校要结合实际情况建立辅导员单独表彰体系并将优秀辅导员表彰奖励纳入各级教师、教育工作者表彰奖励体系中。

第六章　附则

第二十条　本规定适用于普通高等学校辅导员队伍建设。其他类型高等学校的辅导员队伍建设或思想政治工作其他队伍建设可以参照本规定执行。

第二十一条　高等学校要根据本规定,结合实际制定相关实施细则,并报主管教育部门备案。

第二十二条　本规定自 2017 年 10 月 1 日起施行。原《普通高等学校辅导员队伍建设规定》同时废止。

2.《高校思想政治工作质量提升工程实施纲要》

高校思想政治工作质量提升工程实施纲要

为认真学习贯彻党的十九大精神,进一步把贯彻落实全国高校思想政治工作会议和《中共中央国务院关于加强和改进新形势下高校思想政治工作的意见》精神引向深入,大力提升高校思想政治工作质量,特制定《高校思想政治工作质量提升工程实施纲要》(以下简称《实施纲要》)。

一、目标原则

1.总体目标。坚持以习近平新时代中国特色社会主义思想为指导,紧紧围绕统筹推进"五位一体"总体布局和协调推进"四个全面"战略布局,坚持和加强党的全面领导,充分发挥中国特色社会主义教育的育人优势,以立德树人为根本,以理想信念教育为核心,以社会主义核心价值观为引领,以全面提高人才培养能力为关键,强化基础、突出重点、建立规范、落实责任,一体化构建内容完善、标准健全、运行科学、保障有力、成效显著的高校思想政治工作质量体系,形成全员全过程全方位育人格局,切实提高工作亲和力和针对性,着力培养德智体美全面发展的社会主义建设者和接班人,着力培养担当民族复兴大任的时代新人,不断开创新时代高校思想政治工作新局面。

2.基本原则。(1)坚持育人导向,突出价值引领。全面统筹办学治校各领域、教育教学各环节、人才培养各方面的育人资源和育人力量,推动知识传授、能力培养与理想信念、价值理念、道德观念的教育有机结合,建立健全系统化育人长效机制。(2)坚持遵循规律,勇于改革创新。遵循思想政治工作规律、教书育人规律和学生成长规律,坚持以师生为中心,把握师生思想特点和发展需求,优化内容供给、改进工作方法、创新工作载体,激活高校思想政治工作内生动力。(3)坚持问题导向,注重精准施策。聚焦重点任务、重点群体、重点领域、重点区域、薄弱环节,强化优势、补齐短板,加强分类指导、着力因材施教,着力破解高校思想政治工作领域存在的不平衡不充分问题,不断提高师生的获得感。(4)坚持协同联动,强化责任落实。加强党对高校思想政治工作的领导,落实主体责任,建立党委统一领导、部门分工负责、全员协同参与的责任体系。加强督导考核,严肃追责问责,把"软指标"变成"硬约束"。

二、基本任务

充分发挥课程、科研、实践、文化、网络、心理、管理、服务、资助、组织等方面工作的育人功能,挖掘育人要素,完善育人机制,优化评价激励,强化实施保障,切实构建"十大"育人体系。

1.课程育人质量提升体系。大力推动以"课程思政"为目标的课堂教学改革,优化课程设置,修订专业教材,完善教学设计,加强教学管理,梳理各门专业课程所蕴含的思想政治教育元素和所承载的思想政治教育功能,融入课堂教学各环节,实现思想政治教育与知识体系教育的有机统一。

2.科研育人质量提升体系。发挥科研育人功能,优化科研环节和程序,完善科研评价标准,改进学术评价方法,促进成果转化应用,引导师生树立正确的政治方向、价值取向、学术导向,培养师生至诚报国的理想追求、敢为人先的科学精神、开拓创新的进取意识和严谨求实的科研作风。

3.实践育人质量提升体系。坚持理论教育与实践养成相结合,整合各类实践资源,强化项目管理,丰富实践内容,创新实践形式,拓展实践平台,完善支持机制,教育引导师生在亲身参与中增强实践能力、树立家国情怀。

4.文化育人质量提升体系。注重以文化人以文育人,深入开展中华优秀传统文化、革命文化、社会主义先进文化教育,推动中国特色社会主义文化繁荣兴盛,牢牢掌握高校意识形态工作领导权,践行和弘扬社会主义核心价值观,优化校风学风,繁荣校园文化,培育大学精神,建设优美环境,滋养师生心灵、涵育师生品行、引领社会风尚。

5.网络育人质量提升体系。大力推进网络教育,加强校园网络文化建设与管理,拓展网络平台,丰富网络内容,建强网络队伍,净化网络空间,优化成果评价,推动思想政治工作传统优势同信息技术高度融合,引导师生强化网络意识,树立网络思维,提升网络文明素养,创作网络文化产品,传播主旋律、弘扬正能量,守护好网络精神家园。

6.心理育人质量提升体系。坚持育心与育德相结合,加强人文关怀和心理疏导,深入构建教育教学、实践活动、咨询服务、预防干预、平台保障"五位一体"的心理健康教育工作格局,着力培育师生理性平和、积极向上的健康心态,促进师生心理健康素质与思想道德素质、科学文化素质协调发展。

7.管理育人质量提升体系。把规范管理的严格要求和春风化雨、润物无声的教育方式结合起来,加强教育立法,遵守大学章程,完善校规校纪,健全自律公约,加强法治教育,全面推进依法治教,促进教育治理能力和治理体系现代化,强化科学管理对道德涵育的保障功能,大力营造治理有方、管理到位、风清气正的育人环境。

8.服务育人质量提升体系。把解决实际问题与解决思想问题结合起来,围绕师生、关照师生、服务师生,把握师生成长发展需要,提供靶向服务,增强供给能力,积极帮助解决师生工作学习中的合理诉求,在关心人、帮助人、服务人中教育人、引导人。

9.资助育人质量提升体系。把"扶困"与"扶智","扶困"与"扶志"结合起来,建立国家资助、学校奖助、社会捐助、学生自助"四位一体"的发展型资助体系,构建物质帮助、道德浸润、能力拓展、精神激励有效融合的资助育人长效机制,实现无偿资助与有偿资助、显性资助与隐性资助的有机融合,形成"解困—育人—成才—回馈"的良性循环,着力培养受助学生自立自强、诚实守信、知恩感恩、勇于担当的良好品质。

10.组织育人质量提升体系。把组织建设与教育引领结合起来,强化高校各类组织的育人职责,增强工作活力、促进工作创新、扩大工作覆盖、提高辐射能力,发挥高校党委领导核心作用、院(系)党组织政治核心作用和基层党支部战斗堡垒作用,发挥工会、共青团、学生会、学生社团等组织的联系服务、团结凝聚师生的桥梁纽带作用,把思想政治教育贯穿各项工作和活动,促进师生全面发展。

三、主要内容

1.统筹推进课程育人。深入推动习近平新时代中国特色社会主义思想进教材、进课堂、进头脑。完善课程设置管理、课程标准和教案评价制度,实施高校课程体系和教育教学创新计划,推动面向全体学生开设提高思想品德、人文素养、认知能力的哲学社会科学课程,创新高校思想政治理论课建设体系。修订各类专业教材,加强课堂教学设计,推进马克思主义理论研究和建设工程教材、思想政治理论课统编教材编写修订,研制课程育人指导意见,充分挖掘和运用各门课程蕴含的思想政治教育元素,作为教材讲义必要章节、课堂讲授重要内容和学生考核关键知识。发挥专业教师课程育人的主体作用,健全课程育人管理、运行体制,将课程育人作为教师思想政治工作的重要环节,作为教学督导和教师绩效考核的重要方面。加强教材使用和课堂教学管理,建立哲学社会科学专业核心课程教材目录,研制引进教材选用管理办法,建立国家优秀教材评选奖励制度,制定高校课堂教学管理指导意见,明确课堂教学的纪律要求。培育选树一批"学科育人示范课程",建立一批"课程思政研究中心"。

2.着力加强科研育人。改进科研环节和程序,把思想价值引领贯穿选题设计、科研立项、项目研究、成果运用全过程,把思想政治表现作为组建科研团队的底线要求。完善科研评价标准,改进学术评价方法,健全具有中国特色的学术评价标准和科研成果评价办法,构建集教育、预防、监督、惩治于一体的学术诚信体系,治理遏制学术研究、科研成果不良倾向,组织编写师生学术规范与学术道德读本,在本科生中开设相关专题讲座,在研究生中开设相应公选课程。健全优秀成果评选推广机制,服务国家和区域经济发展,促进全社会思想文化建设。培养师生科学精神和创新意识,实施科研创新团队培育支持计划、科教协同育人计划、产学研合作协同育人计划等项目,引导师生积极参与科技创新团队和科研创新训练,及时掌握科技前沿动态,培养集体攻关、联合攻坚的团队精神和协作意识。加大学术名家、优秀学术团队先进事迹的宣传教育力度。大力培育全国高校黄大年式教师团队,培养选树一批科研育人示范项目、示范团队。

3.扎实推动实践育人。整合实践资源,拓展实践平台,依托高新技术开发区、大学科技园、城市社区、农村乡镇、工矿企业、爱国主义教育场所等,建立多种形式的社会实践、创业实习基地。丰富实践内容,创新实践形式,广泛开展社会调查、生产劳动、社会公益、志愿服务、科技发明、勤工助学等社会实践活动,深入开展好大学生暑期"三下乡""志愿服务西部计划"等传统经典项目,组织实施好"牢记时代使命,书写人生华章""百万师生追寻习近平总书记成长足迹""百万师生重走复兴之路""百万师生'一带一路'社会实践专项行动"等新时代社会实践精品项目,探索开展师生志愿服务评价认证。深入推进实践教学改革,分类制订实践教学标准,适度增加实践教学比重,原则上哲学社会科学类专业实践教学不少于总学分(学时)的15%,理工农医类专业不少于25%。加强创新创业教育,开发专门课程,健全课程体系,实施"大学生创新创业训练计划",支持学生成立创新创业类社团。完善支持机制,推动专业课实践教学、社会实践活动、创新创业教育、志愿服务、军事训练等载体有机融合,形成实践育人统筹推进工作格局,构建"党委统筹部署、政府扎实推动、社会广泛参与、高校着力实施"的实践育人协同体系。培育建设一批实践育人与创新创业示范基地。

4. 深入推进文化育人。推进中华优秀传统文化教育,实施"中华经典诵读工程""中国传统节日振兴工程",开展"礼敬中华优秀传统文化""戏曲进校园"等文化建设活动,展示一批体育艺术文化成果,建设一批文化传承基地,引导高雅艺术、非物质文化、民族民间优秀文化走近师生。挖掘革命文化的育人内涵,实施"革命文化教育资源库建设工程",开展"传承红色基因、担当复兴重任"主题教育活动,组织编排展演一批以革命先驱为原型的舞台剧、以革命精神为主题的歌舞音乐、以革命文化为内涵的网络作品;有效利用重大纪念日契机和重点文化基础设施开展革命文化教育。开展社会主义先进文化教育,开展高校师生社会主义核心价值观主题教育活动,推广展示一批社会主义核心价值观教育典型案例,选树宣传一批践行社会主义核心价值观先进典型。大力繁荣校园文化,创新校园文化品牌,挖掘校史校风校训校歌的教育作用,推进"一校一品"校园文化建设,引导高校建设特色校园文化;实施"高校原创文化经典推广行动计划",支持师生原创歌剧、舞蹈、音乐、影视等文艺精品扩大影响力和辐射力;广泛开展"我的中国梦"等主题教育活动,推选展示一批高校校园文化建设优秀成果。建设美丽校园,制作发布高校优秀人文景观、自然景观名录,推动实现校园山、水、园、林、路、馆建设达到使用、审美、教育功能的和谐统一。广泛开展文明校园创建,评选"全国文明校园",把高校建设成为社会主义精神文明高地。

5. 创新推动网络育人。加强工作统筹,建设高校思想政治工作网,打造信息发布、工作交流和数据分析平台,加强高校思想政治工作信息管理系统共建与资源互享。强化网络意识,提高建网用网管网能力,加强师生网络素养教育,编制《高校师生网络素养指南》,引导师生增强网络安全意识,遵守网络行为规范,养成文明网络生活方式。拓展网络平台,发挥全国高校校园网站联盟作用,推动"易班"和中国大学生在线全国共建,推选展示一批校园网络名站名栏,引领建设校园网络新媒体矩阵。丰富网络内容,开展"大学生网络文化节""高校网络育人优秀作品推选展示""网络文明进校园"等网络文化建设活动,推广展示一批"网络名篇名作"。优化成果评价,建设"高校网络文化研究评价中心",建立网络文化成果评价认证体系,推动将优秀网络文化成果纳入高校科研成果统计、列为教师职务职称评聘条件、作为师生评奖评优依据。培养网络力量,实施"网络教育名师培育支持计划""校园好网民培养选树计划",建设一支政治强、业务精、作风硬的网络工作队伍。

6. 大力促进心理育人。加强知识教育,把心理健康教育课程纳入学校整体教学计划,组织编写大学生心理健康教育示范教材,开发建设"大学生心理健康"等在线课程,实现心理健康知识教育全覆盖。开展宣传活动,举办"5·25"大学生心理健康节等品牌活动,充分利用网络、广播、微信公众号、APP等媒体,营造心理健康教育良好氛围,提高师生心理保健能力。强化咨询服务,提高心理健康教育咨询与服务中心建设水平,按照师生比不低于1:4000配备心理健康教育专业教师,每校至少配备2名专业教师。加强预防干预,推广应用

《中国大学生心理健康筛查量表》"中国大学生心理健康网络测评系统",提高心理健康素质测评覆盖面和科学性;建立学校、院系、班级、宿舍"四级"预警防控体系,完善心理危机干预工作预案,建立转介诊疗机制,提升工作前瞻性、针对性。完善工作保障,研制高校师生心理健康教育指导意见,保证生均经费投入和心理咨询辅导专用场地面积,建设校内外心理健康教育素质拓展培养基地,培育建设一批"高校心理健康教育示范中心"。

7.切实强化管理育人。完善教育法律法规体系,加快制(修)订教育规章,保障师生员工合法权益。健全依法治校、管理育人制度体系,结合大学章程、校规校纪、自律公约修订完善,研究梳理高校各管理岗位的育人元素,编制岗位说明书,明确管理育人的内容和路径,丰富完善不同岗位、不同群体公约体系,引导师生培育自觉、强化自律。加强干部队伍管理,按照社会主义政治家、教育家要求和好干部标准,选好配强各级领导干部和领导班子,制定管理干部培训五年规划,提高各类管理干部育人能力。加强教师队伍管理,严把教师聘用、人才引进政治考核关,依法依规加大对各类违反师德和学术不端行为查处力度,及时纠正不良倾向和问题。加强经费使用管理,科学编制经费预算,确保教育经费投入的育人导向。强化保障功能,健全依法治校评价指标体系,深入开展依法治校创建活动。把育人功能发挥纳入管理岗位考核评价范围,作为评奖评优条件。培育一批"管理育人示范岗",引导管理干部用良好的管理模式和管理行为影响和培养学生。

8.不断深化服务育人。强化育人要求,研究梳理各类服务岗位所承载的育人功能,并作为工作的职责要求,体现在聘用、培训、考核等各环节。明确育人职能,在后勤保障服务中,持续开展"节粮节水节电""节能宣传周"等主题教育活动,推动高校节约型校园建设建档,大力建设绿色校园,实施后勤员工素质提升计划,切实提高后勤保障水平和服务育人能力。在图书资料服务中,建设文献信息资源体系和服务体系,优化服务空间,注重用户体验,提高馆藏利用率和服务效率,开展信息素质教育,引导师生尊重和保护知识产权,维护信息安全。在医疗卫生服务中,制订健康教育教学计划,开展传染病预防、安全应急与急救等专题健康教育活动,培养师生公共卫生意识和卫生行为习惯。在安全保卫服务中,加强人防物防技防建设,全面开展安全教育,提高安保效能,培养师生安全意识和法制观念。增强供给能力,建设校园综合信息服务系统,充分满足师生学习、生活、工作中的合理需求。加强监督考核,落实服务目标责任制,把服务质量和育人效果作为评价服务岗位效能的依据和标准。选树一批服务育人先进典型模范,培育一批高校"服务育人示范岗"。

9.全面推进资助育人。加强资助工作顶层设计,建立资助管理规范,完善勤工助学管理办法,构建资助对象、资助标准、资金分配、资金发放协调联动的精准资助工作体系。精准认定家庭经济困难学生,健全四级资助认定工作机制,采用家访、大数据分析和谈心谈话等方式,合理确定认定标准,建立家庭经济困难学生档案,实施动态管理。坚持资助育人导向,在奖学金评选发放环节,全面考察学生的学习成绩、创新发展、社会实践及道德品质等方面的综合表现,培养学生奋斗精神和感恩意识。在国家助学金申请发放环节,深入开展励志教育和感恩教育,培养学生爱党爱国爱社会主义意识。在国家助学贷款办理过程中,深入开展诚信教育和金融常识教育,培养学生法律意识、风险防范意识和契约精神。在勤工助学活动开展环节,着力培养学生自强不息、创新创业的进取精神。在基层就业、应征入伍学费补偿贷款代偿等工作环节中,培育学生树立正确的成才观和就业观。创新资助育人形式,实施"发展型资助的育人行动计划""家庭经济困难学生能力素养培育计划",开展"助学·筑梦·铸人""诚信校园行"等主题教育活动,组织国家奖学金获奖学生担任"学生资助宣传大使"。培育建设一批"发展型资助的育人示范项目",推选展示资助育人优秀案例和先进人物。

10.积极优化组织育人。发挥各级党组织的育人保障功能,进一步理顺高校党委的领导体制机制,明确高校党委职责和决策机制,健全和完善高校党委领导下的校长负责制,推动学校各级党组织自觉担负起管党治党、办学治校、育人育才的主体责任。启动实施高校党建工作评估,全面推开校、院(系)党组织书记抓基层党建述职评议。实施教师党支部书记"双带头人"培育工程,分中央和地方两级开展示范培训。实施"高校基层党建对标争先计划",开展"不忘初心、牢记使命"主题教育,遴选培育全国百个院(系)党建工作标杆,培育建设一批先进基层党组织,培养选树一批优秀共产党员、优秀党务工作者,创建示范性网上党建园地,推选展示一批党的建设优秀工作案例。发挥各类群团组织的育人纽带功能,推动工会、共青团、学生会等群团组织创新组织动员,引领教育的载体与形式,更好地代表师生、团结师生、服务师生,支持各类师生社团开展主题鲜明、健康有益、丰富多彩的活动,充分发挥教研室、学术梯队、班级、宿舍在师生成长中的凝聚、引导、服务作用。培育建设一批文明社团、文明班级、文明宿舍。

四、实施保障

1.强化改革驱动。推动"三全育人"综合改革,遴选部分工作基础较好的省(区、市)和高校作为"三全育人"综合改革试点。在省级层面,整合育人资源,统筹发挥校内外自然资源、红色资源、文化资源、体育资源、科技资源、国防资源和企事业单位资源的育人功能,带动支持在本地区打造"三全育人共同体",形成学校、家庭和社会教育有机结合的协同育人机制。在学校层面,以《实施纲要》所涵盖的"十大育人体系"为基础,系统梳理归纳各个群体、各个岗位的育人元素,并作为职责要求和考核内容融入整体制度设计和具体操作环节,推动全体教职员工把工作的重音和目标落在育人成效上,切实打通"三全育人"的最后一公里,形成可转化、可推广的一体化育人制度和模式。

2.搭建工作平台。建设高校思想政治工作创新发展中心,依托部分省(区、市)和高校建设一批理论和实践研究中心,推动开展党的建设、思想政治教育、意识形态工作、维护安全稳定等方面的理论创新和实践探索。建设省级高校网络思想政治工作中心,支持各省(区、市)建设本地区网络思想政治工作中心,推动各地整合网络建设管理资源,深入开展网络意识形态研判分析、网络舆情研究引导、师生思想政治状况调查、网络文化产品创作生产等工作,统筹推动"易班"和中国大学生在线全国共建共享。建设高校思想政治工作队伍培训研修中心,依托部分省(区、市)教育工作部门和高校建设队伍培训研修中心,以强化理论武装、提升政治引领为重点,组织开展线上线下培训、高级访问研修、学历学位教育、课程体系研发、思政文库建设等工作,不断提高培训研修的覆盖面和受益率,推动理论研究和实践探索成果转化应用。

3.建强工作队伍。完善教师评聘和考核机制,把政治标准放在首位,严格教师资格和准入制度。在教师教学评价、职务(职称)评聘、评优奖励中,把思想政治表现和育人功能发挥作为首要指标,引导广大教师不忘立德树人初心,牢记人才培养使命,将更多精力投入到教书育人工作上。加强专门力量建设,推动中央关于高校思想政治工作队伍和党务工作队伍建设的政策要求和量化指标落地。大力培育领军人才,在"长江学者奖励计划"中,加大对思想政治教育相关领域高层次人才倾斜支持力度。加大培养培训力度,开展高校思想政治工作队伍国家示范培训,遴选骨干队伍参加海内外访学研修、在职攻读博士学位。强化项目支持引领,实施"高校思想政治工作中青年杰出人才支持计划",支持出版理论和实践研究专著,培育一批高校思想政治工作精品项目,建设一批高校思想政治工作名师工作室。

4.强化组织保障。成立高校思想政治工作委员会,加强工作统筹、决策咨询和评估督导。设立高校思想政治工作经费专项,保证《实施纲要》各项目顺利实施。健全高校思想政治工作质量评价机制,研究制定高校思想政治工作评价指标体系,创新评价方式,探索引进第三方评价机构。强化高校思想政治工作督导考核,把加强和改进高校思想政治工作纳入高校巡视、"双一流"建设、教学科研评估范围,作为各级党组织和党员干部工作考核的重要内容。各地各高校结合实际,将《实施纲要》实施纳入整体发展规划和年度工作计划,明确路线图、时间表、责任人。

3.《高等学校辅导员职业能力标准(暂行)》

高等学校辅导员职业能力标准(暂行)

为进一步加强高校辅导员队伍建设,推动高校辅导员队伍专业化、职业化发展,提升大学生思想政治教育工作质量,特制定本标准。

高校辅导员是履行高等学校学生工作职责的专业人员,要经过系统的培养与培训,具有良好的职业道德,掌握系统的专业知识和专业技能。本标准是国家对合格高校辅导员专业素质的基本要求,是高校辅导员开展学生工作的基本规范,是引领高校辅导员专业化职业化发展的基本准则,是高校辅导员培养、准入、培训、考核等工作的基本依据。

制定和实施本标准,一是为了进一步增强辅导员职业的社会认同,建立辅导员职业相对独立的知识和理论体系,确立辅导员职业概念,提升辅导员职业地位和职业公信力,逐步增强广大师生和全社会对辅导员工作的职业认同;二是为了进一步强化辅导员队伍建设的政策导向,为各级部门推进辅导员队伍建设提供基本依据,推动各级部门进一步制定完善辅导员队伍准入、考核、培养、发展、退出机制;三是为了进一步充实丰富辅导员工作的专业内涵,引导辅导员系统学习职业相关理论知识、法律法规、政策制度等,为辅导员主动提升专业素养和职业能力指出路径和方向;四是为了进一步规范辅导员的工作范畴,逐步明晰辅导员的岗位职责和工作边界,增强辅导员的职业自信心和职业归属感。

1.职业概况

1.1 职业名称

高等学校辅导员

1.2 职业定义

辅导员是高等学校教师队伍和管理队伍的重要组成部分,具有教师和干部的双重身份。辅导员是开展大学生思想政治教育的骨干力量,是高校学生日常思想政治教育和管理工作的组织者、实施者和指导者。辅导员应当努力成为学生的人生导师和健康成长的知心朋友。

1.3 职业等级

本职业共分为三个等级,分别为:初级、中级、高级。

1.4 职业能力特征

政治强、业务精、纪律严、作风正。具备思想政治教育工作相关学科的宽口径知识储备。

具备较强的组织管理能力和语言、文字表达能力，及教育引导能力、调查研究能力等。

1.5 基本文化程度

大学本科以上学历

1.6 政治面貌要求

中国共产党党员

1.7 培训要求

1.7.1 培训期限

根据学校的专业培养目标和教学培训计划，定期参加思想政治教育培训。基本培训期限：入职培训不少于 40 标准学时(10 天)；中级不少于 48 标准学时(16 学时/年，3 年 12 天)；高级不少于 128 标准学时(16 学时/年，8 年 32 天)。

1.7.2 培训师资

培训高校辅导员的教师应具有相关专业副高级以上专业技术职务或副处级以上职级，并具有较高的思想政治教育及相关专业学术水平、理论修养和丰富的实践经验。

1.7.3 培训场地设备

满足教学需要的标准多媒体教室、报告厅和实践场所。

2. 基本要求

2.1 职业守则

(1)爱国守法。热爱祖国，热爱人民，拥护中国共产党的领导，拥护中国特色社会主义制度。遵守宪法和法律法规，贯彻党的教育方针，依法履行教育职责，维护校园和谐稳定。不得有损害党和国家利益以及不利于学生健康成长的言行。

(2)敬业爱生。热爱党的教育事业，树立崇高职业理想，以献身教育事业、引领学生思想和服务学生成长为己任。真心关爱学生，严格要求学生，公正对待学生。不得损害学生和学校的合法权益。在职责范围内，不得拒绝学生的合理要求。

(3)育人为本。把握思想政治教育规律和大学生成长规律，引导学生树立正确的世界观、人生观和价值观。增强学生社会责任感、创新精神和实践能力。尊重学生独立人格和个人隐私，保护学生自尊心、自信心和进取心，促进学生全面发展，努力培养社会主义合格建设者和可靠接班人。

(4)终身学习。坚持终身学习，勇于开拓创新，主动学习思想政治教育理论、方法及相关学科知识，积极开展理论研究和实践探索，参与社会实践和挂职锻炼，不断拓展工作视野，努力提高职业素养和职业能力。

(5)为人师表。学为人师，行为世范。模范遵守社会公德，引领社会风尚，以高尚品行和人格魅力教育感染学生。不得有损害职业声誉的行为。

2.2 职业知识

2.2.1 基础知识

具备宽广的知识储备，了解马克思主义理论、哲学、政治学、教育学、社会学、心理学、管理学、伦理学、法学等学科的基本原理和基础知识。

2.2.2 专业知识

思想政治教育专业基本理论、基本知识、基本方法

(1)思想政治道德观教育

（2）思想政治教育学原理

（3）思想政治教育史

（4）思想政治教育方法论

（5）思想政治教育心理学和心理健康教育相关知识与技能

（6）比较思想政治教育

马克思主义中国化相关理论及知识

（7）毛泽东思想相关理论

（8）中国特色社会主义理论体系

（9）社会主义核心价值体系

（10）中华人民共和国史

（11）中国共产党党史

大学生思想政治教育工作实务相关知识

（12）党的创新理论教育相关知识

（13）大学生党团、班级建设的相关知识

（14）职业生涯规划与就业指导相关知识

（15）困难资助、奖罚管理等学生日常事务管理内容、知识

（16）校园文化建设、社会实践等学生日常思想政治教育的知识

（17）网络思想政治教育相关知识

（18）危机事件、突发事件应对与管控的相关知识

2.2.3 法律法规知识

《中华人民共和国教育法》《中华人民共和国高等教育法》《中华人民共和国教师法》《中华人民共和国学位条例》《中华人民共和国学位条例暂行实施办法》《中华人民共和国精神卫生法》《中共中央国务院关于进一步加强和改进大学生思想政治教育的意见》《普通高等学校辅导员队伍建设规定》《普通高等学校学生管理规定》《国家教育考试违规处理办法》《学生伤害事故处理办法》等与大学生思想政治教育相关的法律法规条文规定。

3. 职业能力标准

本标准对初级、中级、高级辅导员要求依次递进,高级别包括低级别的要求。

3.1 初级

初级辅导员一般工作年限为 1—3 年,经过规定入职培训并取得相应证书。

职业功能	工作内容	能力要求	相关理论和知识要求
思想政治教育	（一）熟悉学生家庭情况、个人特长等基本信息,掌握学生思想特点、动态及思想政治状况	能通过日常观察、谈心谈话、问卷调查等方式,收集学生基本信息,了解学生思想动态;能针对学生关心的热点、焦点问题,及时进行教育和引导	思想政治教育的基本理论和方法

续　表

职业功能	工作内容	能力要求	相关理论和知识要求
	(二)深入开展中国特色社会主义、中国梦宣传教育和社会主义核心价值观教育,帮助学生树立正确的世界观、人生观、价值观,确立在中国共产党领导下走中国特色社会主义道路、实现中华民族伟大复兴的共同理想和坚定信念	能掌握主题教育、个别谈心、党团活动、社会实践活动等思想政治教育的基本方法
能针对学生关注的思想理论热点问题做基本解释	思想政治教育的基本理论和方法
中国特色社会主义理论体系和社会主义核心价值体系基础知识
	(三)有针对性地帮助大学生处理好学习成才、择业交友、健康生活等方面的具体问题	能结合大学生实际,广泛深入开展谈心活动,引导学生养成良好的心理品质和自尊、自爱、自律、自强的优良品格	心理学基础知识
伦理学基础知识
社会学基础知识
党团和班级建设	(一)做好学生骨干的遴选、培养、激励工作	能考察学生思想政治素质、道德品质、工作能力、发展潜力等基本素质,能激励学生积极主动参与班团事务	人力资源管理相关理论和方法
	(二)做好学生入党积极分子培养教育工作	能教育引导学生坚定理想信念,增强党性修养,端正入党动机;能组织学生学习党的理论知识	党建基本理论和知识
《中国共产党章程》
	(三)做好学生党员发展和教育管理服务工作	能从思想政治、能力素质、道德品行、现实表现等方面综合考察学生的先进性和纯洁性;熟悉党员发展的环节和程序;能利用各种教育载体激发党员的学习积极性和主动性	《中国共产党发展党员工作细则》《关于进一步加强高校学生党员发展和教育管理服务的若干意见》
	(四)指导学生党支部和班团组织建设	能选好配强党支部和班团组织负责人;能积极推动组织生活等工作创新
能发挥学生党员的先锋模范作用和党支部的战斗堡垒作用	
学业指导	(一)了解学生所学专业的基本情况,组织开展专业教育	能初步掌握学生所学专业的培养计划、专业前景等;能增强学生的专业认同和学习热情	教育学的基本理论和基础知识
	(二)培养学生学习兴趣,指导学生养成良好学习习惯,规范学生学习方式行为	能及时发现并纠正学生学习中的不良倾向	关于学生学位授予的相关规定
关于学生考试的相关规定
	(三)组织开展学风建设,营造浓厚学习氛围		

职业功能	工作内容	能力要求	相关理论和知识要求
日常事务管理	(一)开展新生入学教育	能通过主题班会、参观实践、讲座报告、交流讨论等形式开展入学教育,帮助新生熟悉、接纳并适应大学生活	《普通高等学校学生管理规定》
	(二)做好毕业生离校教育、管理和服务工作	能通过主题演讲、主题征文、座谈会、毕业纪念册、毕业衫等形式做好毕业生的爱校荣校教育;能为毕业生办理好毕业派遣、户档转出、党组织关系转接等工作	
	(三)组织好学生军训工作	能通过宣讲和谈心等形式做好学生军训动员工作,指导学生积极参与军训	军事训练与国防教育的基础知识
	(四)有效开展助、贷、勤、减、补工作,落实好家庭经济困难学生的资助工作	能组织评审各类助学金,指导学生办理助学贷款,组织学生开展勤工俭学活动,为学生办理学费减免和临时困难补助工作	国家和学校对家庭经济困难学生的资助政策
	(五)做好学生奖励评优和奖学金评审工作	能组织学生开展素质综合测评,公开公平的做好奖励评优和奖学金评审工作	《普通本科高校、高等职业学校国家奖学金管理暂行办法》《研究生国家奖学金管理暂行办法》
	(六)为学生的日常事务提供基本咨询,进行生活指导	能根据学校相关政策规定及社会、生活常识为学生解答一些日常问题;能指导学生依法维护自身权益	学校相关政策规定社会学基础知识经济学基础知识法学基础知识
	(七)指导学生开展宿舍文化建设,促进学生和谐相处,互帮互助	能通过召开宿舍长会议、组织宿舍文化符号比赛等形式活跃宿舍文化能通过团体辅导、个别谈心等形式化解宿舍学生之间的矛盾	美学基础知识教育学基础知识心理咨询知识
心理健康教育与咨询	(一)协助学校心理健康教育机构开展心理筛查(二)对学生进行初步心理问题排查和疏导	能协助心理健康教育机构完成心理筛查的组织实施,能了解大学生的心理特点,熟悉大学生常见的发展性心理问题,掌握倾听、共情、尊重等沟通技能,能够与大学生建立积极有效的师生关系,帮助学生调适一般的心理困扰	心理咨询的方法、技巧心理异常的判断标准、原则

续 表

职业功能	工作内容	能力要求	相关理论和知识要求
	(三)组织开展心理健康教育宣传活动	能组织开展形式多样的心理健康教育宣传活动,如举办讲座、设计宣传展板等;能组织学生参加陶冶情操、磨炼意志的课外文体活动,提高学生心理健康水平	
网络思想政治教育	(一)构建网络思想政治教育重要阵地,有效传播先进文化、弘扬主旋律 (二)拓展工作途径,加强与学生的网上互动交流,运用网络平台为学生提供学习、生活、就业心理咨询等服务	能及时把握学生对信息技术的应用趋势;能熟悉网络语言特点和规律;能熟练使用博客、微博及微信等新媒体技术	《关于进一步加强高等学校校园网络管理工作的意见》 《关于进一步加强高等学校网络建设和管理工作的意见》 网络技术基础知识 传播学基础知识
	(三)及时了解网络舆情信息,密切关注学生的网络动态,敏锐把握一些苗头性、倾向性、群体性问题	能及时研判网络舆情	
危机事件应对	(一)对危机事件作初步处理,努力稳定并控制局面	能第一时间赶赴现场;能尽快确认相关人员基本情况;能执行危机事件处理预案,及时稳定相关人员情绪	《学生伤害事故处理办法》相关规定 危机事件、突发事件应对与管控的相关知识
	(二)了解事件相关信息并及时逐级上报	能通过学生骨干、密切接触人员等渠道快速了解事件相关信息;能对事件性质做出初步判断;能将相关情况及时向上级领导汇报	危机事件应对预案相关内容 公共危机管理基础知识 社会学基础知识
	(三)组织基本安全教育并建立基层应急队伍	掌握基本安全教育方法,能组织开展学生安全教育活动;能培训指导各级学生骨干具备初步应急常识	
职业规划与就业指导	(一)为学生提供高效优质的就业指导和信息服务	能及时全面发布就业信息;能开展通用求职技巧指导、就业政策及流程解读等基本就业指导服务工作	国家毕业生就业相关政策 现代化技术发布信息的方法
	(二)帮助学生树立正确的就业观念,引导毕业生到基层、到西部、到祖国最需要的地方建功立业	具备基本的职业生涯规划能力,能开展就业观、择业观教育	职业类型基础知识 职业咨询基础知识

职业功能	工作内容	能力要求	相关理论和知识要求
理论和实践研究	（一）攻读并获得思想政治教育、教育学、管理学等相关专业学位；参加校内相关学科领域学术交流活动 （二）参与校内外思想政治教育课题或项目研究	能掌握思想政治教育的基本理论观点；能融入学术团队，运用理论分析、调查研究等方法，归纳分析相关问题	科学研究基本方法

3.2 中级

中级辅导员一般工作年限为 4－8 年，具备一定工作经验，培养了较强研究能力，积累了一定理论和实践成果。中级辅导员职业标准除涵盖初级辅导员的职业标准内容要求外，在各项职业功能上有更高要求。

职业功能	工作内容	能力要求	相关理论和知识要求
思想政治教育	（一）组织、协调班主任、思想政治理论课教师和组织员等共同做好经常性的思想政治教育工作	能与班主任、思想政治理论课教师和组织员等工作骨干做好沟通交流，充分发挥所有从事大学生思想政治教育人员的育人作用	心理学
	（二）参与思想道德修养、形势与政策教育等课程教学	能深入了解国情、民情、社情；能根据教学的需要和学生的特点，采取灵活多样的教学方式开展形势与政策教育	政治学基础知识课堂教学基本方法与理论
	（三）为学生在理想、信念等方面遇到的深层次思想问题提供有针对性的教育咨询	能就学生深层次的思想问题进行沟通、挖掘、分析与辅导	伦理学相关知识社会学相关知识
党团和班级建设	（一）开展党员教育管理服务工作	具备丰富的党建团建工作经验与扎实的理论功底；能指导党支部书记开展党员教育培训，拓展教育途径；能指导党支部书记开展组织生活和组织关系管理；能指导党支部书记关爱帮助学生党员，保障党员民主权利	中华人民共和国史 中国共产党史 党的建设理论 大型活动组织管理和大型活动组织的方法与原则 课堂教学方法
	（二）指导学生党支部和班团组织开展主题党、团日等活动	能抓住重大节庆日、重要活动、重要节点，指导党团组织开展主题活动 能指导学生组织开展丰富多彩的校园文化、艺术、体育等活动	
	（三）参与学生业余党校、团校建设，讲授党课、团课	能组织开展学院级党校、团校的相关工作；能讲授具有一定理论水平、深受学生欢迎的党课、团课	

续　表

职业功能	工作内容	能力要求	相关理论和知识要求
学业指导	（一）帮助学习困难学生适应大学学习生活，激发学习兴趣，掌握科学的学习方法	能通过侧面了解、谈心谈话、组织相关人员集体讨论等方式分析学生遇到的困难和应对措施，指导学生有效调整学习习惯和学习方法	教育学相关知识心理学相关知识
	（二）研究分析学生学习状态和学习成绩变化，并针对性地开展分类指导	能通过召开宣讲会、谈心谈话等方式鼓励学生主动参与课外学术实践活动	
	（三）指导学生开展课外科技学术实践活动		
	（四）指导学生考研、出国留学等学习事务		
日常事务管理	（一）违法违纪学生的教育处理	能准确把握国家有关法律法规和学校规章制度，对学生违法违纪行为进行严肃处理；能采用案例分析、宣传警示等形式对学生进行日常法律意识教育	《中华人民共和国刑法》《中华人民共和国治安管理处罚法》《国家教育考试违规处理办法》学校相关规章制度
	（二）能熟练把握学生情感、人际交往、财经、法律等方面事务科学咨询指导的政策、方法和技巧	能运用法律知识、社会学知识和心理学知识指导学生对日常遇到的各种复杂问题进行全面深入的分析，探究解决问题的办法	经济学相关知识法学相关知识社会学相关知识
心理健康教育与咨询	（一）心理问题严重程度的识别与严重个案的转介	具备三级心理咨询师资质或具有心理健康教育相关专业硕士学位能对一般心理问题、心理障碍和精神疾病进行初步识别，了解转介到心理咨询中心或精神卫生医院的适用条件和相关程序	心理问题、神经症、精神病识别知识
	（二）心理测验的实施	能根据工作需要，正确实施各种心理测验量表、问卷，并能在专业人士指导下对结果进行正确解读和反馈	各类测验的功能与使用范围，施测手段
	（三）有效开展学生心理疏导工作	能与求助学生建立良好的信任关系，有效开展心理疏导工作，帮助学生调节情绪	教育心理学基础知识
	（四）初步开展心理危机的识别与干预	能识别大学生心理危机的症状并进行初步评估，能协助专家开展相关的危机干预工作	

职业功能	工作内容	能力要求	相关理论和知识要求
	(五)相对系统地组织开展心理健康教育活动	能通过培养心理委员、宿舍长、班干部等方法,培养学生自我管理、自我救助和朋辈互助的能力;能有效设计相对系统的院系心理健康教育整体方案,并能指导学生社团开展形式多样的心理健康教育活动	
网络思想政治教育	(一)综合利用传统、网络媒体,统筹协调网上、网下工作	能把握网络传播规律,有效配置整合网络资源	社会学的基础知识 文化学的基础知识 教育学的基础知识
	(二)引导学生在网上自我教育、自我管理和自我服务,教育学生在网上自我约束、自我保护	能对学生的网络行为进行教育引导	
	(三)围绕学生关注的重点、热点和难点问题,进行有效舆论引导;丰富网上宣传内容,把握网络舆论的话语权和主导权	能通过博客、微博、校园交互社区、网络群组等网络平台主动发布相关内容,吸引学生浏览、点击和评论,引导网络舆情	网络舆情引导方法
危机事件应对	(一)指导初级辅导员对危机事件作初步处理,稳定并控制局面	能做好第一时间现场统筹指挥工作;能把握重点人员和关键节点,有效控制事态的发展	《学生伤害事故处理办法》相关规定危机事件、突发事件应对与管控的相关知识
	(二)对事件相关信息做好全面汇总和准确分析并及时与有关部门沟通	能协调事件涉及相关部门迅速反应,筛选有效信息;能通过沟通和分析把握事件脉络并提出初步处理方案	公共危机管理相关知识 心理学相关知识 教育教学方法相关知识
	(三)对事件发展及其影响进行持续关注与跟踪	能密切联系相关人员,跟踪事件的处理效果;通过网络、个别谈话等渠道掌握事件产生的影响;能进行事后集体和个体的心理疏导	
	(四)组织安全教育课程学习	能讲授校园安全教育公共选修课	
职业规划与就业指导	(一)帮助学生正确分析自己的职业倾向	能开展职业能力倾向测试并对结果进行分析、评估	职业生涯规划基本理论
	(二)开展职业生涯规划活动,帮助学生树立正确的职业观、择业观、创业观、成才观,尽快适应社会、融入社会	能帮助学生认识自身的性格特点和能力,明确职业发展目标,澄清职业取向;能为毕业生提供个性化咨询指导	人力资源管理基本理论

续　表

职业功能	工作内容	能力要求	相关理论和知识要求
理论和 实践研究	（一）攻读获得思想政治教育、教育学、管理学等相关专业博士学位；参加国内学术交流活动	能开展深入的科学研究；能领导管理科研项目团队；以第一作者身份在相关领域期刊发表3篇学术论文	教育研究方法 社会学研究方法 管理学相关知识
	（二）主持或参与校级及以上思想政治教育课题或项目研究，形成具有针对性和实效性的研究成果		

3.3 高级

高级辅导员一般工作 8 年以上，具有丰富的实践经验，较高的理论水平和学术修养，高级辅导员职业标准除涵盖中级辅导员的职业标准内容要求外，在思想政治教育工作某一领域有深入的研究并具备有影响力的成果，成为该领域的专家。

职业功能	工作内容	能力要求	相关理论和知识要求
思想政治教育	（一）主动思考研究，掌握思想政治教育的重点和一般规律，提高学生思想政治教育针对性和实效性	能根据党的教育方针和高等教育发展要求，结合学生的阶段特征，按照学校育人工作的总体要求，有计划、有目的地系统实施学生思想政治教育	思想政治教育学理论 思想政治教育方法论
	（二）开展工作调查研究，调整工作思路和方法	能开展思想政治教育工作理论与方法的调查和研究，分析工作对象和条件的变化，及时调整工作思路和方法	开展科学调查研究的方法
	（三）研究把握思想政治教育规律性、前沿性问题，成为思想政治教育专家＊①	对马克思主义理论和思想政治教育有深入的研究，具有相关专业的学位或具有长期的丰富工作经验 能运用现代科学技术，并借鉴其他交叉学科的优势，实施思想政治教育工作 在具有影响力的学术期刊以第一作者身份发表5篇以上思想政治教育学术论文 能够熟练利用理论指导辅导员工作的开展 能讲授思想政治教育公共选修课	马克思主义理论 中国特色社会主义理论体系内涵及宣传教育的方法 社会主义核心价值体系内涵及宣传教育方法 思想政治道德观相关理论 思想政治教育学史 比较思想政治教育 现代科学技术在思想政治教育中的应用方法

---

① 标＊项为专家职能，高级辅导员需至少符合一项标＊项。

职业功能	工作内容	能力要求	相关理论和知识要求
党团建设	深入研究高校党建的规律性前沿性问题,成为党建专家*	对马克思主义理论、中华人民共和国史、中国共产党史、中国特色社会主义理论、党建创新理论有深入的研究 在具有影响力的学术期刊以第一作者身份发表5篇以上党建工作学术论文 能够熟练利用理论指导初级、中级辅导员开展党建工作	马克思主义理论 中华人民共和国史 中国共产党史 中国特色社会主义理论体系内涵及宣传教育的方法 社会主义核心价值体系内涵及宣传教育方法 党建学相关理论 政治学相关理论
学业指导	(一)组织学生参与专业课教师的实验或研究项目,培养学生学术爱好和研究能力	能深入了解学生所在专业知识,为学生提供有针对性的专业学习建议	心理学相关知识 教育学相关知识 学生所在专业相关知识
	(二)深入研究学生学习能力、创新能力形成规律,培养学生创新思维和创造性人格	能应用心理学、教育学相关原理和知识指导学生学习研究	
	(三)研究完善学生综合评价体系,研究健全创新人才培养机制	能因材施教,培养研究型、创新型人才能够指导和组织初级、中级辅导员开展学业指导工作	
日常事务管理	积极创新学生事务管理的理念和方法,总结凝练工作经验,深入研究把握学生事务管理的规律,成为学生事务管理专家*	具有长期丰富的事务管理工作经验 能合理运用教育学、管理学、法学相关知识,对学生事务管理工作进行服务育人体系化设计 能够熟练利用理论指导辅导员开展学生事务管理工作 在具有影响力的学术期刊以第一作者身份发表5篇以上学生事务管理学术论文	教育学相关知识 管理学相关知识 法学相关知识 学生事务管理相关规定和程序
心理健康教育与咨询	总结凝练实践工作经验,深入研究把握心理健康教育的规律,成为心理健康教育专家*	具备二级心理咨询师资质 能进行危机评估、实施干预、妥善预后及跟踪回访 能够为学生提供心理咨询服务 在具有影响力的学术期刊以第一作者身份发表5篇以上心理健康教育相关领域学术论文 能够熟练利用理论和实际经验指导辅导员开展心理健康教育工作 能够为高校辅导员提供有效的心理健康教育培训 能讲授心理健康教育公共选修课	心理学相关理论 应用心理学相关理论 思想政治教育心理学相关理论

续　表

职业功能	工作内容	能力要求	相关理论和知识要求
网络思想政治教育	熟练应用现代信息技术,结合丰富的网络思想政治教育工作经验,深入研究把握网络传播的规律、研判网上学生思想动态,成为网络思想政治教育专家*	能结合工作经验、运用科学的研究方法对网络思想政治教育开展深入的研究 能在具有影响力的学术期刊以第一作者身份发表5篇以上网络思想政治教育学术论文 能够熟练运用理论指导辅导员开展网络思想政治教育工作	马克思主义理论 中国特色社会主义理论体系内涵及宣传教育的方法 社会主义核心价值体系内涵及宣传教育方法 网络思想政治教育原理与方法 现代科学技术在思想政治教育中的应用方法
危机事件应对	(一)对危机事件进行分类分级,并作出预判	能根据掌握的信息对危机事件进行分类分级;能准确分析事态起因,牢牢把握发展趋势	危机事件应对与管控的相关知识 公共危机管理相关理论
危机事件应对	(二)协调相关部门妥善处理危机事件,稳定工作局面	能摸清事态的症结,协调校内外相关部门制定对策并迅速妥善处理,恢复正常	管理学相关理论 社会学相关理论 心理学相关理论 伦理学相关理论
危机事件应对	(三)总结经验,对工作进行改进,完善预警和应对机制	能掌握整个事件的过程,深层次研究事件原因,改进工作,提出对策	
危机事件应对	(四)总结凝练实践工作经验,深入研究把握危机事件应对的规律,成为校园公共危机管理专家*	在具有影响力的学术期刊以第一作者身份发表5篇以上公共危机处理相关领域学术论文;能熟练利用相关理论指导辅导员进行公共危机处理	
职业规划与就业指导	总结凝练实际工作经验,深入研究把握职业生涯规划与就业指导工作的规律,能为学生开展基本的创业指导,成为职业规划与就业指导专家*	具备职业指导师资质 能为大学生开展团体职业咨询 能撰写职业指导典型案例,开展职业指导应用性研究,并将研究结果应用到实际工作中 能进行较为客观全面的创业环境、政策、行业前景分析 能建立健全大学生就业指导机构和就业信息服务系统,提供更高效优质的就业创业服务 在具有影响力的学术期刊以第一作者身份发表5篇以上职业规划与就业指导相关领域学术论文 能够熟练利用理论指导辅导员开展职业规划与就业指导工作 能讲授职业规划与就业指导公共选修课	职业生涯规划相关理论 人力资源管理相关理论 职业咨询相关理论 职业素质测评相关理论 国家鼓励创业基本政策

职业功能	工作内容	能力要求	相关理论和知识要求
理论与实践研究	（一）参加国际交流、考察和进修深造	能深入把握国内外学生事务工作前沿进展	教育研究方法 社会学研究方法 管理学相关知识
	（二）主持省部级以上思想政治教育课题或项目研究；形成具有影响力和推广价值的研究成果	以第一作者身份在相关领域核心期刊发表 10 篇以上学术论文；能推动研究成果的转化应用；对中级辅导员的研究进行指导	

后 记

　　2015年10月，在浙江省教育工委宣教处、浙江师范大学党委学工部的支持下，曾经参加过浙江省高校辅导员职业能力大赛的获奖选手们齐聚杭州梅园宾馆，发起成立浙江省高校辅导员职业能力大赛工作室，并将工作室落户浙江师范大学。我们有幸参加了这次会议，并成为工作室的首批成员。曾经独自奋战在高校学生工作一线的兄弟姐妹，通过竞赛的平台，从互不相识到最后成为惺惺相惜的"革命战友"。在工作室中，我们慢慢熟悉、慢慢了解，最后成为无话不谈的密友，用时下流行的话说，我们聚是一团火，散是满天星。

　　在这里我们要特别感谢浙江省教育厅宣教处的丁晓老师，作为工作室的总设计师一直关心关注工作室的建设并亲自指导相关工作的开展，在工作室成立之初为我们聘请了省内相关高校的党委副书记、学工部门领导担任导师。我们也要特别感谢浙江师范大学学工部的吕迎春、尹浩冰老师，为工作室开辟办公室，并长期支持工作室的发展和建设。从此，历届浙江省高校辅导员职业能力大赛的选手们就有了自己的家园，也开始有意识地集体思考职业化专业化的问题。此后，每年在浙师大举办的辅导员职业能力大赛就成为我们集体的节日，我们也逐渐从选手向助手、陪练、教练转换。在这过程当中，我们对于辅导员职业的理解、对于辅导员职业能力的认识、对于辅导员工作的感受和体会也越来越深刻。2015年12月，工作室推出自己的微信公众平台——"浙群辅导员"，是浙江省高校辅导员的网络精神家园，也是全国首家省级辅导员微信公众平台。我们通过微信公众平台喊出了辅导员最响亮的口号：当学生最亲密的知心朋友，做学生最信赖的人生导师。我们自觉地将切磋职业技能、交流工作经验、分享职业感悟作为己任，自觉地将思考辅导员职业能力的提升作为自己的使命。

　　2017年8月，我们齐聚温州，在会上将浙江省高校辅导员职业能力大赛工作室更名为"浙江省高校辅导员职业能力提升工作室"。我们作为工作室的成员，始终没有忘记辅导员职业能力提升的初心和使命，于是在收集、整理历届浙江省乃至全国高校辅导员职业能力大赛的选手班会、案例和表现的过程中，萌发了对这些选手提供的班会、案例和表现进行整理、分析和研究的想法。我们希望通过这样的总结、归纳和梳理，能够寻找学生工作规律性的东西，能够为其他辅导员提供借鉴和参考。于是，我们五位参加过大赛的选手就开始着手收集浙江省和全国高校辅导员职业能力大赛的相关资料，并进行这方面的总结和梳理。在遵循兴趣、意愿和专长的情况下，我们进行了简单的分工。其中，第一章基础知识部分和第六章主题班会部分由施佳负责编写，第二章网文写作部分和第七章主题演讲部分由陈海峰负责编写，第三章案例分析部分由郑园园负责编写，第四章谈心谈话部分由叶青负责编写，第五章理论宣讲部分由程松泉负责编写，最后由施佳、郑园园负责统稿。我们也要特别感谢工作室的导师团和工作室的伙伴们,很多的实践案例、经验和启示都是来自他们在赛场上的精彩表现,源于他们的智慧和贡献。

作为编著者,我们长期从事一线辅导员工作,这既是我们的优势也是我们的劣势。由于水平和能力有限,本书难免会存在一些问题和瑕疵。在这里也请专家同仁们给予理解和谅解。辅导员职业化专业化发展不是一朝一夕、一蹴而就的事情,需要长时间的实践和积累,我们有幸生在中国特色社会主义的新时代,必将在实现中华民族伟大复兴中国梦的征程中实现辅导员的职业理想和价值。

附件:浙江省历届高校辅导员职业能力大赛一等奖获奖者名单

全体编著者
2019 年 11 月

附　件

浙江省历届高校辅导员职业能力大赛一等奖获奖者名单

第一届(3 名)：

张晓洁	浙江大学
祝伟华	浙江师范大学
王歆玫	浙江工商大学

第二届(6 名)：

邵　頔	浙江大学
杨　峥	浙江大学
施　佳	浙江师范大学
郑园园	浙江师范大学
吕信恩	温州大学
范伟杰	杭州师范大学

第三届(10 名)：

张　威	浙江大学
张　帆	浙江大学
林静姗	浙江工业大学
王淑娉	浙江师范大学
严　莹	杭州电子科技大学
张馨艺	杭州电子科技大学
刘　静	浙江工商大学
张　捷	浙江工商大学
应　莺	浙江农林大学
张金玲	杭州师范大学

第四届(10 名)：

王　芳	浙江大学
陈南菲	浙江大学
沈　姮	浙江工业大学
陈海峰	浙江师范大学
叶　青	浙江师范大学
夏朝霞	杭州电子科技大学

周　钱　　浙江工商大学
李凤啸　　中国计量大学
程　婧　　温州大学
章近杰　　浙江警察学院

第五届（10 名）：
陈泽星　　浙江大学
詹美燕　　浙江大学
徐铖铖　　浙江工业大学
林　洁　　浙江工业大学
杜晓艺　　浙江师范大学
王庆生　　浙江工商大学
王惠燕　　浙江理工大学
江　萍　　温州大学
吴慧蕾　　温州医科大学
时忆宁　　浙江旅游职业学院

第六届（10 名）：
姚明明　　浙江大学
周巍蔚　　浙江工业大学
华向理　　浙江师范大学
吴琳华　　宁波大学
沈妍伶　　宁波大学
孙小蒙　　浙江工商大学
吴霁乐　　浙江理工大学
钱　珊　　杭州师范大学
黄翔翔　　宁波工程学院
付云翔　　金华职业技术学院

第七届
特等奖（4 名）
桂尚书　　宁波大学
包　琳　　温州医科大学
苏　悦　　嘉兴学院
程松泉　　浙江师范大学
一等奖（7 名）
陈祎翀　　浙江工商大学
张　丹　　杭州电子科技大学
刘　颖　　浙江旅游职业学院

倪泽莹　　浙江理工大学
刘文静　　杭州医学院
张桂莲　　浙江大学城市学院
姚昱帆　　中国计量大学